高校田径运动与体能训练

李长峰 ◎ 著

吉林出版集团股份有限公司

图书在版编目（CIP）数据

高校田径运动与体能训练 / 李长峰著. — 长春 ：
吉林出版集团股份有限公司，2023.8
ISBN 978-7-5731-4013-5

Ⅰ．①高… Ⅱ．①李… Ⅲ．①田径运动－运动训练－
教学研究－高等学校 Ⅳ．①G820.2

中国国家版本馆 CIP 数据核字（2023）第 150505 号

高校田径运动与体能训练
GAOXIAO TIANJING YUNDONG YU TINENG XUNLIAN

著　　者	李长峰
出版策划	崔文辉
责任编辑	王　媛
封面设计	文　一
出　　版	吉林出版集团股份有限公司
	（长春市福祉大路 5788 号，邮政编码：130118）
发　　行	吉林出版集团译文图书经营有限公司
	（http://shop34896900.taobao.com）
电　　话	总编办：0431-81629909　营销部：0431-81629880/81629900
印　　刷	廊坊市广阳区九洲印刷厂
开　　本	710mm×1000mm　　1/16
字　　数	304 千字
印　　张	12.5
版　　次	2023 年 8 月第 1 版
印　　次	2023 年 8 月第 1 次印刷
书　　号	ISBN 978-7-5731-4013-5
定　　价	78.00 元

如发现印装质量问题，影响阅读，请与印刷厂联系调换。电话：0316-2803040

前　言

　　随着现代竞技运动水平的迅猛发展，要在竞争日益激烈的世界竞技舞台上占有一席之地，必须依托运动训练科学化的发展道路；同时，也要有一支强大的后备力量队伍作为支撑。因此，高校田径运动的建设与发展就显得尤为重要。

　　要想在赛场上取得优异的成绩，不断提高田径运动训练的专业化程度是必需的。因此，运动训练的各项具体工作必须由专业的人员来完成，且需要有统一的训练体系和训练理念进行指导，相互协同产生合力。运动训练团队是运动训练专业化发展的必然产物，只有建立训练团队，在训练团队成员的共同努力下，才能够更准确地把握运动项目的本质特征和制胜规律，才能够更好地解决训练中所遇到的问题，从而提高训练效果，并使运动员取得优异的运动成绩。

　　体能训练是运动训练的重要组成部分，是结合专项需要并通过合理负荷的动作练习，改善运动员身体形态，提高运动员机体各器官的机能，充分发展运动素质，促进运动成绩提高的过程。它是技术训练和战术训练的基础，并对掌握专项技术、战术，促进运动员身体健康，防止伤病及延长运动寿命等具有极为重要的意义。

　　本书以"以人为本"的教学理念为标准，分析如何促进大学生运动员全面发展，根据高等教育的规律和体育规律及相关政策法规，对影响高校竞技体育持续发展的问题进行剖析，最终实现高校田径运动的可持续发展。

目　录

第一章 田径运动概述

田径运动是一项历史悠久而且非常普及的体育运动，享有"运动之母"之称。它是由多个单项运动组成的，以不同形式反映着人体运动中的基本能力，可以说是各项运动的基础。它是目前世界上衡量一个国家和地区体育运动水平高低的重要标准。它不仅是亚运会和奥运会的主旋律，同时也是金牌数目最多的项目，故有"得田径者得天下"之说。世界体育强国都将田径项目放在基础的战略位置，我国田径运动近几年也有很大的突破，但与世界体育强国仍相差甚远。田径运动的发展，对提高国家体育事业有重大的作用。

第一节 田径运动的价值

田径运动同其他一切运动项目一样，都具有双重属性。一是竞技属性，二是锻炼身体的属性。竞技时追求的是运动成绩，对场地、器材均有严格的规定与要求；锻炼身体时的目的是增强体质、促进健康，根据不同人的情况可采用不同的形式与方法。除此之外，对从事田径运动的青少年来说，还有娱乐和终身体育的作用。

田径运动不仅能全面地提高人体的运动能力和运动素质，而且对培养人和塑造人能起到重要作用。因此，在学校体育、大众体育和竞技体育中，田径运动都有着显著的地位。田径运动的价值表现在以下几个方面：

一、田径运动具有很高的健身价值

现代健康观念认为，人的健康包括身体健康、心理健康、道德健康、良好的社会适应性等。它不仅反映在人能从事正常活动、抵抗疾病、精力充沛上，也反映在人适应社会、适应生活、适应自然的精神状态上。参加田径运动可以使人的肌肉、骨骼、神经系统和循环系统得到改善，心理的稳定性得到提高，身体素质进一步增强。田径运动的不同项目对提高身体的有关能力和相应的身体素质，对提高人的健康水平有明显的作用。

跳跃是人体最短时间、高强度神经活动和肌肉用力以克服障碍的运动，它能使人的感觉机能得到提高和加强。它是提高身体控制和集中用力能力，发展协调性、灵敏性的有效手段。

投掷项目是表现人体力量的运动，它能使人体肌肉发达，力量增强，改善人体灵活性的旋转类项目，使神经过程具有高度的均衡性，能使前庭分析器具有很高的稳定性，是提高肌肉力量、改善神经过程和发展力量素质的手段。

从事长距离跑和竞走能增进心脏和呼吸系统的工作能力，由于人体在有氧情况下进行运动，在运动中消耗的能量较大，从而能够预防人体内脂肪储存过多。它是提高心肺功能和发展人体耐久力的有效手段。

短距离跑是人体在无氧条件下进行的一种运动，它能使有氧系统的活性增加，能提高人体的最大摄氧量，同时还有助于提高中枢神经系统兴奋和抑制过程的灵活性。它是发展快速运动能力和提高无氧代谢水平的重要手段。

二、田径运动的教育价值

田径运动项目是学校体育中最基础的项目之一。青少年经过田径教学和训练，可培养良好的意志品质，养成不断战胜自我的性格，促进独立个性的完善。因此，田径运动是学校教育的重要内容，是学校实现培养目标不可缺少的一门课程。同样，田径作为终身体育的内容，对成年人也具有同样的效果。

田径运动的教育价值体现在以下几个方面：①田径运动竞赛是在严密的组织下，按严格的规则和要求进行的，运动员要通过个人努力才能取得优异成绩，这一成绩与集体荣誉连在一起。因此，它能培养人遵守纪律的品格，增进责任感和集体主义精神。②田径运动的技术变化小，重复的动作较多，尤其是训练期间，不仅过程枯燥，而且训练量较大。因此，从事这项运动能培养吃苦耐劳、坚韧不拔的精神。③田径运动主要是个人项目，更多地依靠自己独立完成任务。在比赛中，成功与失败明显，要求运动员不仅具有独立应变的能力，还要具有自我情绪调控，排除各种干扰的能力。因此，它不仅有助于个性的形成，还有利于心理素质的培养。④田径运动的项目要求运动员在具有一定限制的条件下表现出最大的能力，要始终保持必胜的信心，要有克服困难和正视一切、挑战自我、实现自己目标的勇气。因此，它能培养人勇敢顽强、拼搏进取的精神。⑤田径运动中，一些项目消耗的体力和精力较大，需要有较持久的耐力，一些项目持续时间短、强度大，必须高度集中注意力。因此，它能培养人的意志品质，使人集中精力。

三、田径运动的观赏价值

田径运动是大众喜闻乐见的体育项目，具有众多的爱好者和观众。它又是竞争激烈的项目，具有较强的观赏性。

四、田径运动的竞技价值

在竞技体育中，田径运动是公认的重要项目，素有"得田径者得天下"之说。由于田径项目的奖牌数量多，人们对其关注的程度较高。在激烈竞争的运动赛场，田径运动给人们带来的悬念更多，特别是在综合性大型赛事的尾声，经常是由田径项目的比赛结果来决定团体的最终胜负。

田径运动训练要求的条件不高，选材面较广，参加人数也较多，而且基本是个人项目，项目投资与奖牌比小，效益高。所以，田径项目被列为竞技体育中选择的重点。人体运动以跑、跳、投为基础，它们直接反映了人体运动的能力和素质，田径运动有些单项能有效地提高人体的基本运动能力。因此，很多运动项目的基础训练都把田径项目作为重要训练手段，并将一些内容列为评价训练水平的检验指标。此外，田径的初级选材和训练还为其他项目提供了大批的人才。

第二节 田径运动的技术原理

田径运动技术是人们在田径运动实践中，合理地运用和发挥自身的机体能力，有效地完成跑得快、跳得高和远、掷得远的动作方法。在田径运动实践中，由于运动者的个体差异，而导致技术风格各异。但是从整体上看，任何人的技术都必须符合运动生物力学、人体解剖学、人体生理学等体育学科理论的有关要求，或者说田径运动技术是有关的体育学科理论在田径运动实践中的具体体现。所以，田径运动技术原理是运用有关的体育学科理论，对田径运动技术中具有普遍意义的基本规律和科学道理的分析和解释。

一、走跑类技术原理

走跑类技术主要包括竞走、短跑、中长跑和长跑技术，下文主要按这四类进行简单介绍。

（一）竞走的技术原理

竞走的技术原理主要有以下几方面：

1. 竞走的技术要点

第一，竞走项目是人眼观察到的单腿支撑和没有（人眼）可见的双脚同时腾空、前腿从触地瞬间至垂直部位应该伸直的周期运动。第二，竞走技术区别于普通走的技术。竞走技术由国际田联"竞走的定义"规范，普通走技术无规范。普通走步长一般为 80 厘米左右，步频为 100 步 / 分左右，而竞走的步长可达 100~120 厘米，步频可达 200 步 / 分以上。第三，竞走技术区别于跑的技术。竞走技术中没有人眼可见的腾空阶段，有人眼可见的前腿从触地瞬间至垂直部位的膝关节伸直，而跑的技术有明显的腾空阶段，并在垂直支撑阶段腿是弯曲的。在竞走技术中，如果出现眼睛观察到的腾空或前腿从触地瞬间至垂直部位膝关节弯曲，这意味着竞走已转为跑，造成技术犯规。第四，竞走技术中身体重心上下起伏的幅度一般不超过 5 厘米，轨迹应是接近平直的波浪曲线。第五，竞走技术中向前运动的动力是由支撑腿踝、趾关节的屈伸和膝关节屈伸以及摆动腿和两臂的摆动所形成的。如果出现支撑腿膝关节屈伸的动力因素，就由走转为跑，造成技术犯规。第六，竞走项目时正确技术动作的要求有着特殊的重要意义，是参加比赛最重要的保证。根据国际田联竞赛规则的规定，裁判员裁决以眼睛观察为依据，可以利用人的眼睛识别率的阈值（42 毫秒）规范竞走定义的技术动作，人眼不可见 42 毫秒以下的腾空，可见 42 毫秒以上的前腿从触地瞬间至垂直部位膝关节伸直。

2. 竞走技术标准

在竞走腾空时间上限制在肉眼看不到的腾空，承认当今竞走存在短暂双脚支撑消失的事实。作为优秀竞走运动员的技术必须充分利用肉眼看不到 42 毫秒腾空。依据对优秀竞走运动员腾空时间的研究，如果技术动作规范、轻松自如，可利用人眼模糊观察时限 50~70 毫秒，把腾空时间加长到 50~70 毫秒，这对增大步长或加快步频有利。

在前腿着地瞬间至垂直部位膝关节应该伸直的技术动作中，肉眼必须能观察膝关节伸直技术动作形象，即前腿着地时膝关节伸直动作形象至垂立部位膝关在伸直动作形象，这是区别于跑的最主要的技术动作特征。实质上，竞走的前腿着地瞬间膝关节伸直技术动作模式将是今后竞走技术适应"竞走的定义"而变化的主要内容，采用"扒地式"全脚着地动作，这种近似于跑的着地动作，必定造成使人的肉眼看不到的腿在着地瞬间膝关节伸直的动作影像。竞走的定义要求竞走技术做到前腿着地到垂直部位膝关节必须伸直，因此前腿"扒地式"全脚着地技术必须改变为"滚动式"前足着地技术。这种竞走着地的技术动作将对增快步频和减小制动作用力产生不利的消极影响，但具有竞走的技术特征，必须做到前腿着地瞬间有 42 毫秒以上膝关节伸直，人的肉眼才能看到脚触地瞬间膝关节伸直的动作形象，成为最佳的前脚着地时间与空间特征，还必须做到前腿至垂直部位有 42 毫秒以上膝关节伸直，人眼才能看到前腿在垂直部位伸直形象，成为最佳的前腿在垂直部位的时间与空间特征。

（二）跑的技术原理

跑的技术原理主要有以下几方面：

1. 跑的概念及其技术动作结构

跑步是人体两脚交替支撑、腾空并伴以相应身体摆动使整体快速位移的过程，是体育运动中人体位移的基本动作形式，也是体育运动各项技术的基础。在田径运动中含有不同距离、不同强度的跑步运动。通常将 400 米及 400 米以下距离、最大强度至极限强度跑的运动项目称为短跑，800 米至 1500 米距离、亚极限强度跑的运动项目称为中跑，3000 米及 3000 米以上距离跑的运动项目称为长跑。

跑步运动技术动作的结构属于周期性动作系，周期性动作系是由一定数量的单一动作按动作系的目的组合而成的，并形成反复的周期性动作过程。人体在跑步过程中都是通过多次周期性反复动作，加大动作的幅度和加快动作的频率，力求在最短的时间内通过一定的距离达到人体快速位移的运动目的。

周期性动作系的结构特点体现在没有明显的开始与结束，不断反复一定形式的单一动作。跑的一个周期包括人体跑步时左、右脚分别跑完一步，简称"复步"，即由两个单步技术动作所构成。左、右"单步"技术中肢体局部动作属于完全对称交替的动作结构体系，因此在分析和探讨跑的技术基础理论上，通常以跑的一个单步动作技术所体现的时空特征、动力学特征代表跑的基本技术进行研究与说明。

2. 跑的动作技术阶段划分与结构特点

人体在跑步时的一个单步技术包括了支撑与腾空两个技术阶段。在支撑阶段中，根据跑步时人体重心与支撑点的位置关系分为前支撑时期、垂直支撑时期和后支撑时期；根据支撑腿的运动规律及动力学特点将前支撑时期分为着地瞬间时期、缓冲时期和后蹬时期。在腾空阶段根据跑步时人体重心运动的规律及特点划分为上升时期和下降时期。

在跑步动作中支撑腿运动的同时，人体的其他运动环节都在进行着相应的运动，以支撑腿的运动，形成协调的蹬摆动作技术。跑步动作的支撑是动作技术的主要阶段，是人体跑动中获得加速度的技术阶段；在缓冲时期要尽可能减小阻力，形成良好的动作形式，尽可能快地转入后蹬时期；在后蹬时期尽可能增大动力，使人体重心获得最快的离地速度和合理的后蹬角度。

跑步动作技术的腾空阶段，人体重心运动状态的变化遵循物体斜抛运动的规律。在运动的竖直方向上，遵循自然界运动物体垂直上抛和竖直下落的运动规律，人体腾空后重心上升时期在重力加速度的作用下在竖直方向上做匀减速运动。下降时期，身体在重力作用下做匀加速运动，在运动的水平方向上人体重心处于匀速直线运动状态。

3. 影响跑的力

人体跑步是人体内各环节的作用力与外界物体的相互作用形成的快速位移运动，影响其运动速度的因素包括人体内力与外力。跑步动作技术的优劣主要取决于人体跑动时力的作用大小、作用方向、作用点以及力在人体、力作用物之间的传递和力作用之间的综合效果。

人体内力是指体内各环节之间的相互作用，由肌肉收缩张力与骨、关节运动所组成，是构成人体跑动的主导因素，人体跑动的外力是指自然界物体与人体的相互作用，主要是重力、摩擦力和弹性力三大类别以及由此衍生的支撑反作用力、空气阻力等。如果没有外力的作用，人体内力只能构成机体的形变运动，而不能改变身体重心运动的状态，必须使人体内力与外力相互作用时才能发生人体整体位移运动状态的改变。

4. 人体跑步过程中的动力与阻力

人体内力与外力的作用过程中，在不同的动作时期力的作用会产生相应的效应，也会产生动力或阻力效应。如果力的作用方向与所追求的运动方向一致，通常称为运动的动力，形成跑步的动力有机体摆动动作所形成的动力、运动的惯性作用等；反之则称为运动的阻力，影响跑步运动状态的阻力主要有空气阻力、摩擦阻力、阻力性支撑反作用力、人体的重力等。

支撑反作用力是影响跑步的主要力学因素，是人体运动的重力、摩擦力和弹性力的综合效应。在跑步的支撑时期支撑反作用力的大小与方向随人体运动状态的变化而产生改变，支撑反作用力的大小与方向取决于机体运动时蹬伸摆动动作对支撑点压力的大小与方向。人体跑步的动力主要来自支撑阶段的后蹬时期，人体通过后蹬时期支撑腿的后蹬动作和机体其他相应环节的摆动动作所获得的动力性支撑反作用力是决定人体跑步速度、步长的主要动力。跑的运动阻力主要来自空气的阻力、摩擦力和跑动中前支撑时期的阻力支撑反作用力，决定人体跑步与空气阻力大小的因素是人体与空气的相对运动速度、人体与空气的迎风截面积以及人体跑动的姿势所构成的形状阻力。在跑步中，减小空气阻力的技巧是保持合理动作结构以及合理的身体姿势。

5. 决定跑速的主要因素

在人体跑的运动过程中，影响跑速的主要因素包括影响跑速的运动学因素、影响跑速的动力学因素和影响跑速的生物学因素三类。

影响跑速的运动学因素：主要是跑动过程中的步长与步频，在人体跑动的过程中，步长与步频的变化决定着跑速的快慢，跑速等于步长与步频的乘积，即跑速=步长 × 步频。步长由每一单步中的后蹬距离、腾空距离、着地距离三个步长分量所组成，而步频则取决于单位时间内所跑的周期重复步数。

影响步长的因素：步长是指跑动时两步距离的长度，即前后脚着地点之间沿跑动方向上的水平距离称为步幅长度，通常简称为步长，其由后蹬距离、腾空距离和着地距离三部分距离所组成，即步长（$L_{总}$）=后蹬距离（L_1）+腾空距离（L_2）+着地距离（L_3）。L_1 表示后蹬距离，指后蹬腿离地瞬间身体重心垂线至支撑点之间的水平距离，该距离的长度取决于人体重心的高度和后蹬动作的动作技术。L_2 表示腾空距离，指人体跑步的腾空阶段身体重心在腾空过程中通过的水平距离，该距离的长度取决于人体跑动时支撑腿后蹬离地瞬间的腾起初速度和腾起的角度。L 表示着地距离，指人体跑步时摆动腿着地瞬间身体重心垂线与着地点之间的水平距离，该距离的长度主要取决于跑动时摆动腿的着地动作技术。步长是跑步时身体在空间方面位移的运动学特征，其合理动作技术的特点应是着地距离较短，缓冲动作幅度较大，后蹬动作有效幅度大而且快速有力。着地距离较短能使着地角增大，有利于减小前支撑动作时期的阻力，使身体重心快速移过支撑点尽快传入后蹬动作。缓冲动作幅度较大有利于形成较大的后蹬动作幅度，减小支撑腿的后蹬角度，从而提高后蹬动作的效率，使身体重心运动获得更快的水平分速度。步长是决定跑速的主要因素。不同的人由于体形、身体素质、体能和训练水平所存在的差异，因而每个人的步长是不可能相等的。运动员自身的步长应根据运动员个体的具体情况来确定，并在运动实践中不断调整与完善。

卡列尔·霍夫曼通过对国际重大比赛的实测材料的比较研究，认为世界级优秀短跑运动员的步长指数（指运动员步长与身高或腿之比值）如下：平均步长除以身高 1.15，最大步长除以身高 1.24，平均步长除以腿长 2.16，最大步长除以腿长 2.24。

影响跑速的动力学因素：主要是跑步中的动力和阻力。跑步技术的支撑阶段的后蹬时期，由后蹬动作所形成的动力性支撑反作用力和跑步运动的惯性是构成人体跑动的主要动力，人体在跑动中所受的阻力主要来自运动中所受的摩擦力、空气阻力、跑步技术中支撑阶段的前支撑时期所形成的支撑反作用力。在跑步过程中，其主要动力来自人体跑动过程中后蹬动作时期所形成的支撑反作用力，其支撑反作用力的大小取决于后蹬动作时支撑腿的蹬伸动作及身体相应环节的摆动动作对地面合压力的大小。由支撑反作用力的大小与作用时间的乘积构成对跑动中人体重心的动力性冲量是人体向前跑动的主要动力，作用于人体重心动力性冲量是人体跑动方向的决定因素。人体跑动中的阻力主要来自空气对人体运动的阻力和跑动中支撑阶段前支撑时期所形成的支撑反作用力，由于前支撑时期人体重心在着地支撑点的后方，因而，该时期所形成的支撑反作用力的方向与人体运动方向相反，故其综合效应为阻力形式，通常称为阻力性支撑反作用力。

人体在跑步中应该通过合理的动作技术形式，在后蹬时期注意加快机体蹬伸摆动的动作速度和幅度，形成最大的动力性支撑反作用力，以获得最快的蹬地速度和适宜的后蹬角度。在跑步中应尽可能地保持动作的连续性，尽量减小运动的阻力，以使人体的跑步动作获得最快的速度。

二、跳跃类技术原理

跳跃技术是对人体跳跃运动规律的总结，它基于跳跃运动实践经验与现代运动生物力学理论的融合，是指导跳跃运动技术教学与训练实践的基础理论。

（一）跳跃运动的概念及其技术动作结构

跳跃运动是人体通过一定的动作形式及通过助跑与跳跃的基本动作组合跳跃一定的高度障碍或跳过一定水平距离的运动，分别称为跳高和跳远。田径的高度跳跃类运动有跳高与撑竿跳高竞赛项目，田径的远度跳跃类运动有跳远和三级跳远。

跳跃运动按其运动技术的用力特点划分属于快速力量类的运动项目。跳跃运动按其动作技术的结构特点划分，属于周期性动作与非周期性动作组合而形成的混合性动作结构体系，它是由周期性的助跑动作与非周期的起跳动作、腾空动作、落地动作组合而成的运动。

运动员在跳跃运动中，经过助跑的过程使机体在起跳前获得一定的水平速度并形成良好起跳动作初始条件，然后通过快速有力的起跳动作改变运动的方向，获得最大的腾起初速度与适宜的腾起角度。在腾空阶段通过合理的动作形式保持身体平衡，形成合理的跳高过杆动作或合理的跳远落地姿势。在落地阶段通过缓冲动作防止机体受伤，从而完成整个跳跃运动过程并获得运动的好成绩。

（二）跳跃运动的动作技术阶段划分与结构特点

跳跃运动技术原理的描述中，为便于对其动作技术层次进行分析，根据其动作系结构及技术特点，一般划分为助跑、起跳、腾空与落地四个互相联系的动作技术阶段。各阶段动作技术对整体动作技术的效果都具有很重要的影响与作用。在跳跃运动的技术中，前一阶段的动作是后一阶段动作的基础。例如，助跑是起跳动作的基础，通过助跑的动作效果，能为起跳动作之前创造两个基础条件，即在起跳前获得一定的水平速度和形成良好的起跳初始动作，从而为起跳创造最佳的用力条件，前驱动作的目的是为后续动作奠定最好的基础力学条件和生物学条件。

跳跃运动技术阶段的划分，在一定程度上考虑了周期性动作系和非周期性动作系的结构特点，各阶段技术有各自的特点与规律，并相互联系、相互制约。在混合性动作系的结构特点中，有一条重要的基本规律，即周期性动作与非周期性动作的衔接技术是混合性动作系统中极为重要的环节。因此，在跳跃运动教学与训练中，助跑与起跳的衔接是动作技术教学的难点和关键环节。

（三）跳跃运动力学原理

人体的跳跃运动本质上就是自然界物体的斜抛运动，人体在跳跃运动过程中，其整体在空间运动状态的变化，腾起初速度、腾起角度与跳跃高度和跳跃远度之间的关系，遵循物体的斜抛运动原理进行。根据物体斜抛运动的力学原理，当物体以一定的抛射初速度和抛射角度向空中抛射时，如果抛射点与落地点处在同一水平线，其抛射物所能达到的高度和远度与物体抛射初速度的平方成正比，与重力加速度值成反比，与抛射角度也有重要的关系。抛射高度等于抛射初速度的平方与抛射角正弦平方之积与两倍重力加速度之比，抛射远度等于抛射初速度平方与抛射角正弦值之积与重力加速度之比。

人体的跳跃运动，从起跳动作至腾空动作过程中始终遵循物体斜抛运动规律，由助跑起跳动作过程的运动效应构成人体跳跃的腾起初速度和腾起角度。根据斜抛物体运动的规律，人体重心在运动的竖直方向上做垂直上升与竖直下落的匀变速运动，在运动的水平方向做匀速直线运动。人体重心运动所能达到的高度与腾起初速度的竖直分量有关，也与重力加速度有关。

（四）决定跳跃成绩的运动学因素

在人体跳跃运动过程中，影响跳跃高度和远度的运动学因素主要有人体重心的高度、腾起初速度、腾起角度和空中动作几个方面：

1. 影响跳跃高度的运动学因素

影响跳高运动成绩的主要因素有三个，即身体重心高度、腾起高度和过杆时身体重心与杆位置之间的垂距。在跳跃的高度项目运动中，人体所能越过的高度取决于身体重心高度和腾起的高度。

身体重心的高度是指运动员在起跳离地动作瞬间，人体重心距地面支撑点之间的垂直距离。取决于运动员身体的高度、腿长和蹬离地面瞬间动作的身体姿势。这一高度在不同运动员之间存在一定的差异，主要取决于先天遗传因素与后天的发育程度，从运动选材角度方面考虑意义重大，而通过训练所得到的提高是有限的。

腾起的高度是指运动员起跳离地瞬间身体重心位置至最高点重心位置的垂直距离。它取决于运动员蹬离地面瞬间的腾起初速度和腾起角度。这一高度对运动成绩影响是最为活跃和最为重要的因素，在不同的人身上体现出很大的差异。起跳动作的力度和速度是决定其腾起初速度大小的动力学要素，腾起初速度越快，在腾起角一定的条件下，腾起的高度和远度则越大。腾起的角度取决于起跳过程中人体重心所受合力的方向，是由助跑与起跳获得的水平速度与垂直速度所形成的合速度方向决定的，跳高运动员离地瞬间蹬地角度为75°~80°，腾起角为55°~60°。

过杆时，身体重心距横杆的垂直距离是指人体重心处于最高点时距横杆上沿的垂直距离，在过杆技术的研究中力求通过合理的动作形式减小这段垂直距离，决定此垂直距离大小的因素主要是合理的动作形式与身体各环节依次过杆的顺序。在过杆技术研究中，总结到一些具有参考价值的技术规律，即运动员过杆的面积越小，则此段距离越小。就背越式过杆动作来说，当身体重心位置处于杆上时，头部、脚部位置处于杆下，形成"桥"的反弓动作，可以使垂直距离减至相应较小的程度。

2. 影响跳跃远度的运动学因素

影响跳远成绩的运动学因素主要有三个，即离地瞬间距离、腾空距离、落地距离。起跳离地瞬间身体重心垂线距起跳板前沿的水平距离，简称离地瞬间距离；腾空后至落地瞬间身体重心沿水平方向运动的水平距离，简称腾空距离；落地瞬间身体重心垂线至落地点的水平距离，简称落地距离。三个因素中，腾空距离是动作技术最重要的因素。

3. 影响跳跃动作效果的动力学因素

影响跳跃动作效果的动力学因素主要有以下方面：

（1）构成跳跃运动的动力性冲量和决定腾起角的因素。动力性冲量是指人体蹬地动作与地面相互作用时，支撑点对人体的支撑反作用力与其力作用时间的乘积。跳跃运动技术动作的形成、动作效率的好坏，根本原因在于构成动作的动力冲量大小与阻力作用效应，人体运动状态变化是由运动中受力作用的大小、方向、力的作用部位及力的作用时间所构成的。在跳跃运动中要想提高动作的效果，必须清楚理解动力冲量与阻力作用效应对跳跃高度或跳跃远度的影响与作用。在起跳动作过程中，决定腾起初速度大小的因素是人体重心所受冲量的大小和人体本身的质量大小。

构成人体重心所受的冲量，主要来自在快速助跑的基础上，通过人体快速有力的起跳动作对支撑点的合力与其作用时间的乘积。在人体内力与外力的作用过程中，人体在起跳的蹬伸摆动动作过程中对支撑点的压力所构成的冲量等于地面对人体的反作用力所构成的反冲量，地面对人体的反冲量是改变人体运动状态的动力性因素，作用在人体重心的反冲量大小等于该段时间内人体动量的变量。

在跳跃运动中，尤其是在起跳的蹬伸摆动过程中，应加大动作的力度和加大动作的幅度，在完成具体的起跳动作时，通过提高动作的协调性，加大肌肉收缩的力量获得加快动作速度的效果。通过加大动作的幅度尽可能地延长支撑反作用力对人体的作用时间，使人体重心在起跳动作过程中获得最大的动力性冲量，从而在离地瞬间获得最大的腾起初速度。

（2）决定腾起角度大小的因素。跳跃运动中，人体蹬离地面瞬间，腾起角度的大小与起跳过程中所受动力性冲量的方向一致。由于动力性冲量是一定时间内多力作用于人体重心（水平冲量和垂直冲量）的综合效应，因而在跳跃运动过程中应根据不同项目技术的特点，形成作用于人体重心的水平冲量与垂直冲量的最佳组合。例如，当人重心所受的垂直冲量与水平冲量为 1∶1 时，人体重心瞬间腾起角必然为 45°；当所受垂直冲量大于水平冲量时，其腾起角度必然大于 45°，反之则相反。

（3）跳跃运动中摆动动作的作用。跳跃运动时，运动员在支撑阶段与腾空阶段的动作中，应尽可能根据动作技术形式在起跳腿的蹬伸动作效果基础上，身体的躯干、异侧腿和上肢等相应环节都配合支撑腿进行一定形式的摆动动作，其摆动动作有以下几个方面的作用：

第一，良好的摆动动作技术，在助跑过程中可以使脚在着地瞬间获得较快的运动速度，减少着地的阻力。在跑和起跳的后蹬动作时期可加大对地面的压力，从而获得更大的支撑反作用力，有利于加大推动人体运动的动力性冲量。

第二，起跳过程中通过摆动动作的动作形式，可以改变人体的形状而使质量分布的中心点上移，从而获得提高人体重心的动作效果。

第三，在跳跃的助跑、起跳、腾空及落地动作过程中，通过相应形式的摆动动作，可保持运动中人体的平衡以及通过补偿动作的机制重新建立运动的平衡状态。

在跳跃运动中，"蹬"与"摆"的动作是密切联系的有机组合，也是机体各环节协调运动的整体关系，动作技术中强调人体支撑腿的蹬伸动作与身体其他相应环节的摆动，这是提高动作效率并获得最好动作效果的重要技术环节。

三、投掷类技术原理

投掷运动是在人体通过预加速阶段的助跑或滑步、旋转动作形式使人体和器械都已具备一定速度的基础上，结合最后用力的技术性动作使所有的作用力都集中到投掷器械上，使器械获得最大的出手初速度及最佳的出手角度，将投掷器械抛射到最远水平距离的人体运动形式。田径运动投掷类含有铅球、铁饼、标枪和链球四个基本类型的运动项目。投掷运动按其动作技术的结构特点，铅球、铁饼属于非周期性动作系结构，而标枪、链球则属于混合性动作系结构。

（一）投掷运动技术阶段的划分与结构特点

在对投掷运动技术原理的论述中，为便于对其动作技术层次进行分析，根据其动作系结构及技术特点，一般将其划分为开始姿势、预加速、最后用力以及器械出手后的缓冲四个紧密联系的技术阶段。在这四个阶段中，各阶段技术对整体动作技术的效率，对运动的结果都有很大的影响与作用。

投掷时握持器械的方法要有利于预加速阶段的动作，有利于用力时使所有的力综合作用于器械上。最后用力的动作技术必须建立在良好的预加速阶段动作技术的基础上才会有更高的动作效率，完整动作各阶段技术之间具有很强的因果关系。投掷铅球、铁饼运动项目属于非连续性动作系结构，铅球的预摆、用身、滑步以及最后用力的形式基本上属于平面内二维方向的直线运动。铁饼的预摆、旋转、最后用力以及出手后的缓冲则属于立体空间三维方向的复合运动。

投掷运动的标枪、链球属于混合性动作系结构，标枪预加速阶段的助跑动作、链球预加速阶段的旋转动作是典型的周期性动作，它们的完整动作技术结构是由周期性和非周期性动作组合而形成的混合性动作体系。投掷运动的几个技术阶段对于投掷运动成绩都具有良好的影响与作用，其中最重要的技术阶段是最后用力阶段，关键的技术环节是预加速阶段与最后用力阶段的衔接。最后用力阶段对投掷成绩的影响相当于其权重系数的80%~85%，而预加速阶段与最后用力阶段的衔接质量则决定在整个投掷运动中能否充分利用人体在预加速阶段动作所形成的预先速度，并使其冲量与最后用力所获的冲量叠加、传递给投掷器械，从而获得最快的出手初速度和适宜的投掷角度。

（二）投掷运动的力学原理

投掷运动的各项目所采用的器械不同，因而动作形式具有较大的差异。动作技术的空间状态存在着不同的特点。虽然投掷各项目的运动形式具有不同特点，但合理的投掷技术动作都遵循着共同的运动生物力学原理，遵循斜抛运动的总体规律而进行。

根据人体投掷运动的总体规律，影响投掷远度的因素主要有以下两个方面：投掷器械出手的初速度和出手的抛射角度。投掷铅球、链球的运动规律在力学范畴内符合斜抛运动的基本规律，其在水平方向的运动可以参考抛射点与落地点在同一水平线上，在忽略空气作用力的条件下，器械出手的初速度是决定器械投掷距离的主要因素，出手初速度的大小与投掷器械的距离成正比。而决定出手初速度大小的主要因素是投掷的最后用力过程中，器械所受作用力的大小及其力对器械作用时间的长短，即器械所受的冲量大小。在物体的斜抛运动中，如果抛射点与落地点在同一水平线上时，采用45°抛射角可以使物体抛射到最大的远度。

（三）影响器械投掷远度的运动学因素

决定器械投掷远度的运动学因素主要是器械出手初速度、适宜的出手角度和一定的出手高度，从动作技术的运动学特征方面论述，合理的投掷动作应是在充分利用预加阶段所获的动量基础上使最后用力的动作速度最快和动作幅度处于最大状态，获得最快的出手初速度和适当的出手角度，从而达到最好的运动效果。

1. 出手初速度

影响器械投掷远度的运动学因素主要是适宜的出手角度和一定的出手高度。由于重力加速度在地球同一纬度上的值不变，因而在人体投掷器械时重力的影响为一常量，并且不可能改变，影响器械投掷远度的元素之中，最为积极的、不变的因素是器械出手的初速度。人体通过增大投掷技术性动作的幅度和速度，从而可能增大人体对器械的作用冲量而使器械的抛射初速度达到最快，出手初速度是决定器械投掷远度的最重要因素。

2. 适宜的出手角度

物体进行斜抛运动时，抛射角度的大小对物体运动所能达到的远度和高度也具有重要的影响。当物体的抛射点与落地点处于同一水平面时，抛射角为90°，因而采用45°的抛射角使物体获得最大的抛射远度。但是由于人体进行投掷时器械出发点与落地点不在同一水平面上，存在着地斜角（器械出手点同落地点的连线与水平线所构成的夹角）的影响。地斜角越大，则出手角度相对越小，它们之间存在着一定的反比关系。在具体的运动技术教学、训练实践中，根据不同投掷器械运动项目规律及特点，通常将其最佳出手角度称为适宜的出手角度。

合理的器械出手角度与器械出手初速度、出手高度有密切的关系。一般情况下，就某一投掷项目本身而言，当出手高度保持不变时，器械的出手角度随出手初速度的提高而增加。通常铅球的投掷角度为38°~42°，掷链球的出手角度为40°~44°。铁饼、标枪的出手角度除上述因素的影响外，还存在着空气动力学因素的影响，为使铁饼、标枪在空间飞行过程中获得最佳的升阻比和较好的飞行稳定性，铁饼、标枪的投掷角度为30°~35°。

适宜的出手角度对器械在空间运动状态具有直接的影响，出手角度对器械运动轨迹的影响主要取决于以下几个方面的因素：第一，器械出手角度和方向取决于最后用力阶段人体各环节作用于器械的作用力方向与力对器械的作用点。第二，在最后用力阶段，器械应控制在正确的空间位置，沿出手轨迹方向加速运行，应保持水平速度和垂直速度的合矢量方向与出手方向一致。第三，由于投掷器械的出手点高于落地点，并且考虑到存在"地斜角"的关系以及受空气动力学因素影响较大的投掷器械（如标枪、铁饼）在空间飞行的状态，因而最佳出手角度不是45°，而是根据其运动的最佳状态各自有其适宜的出手角度。

3. 一定的出手高度

器械出手高度是影响投掷远度的重要因素之一，主要取决于运动员的身高、四肢的长度比和出手瞬间技术动作的结构特点。有关研究资料表明，当出手初速度为16米/秒时，铅球的出手高度增加0.2米，其成绩提高0.4米，因而在出手瞬间，运动员动作应充分伸展，以适量当提高投掷器械出手高度。

（四）影响器械投掷远度的动力学因素

1. 决定出手初速度的动力学因素

影响器械投掷远度的运动学因素主要是器械出手时的初速度，而决定出手初速度大小的因素则取决于投掷过程中作用力的大小及其作用时间的乘积，即作用力的大小与器械出手初速度的大小成正比。在投掷器械过程中，对器械冲量的大小取决于人体投掷器械时合理的动作技术、参与动作肌群收缩张力的大小及其肌肉用力的协调性和人体各环节用力的顺序性。在具体动作过程中，为了在最后用力过程中使作用于器械的冲量达到最大，必须在充分利用预加速阶段所形成的人体与器械动量的基础上，通过的动作形式、正确的用力顺序及提高肌肉收缩的协调性，尽可能地加大对器械的作用力，尽可能地加快动作速度，尽可能地增大动作幅度以加长工作距离，延长对器械的作用时间，使作用于器械的冲量最大，从而获得最快的出手初速度。

在人体与器械的相互作用过程中，作用于器械冲量大小的相互作用时，力的合力效应、力的方向以及作用点有着极为重要的关系。一般情况下，力的作用点应通过投掷器械的重心，如铅球、链球投掷时力的作用点要完全通过器械的重心，标枪投掷时力的作用点不仅要通过器械的重心，而且要使合力的作用线与标枪的纵轴重合，即力的作用点要通过标枪的纵轴。对于铁饼的投掷，由于要求出手时铁饼保持其沿上下轴具有较快的旋转速度，以保持铁饼在空间运行的稳定性，因而合力的作用线应通过下轴心位置稍侧面，获得一定的偏转力矩，使铁饼在空间的飞行构成复合运动（物体的运动既有转动，又含有平动的复合运动）状态。最后用力是投掷技术的关键部分，器械在最后用力阶段获得的加速度与助跑阶段获得的速度相比，最后用力阶段使器械运动速度的增长，推铅球的速度增长 5~7 倍，掷铁饼约增长为 2 倍，掷标枪提高为 4~5 倍。

2. 最后用力动作的动力学机制

最后用力动作是在预加速阶段（助跑、滑步或旋转）结束瞬间，人体进入支撑的开始，合理的最后用力应考虑以下几个主要因素：

（1）充分利用预加速阶段所获的水平速度，形成良好的"超越器械"动作技术。最后用力前的预加速与最后用力动作技术进行有机的连接是提高最后用力动作质量的基础，对最后用力效果起着至关重要的作用。最后用力开始的动作特征是，在最后用力开始前加快下肢运动，使身体的髋轴与肩轴扭紧，身体保持适当后倾，持器械臂充分向后伸，尽可能地为最后用力动作创造较长的工作距离和最佳肌肉收缩用力的生物力学条件，形成良好的"超越器械"动作技术。

（2）形成支撑，提高动作技术的力学效应。最后用力时，人体各环节肌肉有效用力都是在有支撑情况下进行的。投掷需要肌肉在远端固定（支撑）条件下进行。首先是下肢支撑为髋和躯干用力提供有力的支点，形成牢固的左侧肩、髋、膝、踝支撑轴，增大肌肉群依次用力的传递效果。稳固的下肢支撑、各环节依次加速和制动是投掷最后用力动作的重要特征，也是动量传递的基本保证。最后用力开始由右腿的髋、膝、踝伸展构成蹬地转腕、起体挺胸等动作的预加速到最后用力是连续的动作过程，最后用力和预加速末段有机连接。左侧支撑腿（右手投掷者）积极主动快落，以保证助跑获得动量的有效传递，能尽快形成支撑用力。

（3）预先进行弹性势能的储备，形成良好的肌肉预张力，提高肌肉收缩力量。有关研究资料证明，肌肉收缩前的初长度是影响肌肉力量的因素之一。肌肉在即将收缩前经适度拉长过程中，能储备大量的弹性势能，在肌肉收缩时释放出来，从而提高肌肉收缩的总张力。因此，在投掷的最后用力过程中，应尽可能地使参与收缩用力的肌群适度拉开，充分增大肌肉的预张力，尽量提高这些肌群环节的动作速度。

（4）尽可能地增大最后用力动作的幅度，延长力对器械的作用时间。从力学角度去考虑器械出手速度与最后用力动作技术因素之间的关系。可以得出以下结论：器械出手初速度的大小与器械所受力的大小和力的作用时间之乘积成正比，即投掷器械的出手初速度与投掷器械所受冲量的大小成正比。最后用力通过尽可能地增大动作幅度以延长用力时的工作距离，在保持最大作用力的基础上，力的作用距离就成为影响器械出手速度的主要因素。

（5）充分应用力的递增梯度变化及动量传递的作用规律，尽可能地增大对器械的作用力，并使作用于器械的冲量最大。形成最快的动作速度力的梯度是作用于器械的力和作用时间的比值。一般认为，力量递增梯度是作为衡量爆发力水平的指标，投掷项目要求在最后用力阶段尽可能地发挥出最大的力。作用于器械的力为最后用力阶段身体各环节肌肉收缩力传递与叠加的总合力，力量递增梯度越大，器械产生的加速度越大，因此最后用力动作要求肌肉快速收缩，以尽快达到最大力值。

动量传递在最后用力动作技术中是一个极为重要的环节，人体各环节在最后用力时符合人体运动链的原理。用力时机体各环节从近端向远端依次加速和制动，构成相邻环节肌肉依次快速拉长后引起收缩。因为人体肌肉的附着点都分布在关节的两侧，所以当各个环节加速运动后，相邻环节处于被动状态，跨过关节的肌肉被拉长，环节加速，被拉长的肌肉预张力增大并使动量依次传递，使末端环节获得极快运动速度。

最后用力时从下肢、躯干、上肢依次加速与制动，使各环节在力量的递增过程中形成良好的动量传递状态。最后用力时使人体助跑获得的动量经下肢的支撑制动作用传向躯干。与此同时，躯干用力并产生加速度运动。身体各环节自下肢依次向上用力并相继加速与制动，形成最快的器械出手速度。最后用力动作的用力顺序遵循人体运动的"关节顺序活动性"原理，即首先由大关节肌群开始依次向中、小关节活动形成整体运动的自下肢向躯干、上肢的用力顺序。投掷运动的最后用力过程中，一切技术性动作的目的都是尽可能使器械获得最快的出手初速度和适宜的出手角度。因而投掷器械的动作，必须遵循尽可能使动作速度和动作幅度处于最大的基本原则。

（五）器械飞行的流体力学因素

投掷项目中，一些器械如铅球、链球向空间飞行时如果速度不变，则任何时刻所受的阻力大小不变。因此，在研究空气动力学因素对器械飞行状态的影响时可忽略不计，但是标枪、铁饼在空间飞行时空气动力学因素对器械飞行状态则具有很大的影响。

标枪、铁饼在空间飞行时，空气对飞行物体产生阻力与升力两种作用形式。器械在空中飞行的阻力大小取决于器械与空气之间的相对运动速度和器械形状与飞行状态。器械与空气之间的相对运动速度越大，空气阻力越大，由于田径运动技术追求最快的速度，因而不在该因素方面考虑减小阻力的问题。空间飞行器械的形状与形成空气阻力有密切的关系，由于投掷器械（铁饼、标枪）的形状与质量分布是根据规则规定的，属于不变因素，所以不列为投掷技术研究的重点。器械在空间的飞行状态，如器械倾角、冲击角、器械的自转和公转、器械迎风截面积等因素则与所形成的空气阻力、升力、器械飞行稳定性具有重要的关系。

Seals 风洞实验资料表明，标枪迎风的倾角从 0° 增至 90° 的过程中，阻力从最小增至最大，升力变化的规律则是从 0° 增至 45° 的过程中升力从零增至最大，从 45° 增至 90° 过程中则由最大减至为零。升力与阻力之比，最大值为标枪或铁饼倾角为 25° ~29° 范围内。在投掷标枪、铁饼时应尽可能使器械在空间飞行时获得最大的升阻比（指器械在空间飞行时所形成的升力与阻力之比），同时保持较快的自转以增强器械在空间的飞行稳定性。从空气动力学特点分析，影响器械飞行距离的因素主要有以下几个：

1. 空气压力中心与器械重心的位置关系决定了器械飞行时公转角速度大小

空气压力中心与器械重心的位置关系决定了投掷器械的公转角速度，器械在空间飞行时，公转角速度的大小取决于器械所受空气压力中心与器械重心之间的距离，在器械与空气相对运动速度一定时，空气压力中心与器械重心的距离越长，则空气压力对器械的翻转力矩越大，因而器械的公转越快。国际田联在 1987 年对标枪规格的更改，尤其是使标枪的重心前移 4 厘米的规定，实质上就是延长标枪飞行时压力中心与器械重心的间距，加快标枪的公转角速度，从而减小标枪的滑翔性能。在正常情况下，铁饼空间飞行时所受空气压力中心与铁饼重心之间的距离为零，因而铁饼飞行尺寸所受空气压力翻转力矩为零，所以铁饼正常飞行时的公转角速度为零。

2. 获得器械空间飞行最大升阻比是提高投掷器械滑翔性能的重要原则

标枪、铁饼在空间飞行，最理想的状态是形成合理的倾角以获得最大的升阻比。在有一定逆风的情况下，空气的总作用力比无风时增大，其升力也随之加大，有利于增加升力，提高飞行的远度。而在顺风的条件下，虽然可以一定程度上增加器械的飞行速度，但对升力损失较大，会降低器械飞行的远度，不同的器械飞行速度，会影响各种角度的合理组合。由于器械在空中的飞行条件较复杂，故应根据实际情况确定最佳组合。

3. 利用器械转动的定向作用保持器械在空间飞行时的稳定性

铁饼在飞行时，压力中心一般是在其重心的前上方，由于旋转力矩而具有陀螺效应，增加了抗偏摆的能力，使铁饼保持动平衡。铁饼飞行的稳定性与自转速度有关。一般来说，转速越大，稳定性越大，标枪出手后产生绕自体纵轴旋转速度，有利于提高标枪飞行的稳定性。

4. 构成最佳的投掷条件组合可提高标枪、铁饼在空间运动的距离

由物体斜抛物运动方程可知，出手初速度是影响投掷距离的最重要因素。计算表明，出手初速度每增加 2.5 米／秒，抛射距离可增加 10 米左右。在出手初速度恒定的情况下，影响投掷距离的还有投掷角和器械在空间的飞行状态（如出手角、器械倾角、冲击角、公转与自转等）。出手角是指器械出手瞬间通过重心的速度矢量与水平线所构成的夹角，器械倾角是指器械在空间飞行过程中其轴向（标枪的纵轴、铁饼的前后轴）与水平线所构成的夹角。冲击角是指器械纵轴与器械重心运动方向所构成的夹角，公转与自转分别指器械绕横轴和纵轴（标枪的纵轴、铁饼的上下轴）的转动。

5. 风速和风向对投掷标枪、铁饼的影响

投掷时的风速和风向对器械的飞行有一定的影响，因此理论上的最佳出手角、倾角和冲击角应在一定的范围内波动，要将各种因素综合考虑才能求出最佳值。投掷铁饼时，一定的逆风条件有利于增加升力的作用，可延长铁饼滑翔的时间，增加投掷的水平距离。投掷标枪时，风速对速度的影响较小，呈现顺风使投掷的水平距离增大，逆风使投掷的水平距离减小，侧风对标枪在空间飞行的不利影响最大，会影响标枪飞行方向而降低投掷的水平距离。

第三节 田径运动的发展特点

田径运动是一项最能表现人类向大自然顽强挑战并显示自身实力的运动。田径运动以其奖牌多、竞争激烈、影响大的特点使世界各国高度重视。历届奥运会均把田径赛场作为大会的主赛场，各参赛国家都尽力通过田径来显示自己的体育实力和综合国力。自1896年在雅典举行第1届现代奥运会以来，世界田径运动发展日新月异，世界纪录不断被刷新，运动水平不断提高，竞争日益激烈，田径三强的格局在发生变化，男女差距逐渐缩小，高科技得到广泛应用，田径运动在体育舞台上显示着巨大的威力。

一、田径运动发展的特点

（一）美欧两大洲占优势的格局逐渐改变

世界主要田径强国及大多数世界纪录保持者和奥运会冠军，集中在美欧两大洲。奥运会的绝大部分金牌均被这两个地区的运动员所夺走，占金牌总数的75%以上。在近几届奥运会中，中国田径队以黑马之势占据了一席之地，并且势态越来越好。

（二）女子与男子的差距正在缩小

女子田径运动的显著特点是项目越来越多，距离越来越长，难度越来越大，成绩越来越高，与男子的差距越来越小。自1928年第9届奥运会正式设置女子田径比赛项目以来，经过几十年的发展，到第25届奥运会女子田径比赛项目由5项增加到19项，除3000米障碍、撑竿跳高及链球外，其他项目女子全有。女子项目由短跑到马拉松、由4×100米到4×400米、由80米栏到400米栏、由跑到竞走、由五项全能到七项全能等，对男子项目进行着猛烈的冲击，在运动水平上某些项目的发展速度超过了男子。

二、田径运动技术发展的共性规律

（一）以身体核心区域有序发力是有效发力的基础

任何竞技项目的技术动作都不是依靠某单一肌群就能完成的，它必须动员许多肌肉群协调做功。目前，训练学界把人体躯干，包括髋关节、脊柱、骨盆及其周围的深层肌群称作人体核心。核心力量存在于所有的运动项目之中，所有体育动作项目都是以中心肌群为核心的运动链，强有力的核心肌群对运动中的身体姿势、运动技能和专项技术动作起着稳定和支持作用。核心肌群在此过程中担负着稳定重心、环节发力、传导力量等作用，同时也是整体发力的主要环节，对上下肢体的协同工作及整合用力起着承上启下的枢纽作用。在走、跑、跳、投项目中，从核心开始发力推动重心向前上方运动，然后膝、踝关节的顺序加速用力，最后加上趾关节的末端用力，使人体快速蹬离地面。

走、跑、跳项目下肢的发力顺序完全符合运动生物力学从大肌肉、大力量、慢速度开始发力，直至小肌肉、小力量、快速度结束用力的顺序协调加速的"顺序性原理"，使人体获得最大的离地速度。投掷项目的最后用力同样是从核心部位开始发力，向下蹬腿表现为膝、踝关节的蹬撑，使腿部处于蹬而不直、含而不放的蓄力待发状态。当左腿完成支撑退让阶段，躯干完成转腰转体和挺胸形成"满弓"时，人体就完成了把肌肉突然拉长与扭紧的自下而上的超越器械用力，"满弓"是投掷项目最后用力特有的共同规律，是最佳的施力状态。"满弓"之后紧接左右腿的快速蹬伸，完成身体以腕部带动腰胸，以腰胸带动手臂，顺序以肩、肘、腕的加速用力，直至掌指关节的末端用力，使器械出手时达到最大的初速度。末端用力的方向决定了器械自转的方向，最后用力是投掷项目技术的关键，而用力顺序是最后用力关键中的关键，也是走、跑项目的蹬地技术和跳跃项目起跳技术中关键的关键。

（二）节奏性与爆发性是田径运动制胜的关键

所有的田径运动项目无论在完整技术、环节技术及细节技术要求上都有很高的技术节奏。技术节奏的好坏是影响运动技术和运动成绩的重要因素。很多时候运动只是一味地追求快是不够的，只有把技术动作有机、有序地连接起来，才能使之发挥最大的效率，才能充分展示有机体的运动能力，从而取得优异的运动成绩。田径运动技术在关键部分都表现出加速节奏，如短跑和跨栏起跑后的加速跑，跳跃和投掷的最后助跑都应尽量保持加速节奏。

（三）蹬摆配合与蹬撑配合是田径运动技术最基本的协调配合

在走跑类与跳跃类项目中，支撑腿与摆动腿之间的协调配合能够有效地增强蹬地效果。研究证明，短跑的后蹬、起跳腿的蹬伸所产生的支撑反作用力是跑跳的主要动力之一，摆动腿的作用不仅是维持平衡，更重要的是其摆动动量推动了身体重心向前上方的运动，从而增强了跑跳的用力效果。摆动腿前摆的同时异侧臂也随之前摆，这是人类先天具有的最基本的协调动作。在田径运动中利用和发挥了摆臂的功能，摆臂既能促使人体在走、跑、跳中的动态平衡又能增强蹬地效果。摆臂在非助跑项目中也有重要作用，如摆臂和不摆臂的立定跳远成绩相差约 20%。另外，蹬撑结合是投掷项目双腿支撑用力的共同规律。无论采用直线或滑步旋转等不同的预加速形式，到最后用力时都必须经过蹬撑结合的双腿支撑阶段，如推铅球最后用力时，右腿的蹬转和左腿的支撑用力就是典型的蹬撑结合。

（四）支撑—退让—蹬伸是田径运动中着地腿用力的关键环节

由于蹬地动作产生的反作用力是促使人体或器械向前运动的原动力。走、跑、跳、投中的蹬地动作都要经历支撑—退让—蹬伸几个阶段。蹬地腿着地支撑的位置一般在身体重心之前，故着地支撑时产生的是阻力。虽然脚着地的位置各项目都有所不同，但都要求脚着地积极快速地过渡到蹬伸，由于脚着地时人体所具有的动量，使着地时腿部伸肌被动拉长，表现为肌肉的离心收缩，称为退让工作，在一些教材中称为"缓冲"。退让能使身体重心更快地过渡到支撑腿，使蹬地动作有更多的力量通过身体重心。退让使伸肌在收缩之前被动拉长，使肌肉储备更多的弹性能，突然的退让更能增加肌肉的蹬伸力量。在嵌部前送的前提下，膝关节蹬撑前跪，膝、踝关节的伸肌被动拉长，可加强蹬伸用力的效果。研究结果表明，退让时力的峰值都大于蹬伸阶段力的峰值，如跳远起跳时退让的冲量占起跳总冲量的 87%。力量训练的实践也证明，只进行蹬伸（克制）力量训练不能提高退让力量水平，同样只进行退让力量训练也不能提高蹬伸（克制）力量水平。训练实践也证明，由于不理解或不重视退让力的训练，使运动员不具备与蹬伸力量相适应的退让力量，从而促使或加重了一些优秀运动员的膝、踝关节伤，并因此过早结束运动生涯。田径运动员都应重视与加强对退让力量的认识和加强对退让力量的训练，使退让与蹬伸力量都得到均衡发展，这对提高田径运动技术与成绩的提高是非常有用的。

第二章 高校田径运动的训练方法、手段及训练负荷

田径运动训练是为培养运动员良好的思想道德品质、全面发展身体素质、提高专项运动成绩等进行的专门教育过程。田径运动水平的提高和科学技术的发展，逐步形成了田径运动训练的科学体系。

第一节 高校田径运动的训练特点

田径项目是我国高校开展最早、普及率最高的项目，它在高校竞技体育中具有非常重要的地位以及相当程度的代表性。2005年教育部经过评估后于2006年重新确定的235所招收高水平运动员的普通高等院校中有165所招收田径项目学生。

通过高校教师多年的努力，高校田径运动水平得到了飞速的发展，培养出众多优秀运动员，但是我们也应该清醒地看到高校田径运动训练水平虽然有了较快的发展，但由于受招生、训练、竞赛和管理等方面的制约，其整体水平较低，难以完成参加国内国际大赛的重任，正确认识我国高校高水平田径运动训练的现状，制定相应的对策和措施，对于我国高校田径运动走出一条符合国情、校情的有特色的健康可持续发展之路具有一定的理论研究价值和现实意义。

一、田径运动员的成才周期长

运动员生理、心理发育的自然规律以及在训练负荷影响下的生物适应状态发展变化的规律决定着大多数运动员多年训练的过程表现出明显的年龄特征。不同项目对运动员开始参加训练的年龄、进入专项训练的年龄、保持最佳竞技水平的年龄以及竞技能力开始下降的年龄都有一定的区间和特定要求。

我国高中毕业生的年龄为18岁，大学一般学制为4年，有些院校高水平运动员实行5年制（1年预科+4年本科）。除了个别尖子运动员能保送研究生，绝大部分学生都是如

期毕业走向社会就业。从年龄上看，高校毕业时正是田径运动员打好基础冲击高水平的年龄阶段。从田径运动员成才所需时间分析，从初期训练到成为优秀运动员需要很长时间，有学者对进入世界前 10 名田径运动员的年龄特征研究表明，21 岁以前进入世界前 10 名的运动员占总数的 7.92%，22~30 岁（含 30 岁）的运动员占 78.27%，30 岁以上的运动员占 13.81%。也就是说，22~30 岁是田径运动员出成绩的最佳黄金期。这就与我国高校高水平田径训练的年龄段有较大差异，只可惜由于学制的限制，毕业就业就成为很多很有天赋的高校田径运动员绕不过去的坎。

二、膳食营养与训练保障有待完善

随着现代竞技体育运动技术水平的不断提高，训练负荷量和负荷强度越来越大，仅靠吃饭、休息和睡眠这种自然的恢复手段，很难适应和满足当前训练的需要。在现代训练体系中，科学的医务监督，多元化、全方位的恢复与营养是科学训练的有效保证。运动员的体质好坏除与先天遗传和后天训练有关外，很大程度上取决于后天营养的质和量。如果运动员的营养状况差，运动能力会很快下降，也就难以接受大强度、大负荷量的系统训练。科学合理的膳食营养是保证运动训练正常的基本条件。在专业队和体校，一切工作是围绕训练和出成绩这一核心来进行的，运动员的膳食营养和训练恢复有专人负责。运动员的膳食都是根据训练需要来进行科学的配餐，训练过程也有专业的科研人员进行监督，随时给教练员反馈测量结果，教练员可以根据反馈信息对训练过程进行调整。在高校竞技体育训练体系中是没有专供运动员吃饭和康复治疗的场所的，运动员都是自掏腰包在学生公共食堂就餐，这种膳食营养根本无法保证训练的需要。有些高校虽然给运动员有训练补贴，但由于学校经费有限，发给学生运动员的补贴金额少得可怜，有的甚至没有训练补贴。在对清华、北大、北京理工大学等 10 所大学所做的调查表明，70% 的院校用于田径训练的经费严重不足，30% 的院校能勉强维持。在经费的来源调查中，大部分院校训练经费主要由学校拨款，部分院校得到企业赞助，有些院校还通过场馆的开放经营自筹经费来补充训练经费的不足。在经费不足的情况下，有些院校为了保证运动员有良好的身体状态，提高训练质量和效果，利用有限的经费给运动员买一些营养补剂，但也只限于重点运动员。运动员出现训练伤病也只能去校医务室和医院治疗。

高校虽然有较为雄厚的科研力量，但能为高水平训练提供服务的并不多，训练的科学监督也就无从谈起。有训练监测的仅有两所，占 20%，有 80% 的院校没有训练监测，大部分院校没有设置随队医生。这也从一定的层面反映出高校科研优势和人才优势没有得到发挥，训练中缺乏必要的医疗康复。高水平的运动训练需要高质量的膳食营养和良好的训练保障措施，高校竞技体育担负着奥运增光计划和参加世界大学生运动会的重任，必须提高运动员的基本训练保障，这样才能有效提高高校田径训练的质量和水平。

三、指导思想和目标定位需要进一步明确

为了把我国高校竞技体育办成培养高水平、高层次和高素质的体育人才基地，拓展我国竞技体育高级人才的培养渠道，1986 年 11 月，原国家教委和国家体委共同制定出台的规划中强调，学校体育运动技术水平要达到国内先进水平，能够承担参加世界大学生运动会的主要任务，学校课余体育训练成为国家体育训练的重要形式之一。2005 年 4 月下发的《关于进一步加强普通高等学校高水平运动队建设的意见》再次强调，学校体育是国家全民健身计划和奥运争光计划的基础。学校是为国家培养高素质体育人才的重要基地。可见，国家和政府对高校办高水平运动队给予了很高的定位和期望，但在现实中，高校高水平训练与当初的建队指导思想有较大的差异。

有学者对全国 35 所有高水平田径训练的重点高校调研表明，在高校高水平田径训练中，高达 80% 的高校办队的指导思想主要是树立学校形象，在省、市高校田径比赛中和全国大运会上争牌夺分。很少有将重点定位于世界大学生运动会的。对高水平田径队的工作缺乏创造性和前瞻性，仅仅满足于出校名、扬校威。

笔者对北京部分高校的田径教练员的调查也证实了这种情况，有高达 100% 和 73.08% 的教练员只把训练目标定在省、市高校和全国高校比赛。选择参加世界大学生比赛的仅有 34.62%，选择参加全国系列比赛和世界大赛的教练员只占 26.92% 和 11.54%。这种把眼光只盯在省、市校运动会和全国大学生比赛的训练思想在高校田径训练中非常普遍，教练员的训练任务和目标也多定在这个层次。这与国家教委和国家体育总局为高校竞技体育提出的为奥运增光计划服务的定位是有较大差距的，指导思想与目标定位的偏差势必导致训练目标的降低，最终直接影响办队水平。

四、训练理念和管理理念有待提高

就高校田径训练与专业队田径训练的性质而言，两者之间有着质的区别。专业队田径运动员的训练是专业训练，其任务的核心为训练和出成绩，较为单一。相关管理和服务都

是围绕这一核心进行运转的。高校学生运动员的训练属于业余训练，其第一任务是学习，第二任务是训练，他们必须在完成学业的前提下利用课余时间进行训练。其管理也较为松散，学习上由所在系负责，管理训练由体育部负责，吃饭和休息由学生自己掌握。

鉴于高校田径运动员的学习和训练特点，其训练方法就要有别于专业运动员。这是高校高水平田径训练首先要明确的。专业队的训练时间是有保证的。高校田径训练主要集中在课余时间。有调查表明，高校基本上都是采用上午上课，下午训练的安排模式，每天的训练时间在 2~3 小时之间。训练效果的评定不能以训练量的大小和训练时间的长短来衡量，关键是在有限的训练时间里采用科学的训练手段、方法，合理地安排负荷量和负荷强度来保证训练质量和效果。转变训练理念积极探索是高校田径教练员面临的课题。高校田径教练员应根据项目特点和高校的训练特点，积极摸索和总结一套符合高校田径训练的方法和手段，也可借鉴国内一些高校的成功训练经验来提高高校田径训练的效果。如果照搬专业队的训练方法和手段，在营养和恢复无法保障的情况下学生运动员将很难适应。

对高校运动员的管理而言，第一，需要遵循田径运动训练的规律，不断提高训练质量。在高校田径运动训练过程中，教练员要在有限的训练时间内，注重以质带量，正确处理好负荷量与强度的关系、运动技术水平与运动训练方法的关系，以及竞技状态与训练周期的对应关系。目前，大多数高校高水平运动队的训练均具有业余性、阶段性、时间限制性等特点，并且受到大学生在校学习活动规律的制约。在田径运动训练过程中，身体素质训练要与专项训练紧密地结合起来，要重视运动员的恢复与心理素质训练。教练员要重视对决定各项目成绩的关键因素和项目特性的研究和探索，不断加深对各项目的规律和特殊性的认识。高校教练员本身应加强运动心理学知识的学习，并结合运动员自身的特点，运用心理学知识或者请心理专家强化运动员心理素质。

第二，高校田径队要实现"育人为本，区别对待"的管理模式。从目前我国高校高水平田径运动队的管理状况看，运动队的管理可分为相对集中式和分散式两种管理形式。所谓相对集中是指体育部协同教务、后勤对运动队进行管理；所谓分散式管理是指训练由体育部管理，学籍由教务部门管理，学习、生活则分散在各个系。招生从宽，使有运动天赋、确有发展潜力的运动员不致被拒之门外。严格运动员的学习管理。运动员的学习统一由学校的学业管理部门负责；课程选择权集中在文化指导教师手中；运动员缺少必修科目，达不到规定的学分取消参加比赛的资格，不予毕业。通过为田径运动员聘请教师，实行学分制。运动员自选专业等给田径运动员创造良好的学习条件，引入目标管理等类型的新的管理方法，高水平田径运动队的管理要以育人为中心，在实际管理中要注重贯彻区别对待的原则，使每一个田径运动员都得到发展。

我国高校田径运动队要立足于"一条龙"的办队模式，依靠自身的优势，重视高校竞技体育后备人才的培养。同时，不断加强对高校田径教练员的培训，逐渐建立起高校自己的高水平田径教练员队伍，不断提升高校田径教练员的执教水平，为高校田径运动的可持续发展奠定人力基础。针对当前体教结合的不协调以及在高校高水平田径运动队中暴露的诸多制约发展因素，高校要采取"育人为本，区别对待"的管理模式，真正实现高校高水平田径运动员"高文化知识、高竞技水平"的培养目标，逐步改善高校高水平田径运动可持续发展的内在与外在环境。

第三，要采用灵活的学籍管理，高校发展高水平竞技体育就是要依托高校的人力和物力资源，培养高水平的运动人才，增强我国竞技体育国际竞争能力。高校在系统的文化知识传授促进人的全面发展方面有着自身的优势，在以人为本的现代教学理念中，学籍管理直接关系着所培养的大学生运动员是否能够达到创新思维和创新能力的大学生文化标准。期望竞技体育与高等教育的深度融合，以实现人的全面发展，这是众多运动员的心声。由于训练和文化学习的矛盾，学生运动员要把精力投放到这两个方面，往往是顾此失彼。

要解决这一问题，最好的办法就是采用灵活的学生运动员学籍管理办法，实行弹性学制管理，学生运动员在6~8年的时间里修完规定的必修课学分和选修课学分就可毕业。对于必修课，学生运动员与一般学生一样要求，以保证学习质量，学生运动员的比赛成绩奖励学分可顶替选修课学分。这样，学生运动员就可以在一学期中根据训练情况和自己的学习能力选择文化课程数量，这客观上降低了他们的学习压力并能有效提高他们训练的积极性。

此外，还应处理好文化学习与运动训练的矛盾。修订运动员文化教育的质量标准，建立与运动训练竞赛相适应的、灵活多样的运动员学籍管理模式，完善对运动员的激励体制。在文化学习成绩方面可以获取加分和享受学校其他优惠政策。在获得加分后，运动员在评先、评优时与普通大学生一样，但要有严格的评定标准。如果运动员表现不好或成绩下降到规定的标准，立即取消一切优惠政策；完善体育特长生免试推荐研究生制度，明确标准，保证推研工作起到留住人才、激励进步的作用；建立明确的制约体制，加强训练和表现的过程控制，对入学后无法完成训练和竞赛任务、应付训练的体育特长生制定相应的惩罚措施。针对运动员对学习与训练关系的认识偏差，管理者要进行思想上的教育和指导，改善队员学习方法和手段，创造浓厚的学习氛围，促使他们提高文化学习的积极性；引导他们正确认识今后就业的现实性与困难性，要求摆正心态，严格要求自我，自觉做到在文化学习与专业训练上协调、全面发展。

第四，利用有限时间提高训练质量，增加高校田径的竞赛次数。由于高校运动队运动员的客观条件和特殊环境，决定了训练时间的有限性，所以在下午课余时间训练中，应牢牢抓住专一项和专门能力这根主线。在抓专项的同时，坚持抓好队员的身体训练，减少伤病的发生，最大可能地在有限的时间内提高训练质量；在体育课堂上，教师应有意识地对校田径队的队员在本人相关的专项上提出更高的要求，以课堂时间弥补训练时间的不足；在早晨，根据学校和学生的具体情况，有计划地安排一些有氧慢跑、柔韧性练习和专项技术模仿，使队员的训练疲劳得以充分恢复，专项技术得以再巩固；充分利用双休日，检验训练效果，发现问题，及时解决；充分利用寒暑假时间，搞好集训。竞赛是运动训练的最终目标，也是检验运动训练效果的最佳标准。国家根据高校的实际情况，在大学生两大赛事的基础上再组建高校间田径联盟赛或以区域划分的田径区域赛以及各种高水平的邀请赛、表演赛、冠名赛等来增加赛事次数。条件成熟的情况下，鼓励高校参与社会各种职业高水平的田径赛事（包括世界各种田径赛事），以期提高自身的运动水平。

第五，合理布局运动项目。在运动项目的设置上，国家应该给予宏观调控和指导，引导普通高校根据地域特点、人文环境和传统优势，集中人、财、物等资源建立优势项目，避免一哄而上和重复建设，对那些不能办或办不好的学校，坚决予以不批准和取缔，把有限经费用在能办好高水平田径队的学校。各普通高校应根据自己的实际情况组建队伍，不要随大流，盲目跟形势，要有目的、有计划地分层次、分类别构建优势项目，体现"少而精"，突出重点，扩大社会知名度，以品牌争取发展资金，有资金可以更好地促进训练，形成良性循环。

第二节　高校田径运动的训练方法

在田径运动训练中，教练员和运动员为完成技术训练任务，必须采用有效的训练方法。技术训练是否成功、训练效果是否显著，在很大程度上取决于技术训练方法的先进性和运用的正确程度。选择技术训练方法应遵循下列要求：一是明确的目的性和针对性。技术训练的不同阶段要达到的目的和所要解决的任务是不同的。因此，选择技术训练方法应只具有较强的针对性，即"有的放矢"。二是多层面的综合性。为完成某一技术训练任务，可采用多种训练方法进行综合训练或采用一种技术训练方法，同时解决几项训练任务，以提高训练效率。三是常用方法与特殊方法相结合。各项目均可采用的方法称为常用方法，各项目专用的训练方法以及针对需要解决的特殊问题而专门设计的方法称为特殊方法。

一、田径运动技术基本训练方法

在现代科技的基础上，现代体育科技得到了不断丰富和发展，许多新的训练方法和手段，科技成果、学科和理论不断地渗透到运动训练领域，对体育运动实践所起的作用越来越大。当今世界先进科学技术广泛应用于田径运动的选材、运动训练、运动后的恢复及运动竞赛的各个阶段，促进了田径运动训练的发展，使人们对田径运动训练的实质、影响成绩的因素等问题的认识也不断完善、深刻，现在田径运动训练理论正在不断地充实和更新。田径强国在运动训练过程中充分利用各种科学技术去指导运动员。例如，利用生理、生化指标控制负荷量和负荷强度；利用各种先进测试仪器评价运动员的机能状况和身体素质水平；利用高速三维摄影仪分析技术动作，发明了各种各样的训练方法，如缺氧训练法、高原训练法、模式训练法等，这些方法都不同程度地促进了现代田径运动技术水平的提高。所有这些使现代田径运动训练的针对性、目的性更强，使训练向科学化、定量化的方向不断迈进，促进了整个田径运动的发展。

（一）直观法与语言法

1. 直观法

直观法指在田径运动技术训练中，借助运动员的各种感觉器官，使运动员建立起对练习的表象，获得感性认识，帮助运动员建立正确思维，掌握和提高运动技术水平。运用直观法时应注意以下几点：第一，根据具体条件和可能，广泛利用各种直观手段，提高多感官的综合分析能力，运动员综合利用感觉器官的能力越强，越能较快地感知和掌握技术动作。各种感觉器官通常具有阶段性，如开始学习技术动作时，视觉作用较大，但在提高过程中，就应该更多地通过肌肉本体感觉改进和完善技术。第二，把运用直观法和启发运动员的积极思维结合起来，感性认识必须通过积极的思维向理性认识过渡，才能形成正确的动作概念，从而掌握动作。第三，对于运动水平较低、年龄较小的运动员应该更多使用电影、录像和示范等直观手段。

2. 语言法

语言法指在技术训练中，运用各种形式的语言，指导运动员学习和掌握技术动作的训练方法，其主要作用在于帮助运动员借助词语明确技术动作概念，纠正错误动作，提高技术水平。语言法以讲解为主要手段，讲解时应力求目的明确、通俗易懂、精简扼要、具有启发性，并要注意讲解的时机，对高水平优秀运动员可适当多运用语言法学习和改进田径运动技术。

（二）完整法与分解法

完整法是指运动员从技术动作的开始姿势到结束姿势完整地进行练习，从而掌握技术的训练方法，其优点在于一开始就使运动员建立完整的技术动作概念，不至于影响动作的结构和各部分之间的联系。完整法多用于学习简单的技术动作或不能分解、联系较为复杂的技术动作。

分解法是指完整的技术动作，按其基本环节分成若干个相对独立的部分，使运动员分别进行练习的训练方法。其优点在于能减少运动员开始学习的难度，在掌握了完整的技术动作中相对独立的几个部分后，再进行完整练习，从而提高学习效率，增强掌握动作的信心。分解法主要用于较为复杂的技术动作练习中，在改进动作、提高动作质量时也可以使用。

由于分解练习时部分地掌握技术，所以一般将分解练习看成是完整练习的补充。运用完整法和分解法时应该注意，对于比较复杂的技术动作，可采用先分解后完整的练习。但在这种情况下，必须注意不要破坏动作的完整性，即动作阶段的划分应不影响技术动作的结构特点和不破坏动作各部分的有机联系。初学者善于模仿，对于一些相对不复杂的技术动作，可以先完整练习后再分解练习。

一般来讲，运动技术水平越高，分解练习的比例相应越大一些（此时，运动员具有高度的分化抑制，技术动作各个环节的概念也十分清楚，一般不会因为分解练习而影响技术动作的完整性）。"先分解后完整"或"先完整后分解"都不是固定的学习、训练程序。教练员应该根据技术动作的难度、结构（组成环节的多少）、运动员年龄、心理特征等来确定采用什么方法。

（三）想象法与表象法

1. 想象法

想象法指在练习前通过对技术要领的想象，在大脑皮层中留下技术"痕迹"，然后在练习中激活这些"痕迹"，使技术动作完成得更为顺利和正确的一种训练方法。想象法在优秀运动员中运用得更为普遍。在想象法运用的过程中，要与各种感觉相结合，即在头脑中对技术动作想象的同时，与各种感觉（肌肉用力感、空间感、方向感、平衡感和速度感等）结合起来，把头脑中的想象变成运动器官的操作性活动。

2. 表象法

表象法又称念动法，指运动员在头脑中对过去完成的正确技术动作的回忆与再现，唤起临场感觉的训练方法。通过多次动作表象，提高运动员的表象再现和表象记忆能力，也可以使运动员的注意力集中于正确的技术要求，有利于提高心理稳定性，从而促进技术的掌握。

（四）减难法与加难法

减难法指在技术训练中，以低于专项要求的难度进行训练的方法，如在跳远训练的踏跳练习中，以弹簧板代替踏跳板。减难法常用于技术初学阶段。加难法指在技术训练中，以高于专项要求的难度进行训练的方法，如在推铅球技术训练中，采用加重的铅球，从而增加训练难度。加难法常在优秀运动员训练中使用。

二、力量训练方法

在田径运动中，运动员的力量素质水平直接决定着技术动作的难度、幅度甚至运动耐力。因此，其对运动成绩有着重要的影响。力量训练是田径运动员日常训练的重要内容。

（一）肌肉最大力量收缩训练法

这种方法主要通过刺激神经 - 肌肉系统，最大限度地增加参与运动肌群的肌纤维募集数量，并改善其机能来发展肌肉最大力量。它的特点是反复次数少，强度要求很高，而消耗的能源物质并不多，肌肉力量的增加不会引起肌肉肥大和体重的增加，因此比较适合专门准备期的力量训练。

1. 窄金字塔法，最大强度左右的向心收缩

90%×3、95%×2、97%×1、100%×1、97%×1、95%×2、90%×3，如运动员深蹲最高强度是 150 克，按以上各组强度要求，可以按以下方式练习：135 克 ×3、142.5 克 ×2、145.5 克 ×1、150 克 ×1、145.5 克 ×1、142.5 克 ×2、135 克 ×3，注意做好充分的准备活动，组间休息 3~5 分钟。

2. 最大力量向心收缩

借鉴保加利亚举重运动员的训练方法，连续做 5 组，每组做 1 次 100% 强度，组间休息 3~5 分钟。

3. 最大力量等长（静力）收缩

连续做 5 组，每组重复 2 次，每次坚持 5~6 秒，组间休息 3 分钟。这种练习可以提高肌肉在某一关节角度下用力的力量，也可用来加强运动员在某一特定技术环节的用力感觉和能力，但对提高肌肉协调性效果不显著。

4. 最大力量离心收缩

男子运动员采用 120% 最高强度，女子运动员采用 110% 最高强度，做退让性用力。为保证安全起见必须采用专门器械或教练、同伴帮助完成练习。

5. 离心－向心收缩

采用 70%~90% 的强度，在 6~8 秒内慢慢拉长肌肉，而后尽最大能力快速缩短肌肉，连续做 5 组，每组重复 6~8 次，组间休息 4~5 分钟；采用 120% 最高强度，在 4~6 秒内慢慢拉长肌肉至最大限度，而后同伴帮助减去 40% 的重量，尽最大能力快速用力，连续做 3~4 组，每组重复 1~2 次，组间休息 4~5 分钟。

6. 静力－动力收缩

静力-动力收缩主要用于下蹲类和推举类练习，要求为肌肉被拉长后，再收缩至一半时，保持停滞，静力收缩数秒，而后爆发式收缩完成用力，一般强度为 60%~80% 时，可停顿 1~2 秒，重复 4~6 次；当强度为 85% 以上时，可停顿 2~3 秒，重复 2~4 次。

（二）肌肉最大力量收缩训练法

这类方法会因较多消耗肌肉能源物质，提高肌肉物质和能量代谢能力，产生的超量恢复效应会增大肌肉体积并增加体重，正确采用对增加肌肉力量和力量耐力具有很好效果。由于练习过程中达到肌纤维神经冲动的同步化水平只在最后几次收缩中才可以达到最大限度，因此施加的负荷和重复次数必须达到一定数量才能收到理想效果。一般采用 60%~80% 的强度，练习组数和重复次数都比较多，训练内容广泛，比较适合于准备期的力量训练。

1. 定量负荷法

定量负荷法适用于增大肌肉体积，负荷重量保持一定，但重复次数和组数却相当多的训练。年轻运动员可采用 50% 强度 ×12 次 ×5 组或 60% 强度 ×8~10 次 ×5 组；高水平运动员可采用 80% 强度 ×8~10 次 ×3~5 组，或 60% 强度 ×8~10 次 ×5 组，组间休息都是 3~5 分钟。练习目的是使肌肉工作直至力竭，因此在最后几次重复中需要同伴的保护。

2. 渐进负荷法

渐进负荷法的目的在于提高肌肉协调性，最后几次重复中需要同伴的保护，组间休息 4~5 分钟：70%×12、80%×10、85%×7、90%×3、95%×2。这种方法也可结合下列练习方式作为补充：①强化组合，两种相近手段结合练习，组间没有间歇。②退让重复，一组动力收缩练习之后，增加 25% 的负荷重量，肌肉退让性离心收缩，重复 2~3 次。③借力重复，肌肉工作至力竭后，试图借助其他肌群力量，或者与前面练习相异的动作方式再做数次附加重复。④预先消耗，先使一组肌群单独收缩工作，而后与其他肌群配合完成组合动作。

（三）力量组合训练法

力量组合训练法可以比较多地运用于各个训练阶段的常规力量组合，适合于田径各项目的力量训练。

1. 宽金字塔法

宽金字塔法的主要目的是增大肌肉体积。

练习1：60%×8、65%×7、70%×6、75%×5、80%×4、75%×5、70%×6、65%×7、60%×8。

练习2：60%×4×2组、65%×7×2组、70%×6×2组、75%×5×2组、80%×4×2组。

2. 组合法

组合法的主要目的是提高神经 - 肌肉协调性。

70%×5×2组、80%×4×2组、85%×3×2组、90%×2×2组、95%×1×2组。

（四）对比训练法

这种方法起源于保加利亚，因此也被称为保加利亚对比训练法。它实际上是综合多种力量训练组合的优点，并致力于逐步满足专项动作的进度要求，逐步演化而成的。练习负荷按序列完成，从克服最大外部阻力直至克服自身体重，逐级提高动作速度，尤其适合于专门准备期和比赛期的力量训练。

练习1：提高肌肉最大力量 90%×4、95%×2；100%×1×2组、95%×2、90%×4×2组。

练习2：提高肌肉爆发力量 60%×10 秒内最大重复次数 ×2~3 组。

练习3：提高肌肉最大输出功率 30%×10 秒内最大重复次数 ×2~3 组。

练习4：提高肌肉快速力量采用对抗自身体重的练习，无附加负荷。

（五）快速力量训练法

上述力量训练方法都能够有效提高肌肉快速力量，以下是一些其他常规方法且适合于各个时期的训练。这里涉及的练习需要在运动员身心状态良好时安排，并要求接近个人最高强度，当感到疲劳时就停止练习。

1. 快速杠铃练习

只在向心收缩时加速杠铃，35%~50%×7×5组，组间休息3~4分钟。

2. 减小阻力练习

下坡跑、牵引跑等。

3. 超等长收缩练习（肌肉被动拉长后快速收缩）

各种反应性的上体器械练习和下肢深跳练习等。

4. 投掷各种轻器械

结合专项技术设计和采用多种形式。

（六）反应力量训练法

反应力量的产生机制涉及神经 - 肌肉反射弧的一系列复杂过程，较多地取决于遗传因素和早期训练。因此，在运动员训练初期，就要训练神经 - 肌肉系统"学会"在肌肉和肌腱受到牵拉状态下的快速反应收缩能力，并使其在以后的训练中不断得到保持和强化。它是一项运动员在各个训练时期都要坚持的常规力量训练内容。

1. 垂直纵跳

原地双脚跳可以采用自然频率、最大频率和最大高度三种要求练习。重复30次，做3组，组间休息5分钟。高水平运动员可以采用单足跳，重复10次，做3组，组间休息4~5分钟。

2. 各类跨跳

交换腿单足跨跳：20次×3组，组间休息5分钟。立定三级跳或五级跳：8~10次×5组，组间休息5分钟。各种跳栏架练习：栏间距1米，高度和数量依运动员情况而定。采用最快速度跨跳，单足跳或蛙跳25米，3~5次×3~5组，每次间休息5分钟，组间休息10分钟。

3. 深跳后接纵跳或平跳

从80厘米高的跳箱跳下，而后紧接向前或向上跳出最大远度或高度。10次×5组，组间休息10分钟。如运动员落地后脚跟触地或起跳太慢都应调整跳箱高度，应避免在松软地面做这个练习。由于深跳练习对神经 - 肌肉系统要求很高，需要较长恢复时间，一般在重要比赛前2周停止采用。

（七）力量耐力训练法

采用运动员最大力量的30%以上重量，方法运用和持续时间要适合专项需要。

1. 短期力量耐力

短期力量耐力主要依靠肌肉最大力量的增加而提高。

2. 中期力量耐力

多次重复法：40%~60% × 10~20 次 × 3~5 组，组间休息 1~1.5 分钟。

循环训练法：采用 6~12 个练习分成不同的"站"，每个"站"练习 40 秒，"站"间休息 20~40 秒，做 2~6 组。

3. 长期力量耐力

依靠多次重复、短间歇提高力量耐力，30%~40% × 30 次以上 × 4~6 组，组间休息 1~1.5 分钟。

三、速度和耐力训练方法

（一）重复训练法

重复训练法是一种要求在不改变动作结构及其外部运动负荷数据的情况下，按照既定要求，反复进行练习，各次练习间的间歇时间较充分并能使机体基本恢复的训练方法。也即下一次练习是在上一次练习完全恢复或超量恢复的情况下进行的训练法。重复训练法的主要功能集中体现为：通过同一动作的多次重复，经过不断强化运动条件反射的过程，有利于运动员掌握和巩固技术动作；通过相对稳定的负荷强度的多次刺激，可使机体尽快产生较高的机能适应，有利于运动员发展和提高身体素质；通过不同类型的重复训练，可分别促使磷酸原供能系统、糖原无氧酵解供能和混合代谢系统的供能能力得以发展和提高。通过不同类型的训练课，有助于分别提高竞技能力各个因素水平或整体水平。

（二）间歇训练法

间歇训练法是一种对练习动作结构和运动负荷强度、间歇时间具有严格的要求，以使机体处于不完全恢复状态下，反复进行训练的练习方法。间歇训练法受几种因素制约，即每次练习的时间和距离、练习重复的次数和组数、每次练习的负荷强度、每次（组）练习的间歇时间、间歇时的休息方式的影响。间歇训练法最初是由中长跑教练员波·格施勒和生理学家莱因德尔所创造的。他们从心率与心输出量的关系（健康成年人心率每分钟在 120~180 次，心输出量能保持在最佳状态）受到启发。经过大量实验发现，如果将运动中的负荷强度定在每分钟心率为 160~180 次，间歇过程中心率每分钟降至 120~140 次时，即刻进行下组练习，对加强心脏功能、改善心脏形态、提高机体载氧能力均具有十分显著的作用，对提高某些运动项目的成绩具有显著效果。

目前，随着现代运动训练理论的不断深入和间歇训练法的推广、应用及精心改进，许多优秀教练员进一步发现，间歇训练法具有更多的功能。其主要功能集中体现为：通过严格的间歇训练过程，可使运动员的心脏功能得到极大的增强，以满足激烈运动项目的供氧需要；通过调节运动负荷的强度，可使机体各机能产生与有关运动项目相匹配的适应性变化，并使之具有能迅速进入适宜的应激准备状态的能力，以适应比赛强度变化的需要；通过不同类型的间歇训练，使糖原无氧酵解供能系统的能力、无氧与有氧代谢系统的混合供能能力、有氧代谢供能能力得到有效的发展和提高；通过多次的重复技术动作，并在较高负荷强度、较长负荷时间及严格控制间歇时间的条件下，有利于运动员在激烈对抗和复杂困难的比赛环境中，稳定地发挥出已有的技术动作。通过较高负荷心率的刺激，可使机体耐酸能力得到提高，以确保运动员在保持较高强度的情况下具有持续运动能力。

（三）持续训练法

持续训练法是一种负荷强度较低，负荷时间较长，练习过程不中断的练习方法。持续训练法是以重点发展有氧代谢水平而提出的。该方法十分强调一次持续运动的负荷时间应该长些，负荷强度适中，平均负荷心率指标应在每分钟 130~170 次。这是因为，机体植物性器官的功能惰性较大，约需要运动 3 分钟才能发挥出最高功能水平。因此，为了提高机体植物性器官功能水平、有氧工作能力，一次负荷运动的持续时间应在 5 分钟以上，甚至可持续至 90 分钟或更长的时间。只有这样，才能最大限度地发展有氧代谢水平及其工作能力。就运动负荷安排特点而言，持续训练法与重复训练法、间歇训练法相比，最明显的不同之处就是负荷强度较低，负荷时间较长。持续训练法的主要功能集中体现为：持续训练对强化负荷强度不高但过程细腻的技术动作的条件反射具有独特的功能，有利于使该类技术动作形成技巧化；持续训练可使机体运动机能在较长时间的负荷刺激下，产生稳定的训练适应，内脏器官产生适应性的变化；持续训练可提高有氧代谢系统供能能力以及该供能状态下有氧运动的强度；持续训练可以为进一步提高无氧代谢能力及无氧工作强度打下坚实的基础。

（四）高原训练法

高原训练法是指利用高原地带空气氧含量较少的自然环境，发展有氧耐力、无氧耐力、力量耐力所采用的方法。高原训练法原本是长跑教练员根据赛事安排地点位于高原地带的情况而提出的一种机能适应性训练方法。该方法提出的最初目的是通过赛前一段时期的高原训练，促使长跑运动员产生与高原比赛环境相适应的生理训练适应，以便其在相对缺氧的高原比赛环境中能够正常地发挥出自己的竞技水平。然而，近30年来，随着许多运动项目的应用与拓展，人们发现高原训练法还具有低海拔平原地带常用基本训练方法难以做到的其他功能。这些功能集中反映为：能够明显地刺激血液中红细胞数目的增加，从而有利于提高运动员的有氧代谢能力或有氧耐力；能够明显地增强机体缺氧状态下的工作能力，从而有利于提高运动员的缺氧代谢能力或无氧耐力；能够明显地改善骨骼肌红蛋白的浓度和质量，从而有利于提高运动员的肌肉工作耐力或力量耐力；能够明显地发展机体抵御疲劳的工作能力，从而有利于提高运动员长时间运动或连续比赛的体能；能够促使运动员产生与高原比赛环境相适应的生理反应，从而有利于提高高原比赛环境中的竞技能力。

总之，现代田径运动训练实践及科学技术的发展，对田径运动的发展产生了积极的影响，这一变革对现代田径运动训练理论也提出了新的课题。我们只有对其进行认真的梳理，明确其科学的走向，探索和寻求新的特征，才能依据事物发展的趋势，科学地指导田径运动训练，挖掘运动员的最大潜能，提高我国田径运动的整体水平。

第三节　高校田径运动的训练手段

在田径运动训练中，要根据运动项目的特点、运动员的训练水平、各个运动阶段的内容选择最有效的运动手段，通过各种因素的全面协调发展，促进竞技能力的不断提高。了解田径运动的训练任务及内容，目的是合理、正确地选用有效的训练手段与其训练过程相结合，较快地提高运动训练的成绩。田径运动训练不仅具有训练学的特征，还有其自身的一些特征，即训练项目的多样性、田径运动技术的稳定性。在一定的技术形势下，田径运动的成绩取决于技术训练与提高技能水平之间的协调配合，而且提高技能水平又起着主导作用，多周期结构的年度训练计划仍为大多数田径项目所采用。

一、与田径运动训练相关的正确训练手段

运动训练手段是指为了实现运动训练的目的、任务而采取的具体方法和措施，是组成各种不同训练方法的基本单位和内容。常用的运动训练手段很多，主要包括身体练习手段、自然力手段、辅助训练手段、恢复手段、管理手段、信息手段、专门手段，而其中最主要最基本的是身体练习手段，主要包括运动素质和技战术训练。另外，恢复训练和心智训练也较为重要。

（一）身体素质的基本训练手段

身体素质是指发展力量、速度、耐力柔韧性等身体训练，其可分为一般身体训练和专项身体训练。一般训练的手段十分广泛，多是通过田径、球类、游戏、爬山等形式进行，一般训练手段的选择和完成应与田径专项的特点相适应。专项身体训练主要是发展与专项有密切关系、能直接促进和提高专项成绩的身体训练，如短跑运动员的速度性力量、投掷运动员的出手速度。因此，通常采用专项分解动作来发展某一专项素质，如短跑运动员用单腿跳发展速度力量，标枪运动员用双手颈后投实心球发展腰腹力量等。

（二）技术训练手段

技术训练的主要方法有分解法、完整法、重复法、变换法和比赛法等训练手段，在日常训练教学中应注意以下几点：①技术训练要贯穿在年训练周期的始终。②技术训练要突出完整技术练习，重点改正某一环节的技术。③训练中要重视与技术有密切联系的专门训练，促进技术的改进和完善。④技术训练要结合个人的具体条件，形成具有个体特点的先进技术。⑤在年训练周期中，准备期以基本技术和改进技术环节为主。⑥技术训练要抓关键，反复训练，如短跑的蹬摆配合技术、跨栏跑的"跨栏步"技术。

（三）战术训练手段

比赛实践是田径运动员战术训练和获得战术经验的最好手段，田径赛项目的战术训练主要是合理分配跑的速度、体力和选择最佳跑位。它不仅表现在预赛、复赛、决赛的各项赛次中，而且每次比赛中也有体力分配问题。田赛项目的战术训练手段主要是提高运动技术的稳定性和准确性。

（四）恢复训练手段

在运动训练中使用的恢复手段可以分为以下几种手段：①教育学恢复手段，这类手段的前提是通过适宜的肌肉活动来控制运动员的工作能力和恢复过程。②心理学恢复手段，使运动员得以成功地迅速降低神经心理紧张程度，降低心理抑制状态，尽快恢复神经能力，使参与活动的各机能系统尽快达到个人能力的最大值。③医学、生物学恢复手段。

（五）其他训练手段

1. 自然力手段

如在田径教学中充分运用空气、阳光、水以及气候等环境条件。

2. 辅助训练手段

有效地对各种仪器、设备、器材等机械控制手段和各种直观教具的使用。

3. 管理手段

较频繁的各种组织管理体制，各种生活、学习、训练、比赛管理体制手段的运用。

4. 信息化手段

利用广播、电影、程序课本、程序唱片等多媒体手段对运动员的研究学习十分有帮助。

二、正确处理田径训练中的基本矛盾

对立关系，使训练手段在实践中正确运用和创新。

（一）专门（细节、环节）与系统（整体、全套）技术训练手段

田径教学训练中既要追求整套动作或整个技术过程的完整性与协调性，同时某些基本环节却起着关键作用，如跳远中的起跳角度。

（二）有序与无序训练手段

田径训练本来较为乏味，尤其是在训练中期，所以在使用训练手段时应不断地变换，但不能完全无序。

（三）传统与现代的训练手段

在训练手段上不能一味地追求现代化手段，如多媒体的使用，而把传统的东西丢在一边，如正确的教学示范。

（四）身体核心运动部位与辅助部位协调训练手段

如跑的进程中，不但要追求下肢蹬摆配合，而且要追求上肢的摆臂配合训练。跳高时过杆的腰腹动作与肩、颈、头的协调。

（五）阻力与助力训练手段

二者应交替运用，协调训练。

（六）数量与质量的训练手段

应当在追求质量的基础上追求数量。科学地、恰当地安排训练结构和训练手段，把握和运用项目规律，安排好训练顺序，安排好训练负荷，没有一个所谓最佳"配方"，而只有合适与不合适，或恰当与不恰当。充分考虑个体运动员的具体需要，个体差异要求不可能有一个统一的训练模式，套用在不同的运动员训练过程中，每次训练均要考虑到个体的具体需要。充分考虑不同训练阶段和运动员自身不同训练阶段的需要。田径项目较为繁多，在训练手段上应随机应变，灵活掌握。路漫漫而坚定信念，困难重重而坚忍不拔，业精于勤，博学活用，没有一种手段是一成不变的，也没有一个项目的学习训练只有一种或者没有方法。

第四节　高校田径运动的训练负荷

科学安排训练负荷是提高田径运动成绩的主要构成因素。利用多学科知识总结出了田径训练中的一些量化指标，为基层教练员制订训练计划提供科学依据。科学安排运动训练负荷是运动竞赛制胜的基础，一名优秀的田径运动员要达到世界水平必须经过 8~10 年的系统训练。基本训练要达到国家二级运动员水平一般需要 2~3 年的时间。可见，对运动员施加长时间系统的负荷刺激是运动成绩达到一定水平的基础。现阶段困扰基层运动训练的主要问题表现在，大部分基层教练员都懂得科学安排训练负荷的重要性，但对训练负荷的大小，制订科学合理的训练计划知之甚少。

一、训练负荷的构成及分类

（一）训练负荷的构成

训练负荷由若干因素构成，包括负荷量、负荷强度、质量、难度、密度、重量、距离、次数（组数）、时间、高度、远度、速度等，其中负荷量和负荷强度是主要的。各种因素的不同组合就构成了不同的训练负荷。负荷强度反映了机体所承受刺激的深度。质量、难度、密度、重量、高度、远度、速度也可以归于负荷强度的范围。负荷量反映了机体所承受刺激的数量特征。距离、次数（组数）、时间，可以归于负荷量的范围。

（二）训练负荷的分类

训练负荷主要分为技术训练负荷和力量训练负荷两大类。

田径运动中除 800 米以上距离的跑和竞走外，全是速度力量型项目。不同项目专项训练负荷生理学特征和运动学的侧重点不同。但以速度为中心，以力量为保证的大原则是不变的。所以，在所有田径训练中必须加强各个项目的技术练习，练习的重点放在以速度为核心上，力量是发展速度的基础，要在训练的各个阶段提高力量素质，两者相辅相成。关于技术训练，对竞技运动来说，早期专门化训练的效果是显而易见的，但要遵循循序渐进的原则，对力量训练来说更要遵循青少年的生理心理规律，表 2-1 为力量素质训练负荷的年龄阶段划分。

表2-1　力量素质训练负荷的三个年龄阶段划分

年龄	主要练习方式
9~11岁	克服自身体重
12~14岁	轻器械负重
15~17岁	专门的力量练习

二、专门性力量练习的量化控制

不同专项，其力量训练的生理学依据不同，在训练过程中会安排不同训练重量、次数和组数。根据各个项目的不同可安排如下（以发展大肌肉群为主，如蹲起和卧推）：举重与投掷项目选择 5RM 重量（RM 为所能重复的最大次数的重量，下同），短跑跳远等项目选择 6~10RM 重量，400 米、800 米运动员选择 10~15RM 重量，800 米以上项目选择 30~40RM 重量。以短跳项目为例，短跳项目（6~10RM），假设某一运动员的初始半蹲力量是 120~150kg。120kg 最多可以重复练习 10 次，150kg 最多可以重复 6 次，组间间隔时间应在 80~300s 选择，重量小间隔短，反之长，每次应尽量快速完成。

三、田径运动负荷控制的特征

（一）田径速度性项群运动负荷控制特征

1. 多年训练负荷控制特征

田径速度性项群多年训练负荷控制的特征主要有以下几点：

（1）运动负荷比例是依据身体素质发展敏感期的顺序性与阶段性控制的。每项身体素质的发展具有特定的敏感期和发展顺序，田径速度性项群运动员身体素质的训练，是在遵循素质发展敏感期和发展顺序的基础上，重点和优先发展那些决定专项竞技能力水平的主导素质，其基本顺序如下：

第一，在10~13岁的训练过程中，利用速度素质。发展敏感期突出发展速度素质，并使其比例达到总负荷的30%，同时抓好速度力量、耐力和灵敏素质的训练，为下一个阶段训练打下良好的身体素质和速度素质基础。

第二，在13~15岁的训练过程中，除了继续提高速度素质外，重点是利用速度力量素质。发展敏感期使速度力量素质获得较大幅度提高，因此此阶段的速度与速度力量训练的比例上升到总负荷的40%左右，与此同时灵敏和力量素质训练的比例仍然达到15%和25%，从而为进入专项训练奠定良好的速度和速度力量基础。

第三，在15~17岁的训练过程中，重点是利用肌肉和骨骼生长的自然规律以及16岁以后的力量素质。发展敏感期，使力量素质得到大幅度提高，为继续提高速度素质和力量素质奠定坚实的基础，但此阶段的灵敏素质和耐力素质训练比例都下降到10%，而速度与速度力量的训练比例则有所上升，达到总负荷的45%左右。由此可见，各项素质的发展是具有一定规律的，其阶段性和顺序性与人体肌肉、骨骼和内脏器官的自然生长和发育规律也是一致的。

表2-2　身体素质发展顺序与负荷结构

年龄	运动负荷（%）				
10~13岁	速度素质	速度与速度力量	耐力素质	柔韧素质	灵敏素质
	30	25	20	10	15
13~15岁	速度与速度力量	力量素质	耐力素质	柔韧素质	灵敏素质
	40	25	10	10	15
15~17岁	速度与速度力量	力量素质	耐力素质	柔韧素质	灵敏素质
	45	25	10	10	IO

从不同年龄阶段负荷量环比增长系数的变化态势来看，男子运动员96%~100%强度跑的负荷量变化表现为：在第2环比和第3环比增长系数达到最高峰，达到1.0，而第1环比和第4环比增长系数仅为0.25和0.13，相对处于较低水平，但是21~26岁时的负荷量仍是最大的。91%~95%强度跑的负荷量变化表现为：在第2环比增长系数达到最高峰，达到2.8，第3环比增长系数为1.3，而第1环比和第4环比增长系数仅为0.29和0.14，相对处于较低水平，但是21~26岁时的负荷量仍是最大的。技术练习负荷量变化表现为：在第2环比增长系数达到最高峰，达到了3.3，第3环比增长系数接近2.0，而第1环比和第4环比增长系数为0.5和0.1，相对处于较低水平，但是21~26岁时的负荷量仍是最大

的。跳跃练习负荷量变化表现为：在第 2 环比增长系数达到最高峰，达到了 3.8，第 3 环比增长系数 2.8，而第 1 环比和第 4 环比增长系数则分别为 0.8 和 0.05，相对处于较低水平，但是 21~26 岁时跳跃练习负荷量仍是最大的。

在多年训练过程中各项身体素质的发展顺序和负荷量的控制具有明显的规律性和阶段性，并体现出负荷量的增长与身体素质训练内容的选择，必须与人体的骨骼、肌肉和内脏器官的生长发育以及运动负荷素质发展敏感期相一致。

（2）依据运动技术形成规律科学控制运动负荷。男子运动员在跑的技术练习负荷量变化方面表现为：从 12~13 岁时的 21 千米上升到 14~16 岁时的 35 千米，并在 17~20 岁时达到 50 千米，其负荷量增长表现为第 2 环比和第 3 环比增长系数达到最高峰，分别达到 0.67 和 0.43。而第 1 环比和第 4 环比增长系数仅为 0.11 和 0，处于很低水平，但是自 17 岁以后至 26 岁时，跑的技术练习负荷量仍是最大的，达 50 千米。而女子的跑类技术练习负荷量变化则表现为：从 12~13 岁时的 20 千米上升到 14~16 岁时的 33 千米，并在 17~20 岁时达到 45 千米，其负荷量增长幅度表现为第 2 环比和第 3 环比增长系数达到最高峰，分别达到 0.65 和 0.36。而第 1 环比和第 4 环比幅度仅为 0.05 和 0，处于很低水平，但是自 17~26 岁时跑的技术练习负荷量仍是最大的，达 45 千米。

由此可见，在多年训练过程中，由于技术训练在练习内容、练习顺序以及负荷量控制等方面均具有明显的规律性和阶段性。因此，技术训练负荷量的设计与增长计划以及训练内容与训练方法的选择，都必须与运动员的思维理解能力和身体素质发展规律相一致。

不同训练阶段运动员的训练内容存在着很大差异，主要表现在：基础训练阶段的训练内容是以一般身体素质练习为主，其比例占全部训练手段总量的 60%，而技术训练的内容约占全部训练手段总量的 40% 左右，但有时候会根据该训练阶段的需要增加 5% 的专项身体素质训练，相应的一般身体素质和技术训练比例会进行调整，可结合具体情况而定。初级专项训练阶段的训练内容是以一般身体素质和技术训练为主，两者各占全部训练手段总量的 40% 左右，而专项身体素质的训练手段占全部训练手段总量的 20% 左右。专项提高阶段的训练内容是以技术训练为主，其负荷比例占全部训练手段总量的 50%，专项身体素质训练手段占全部训练手段总量的 30% 左右，而一般身体素质占全部训练手段总量的 20%。高级训练阶段的训练内容是以技术训练为主，约占全部训练手段总量的 60%，专项身体素质训练手段占全部训练手段总量的 35% 左右，而一般身体素质占全部训练手段总量的 5% 左右。

由此可见，随着训练的深入，技术训练所占比重呈显著增加趋势，体现出技术水平的提高程度对高水平运动员竞技能力所起的作用最为重要。尽管专项身体素质比重是随着训练的深入呈递增趋势，但其增长幅度明显小于技术训练，这表明提高专项身体素质水平对提高较高水平或高水平运动员竞技能力所起的作用呈逐渐增大的趋势；与此相反，一般身体素质训练比重则随着训练水平的提高呈递减态势，这表明发展一般身体素质对提高较高水平或高水平运动员竞技能力所起的作用趋于减弱。

（3）训练时间随运动负荷的增加呈递增趋势。从多年训练过程中的训练时间环比增长系数变化态势来看，训练时间环比增长系数出现最高峰的年份是第4年，环比增长系数达到0.82；次高峰则分别出现在第9年和第7年，环比增长系数分别为0.33和0.30；从第9年以后训练时间虽然继续保持增加趋势，但训练时间增长的环比值则开始出现下降趋势。由上述训练时间的增长幅度和环比增长系数变化态势可以看出，训练时间的增长是有一定变化规律的，训练时间并没有表现出无限增长态势，而是表现出明确的量化限度。这也进一步说明，依靠增加训练时间作为提高竞技能力的做法具有很大的局限性，尤其是对高水平运动员而言，这一局限性相对更大一些。

2. 年度训练负荷控制特征

田径速度性项群年度训练负荷控制特征主要有以下几点：

（1）大负荷训练的本质是逐步提高运动员多赛次能力。尽管田径速度性项群的训练正朝着大负荷方向发展，但是这种大负荷发展趋势不是以练习次数的多少或训练时间的长短作为评价标准的，也不是以某次课或某个训练阶段负荷量的大小作为评价标准的，而是以运动员在高质量、高强度训练过程中竞技能力的突破水平为评价标准的。它不是培养运动员在低水平竞技能力层次上的重复能力，而是培养多赛次的高水平竞技能力，尤其要提高运动员一轮比一轮赛得好的比赛能力。

（2）运动负荷的双周期控制模式日趋成熟。运动负荷双周期控制模式研究显示，国外高水平选手的准备期一般控制在3个月（10月～次年1月中旬），在此训练过程中有1/3~1/4的时间专门用于发展一般身体素质，其余大部分时间用于提高专项身体素质和专项技术水平。在专项训练手段的设计和实施方面，国外教练员比较重视将身体素质和专项技术训练组合起来进行训练，尤其注重将动作结构、肌肉用力特点、动作幅度和速度与专项技术动作相似或一致的练习手段组合起来，这种组合训练既提高了训练效果，又提高了专项竞技能力。在运动负荷控制方面，国外运动员的训练时间和负荷量相对较少，负荷强度却明显增大，针对性很强，专项素质提高更快。可以说，全年训练负荷的控制主要是采用双周期模式围绕进一步提高负荷强度展开的。

从技术训练和比赛次数控制情况来看，由于现代田径比赛的时间大大延长，比赛次数也大大增加，国外运动员从每年1月中旬至3月下旬，参加10场比赛（室内比赛），从5月底至9月底（欧美室外赛季）再参加10余场比赛，专项技术主要通过比赛得到改进和提高，比赛期之间的过渡期训练任务主要是保持专项身体素质、改进关键技术质量、调整身体和心理状态并为后续比赛做好准备。

3. 小周期训练负荷控制特征

田径速度性项群小周期训练负荷控制的特征主要有以下几点：

（1）以技术训练为核心，以提高速度和力量为重点是小周期训练负荷控制的突出特征。中外优秀短跑和跨栏跑运动员准备期训练过程中的小周期训练负荷研究表明，其负荷控制特征表现为以下四个方面：第一，通过改进技术动作提高运用身体素质能力是准备期安排各个小周期训练内容的核心。技术训练在准备期训练过程中占据了最为突出的地位，在12次训练课中有5次安排了技术训练内容。这说明提高技术水平即使在高水平训练过程中仍是最主要的任务之一。同时，也反映出提高技术水平既是发展各项身体素质的目的，也是检验身体素质训练效果的重要手段。第二，发展最大速度和速度耐力水平是该项群身体素质训练的核心内容。在12次总训练课中最大速度和速度耐力训练共安排了8次，这说明提高最大速度水平和在较长距离内保持最大速度能力是发展该项群身体素质的最主要目标，体现了该项群要求尽快发挥和尽可能长时间地保持最大速度的项群特征。第三，发展最大力量和速度力量素质是该项群身体素质训练的重要内容。在12次训练课中最大力量和速度力量素质训练共安排了6次，体现了发展运动员最大力量和速度力量素质，是进一步发展最大速度和速度耐力素质的重要物质基础和前提条件。相关生物科学实验研究也证明，最大速度的获得依赖于提高单个动速度和连续动作的交换频率，提高单个动作的速度依赖于提高神经系统发放神经冲量的最大值，而提高神经系统发放神经冲量的最大值的最佳途径是采用大负荷力量训练。由此可见，技术、速度和力量训练是融为一体、不可分割的整体，技术训练的目的就是将已具备的速度和力量素质通过技术训练转化为现实的竞技能力。第四，发展有氧耐力素质是该项群训练的基础内容。尽管有氧耐力训练仅安排两次，但是它仍然是该项群不可或缺的基础训练内容之一。相关的研究也已经证明，良好的有氧耐力素质既有助于运动员承受更大负荷的训练刺激，也有利于运动员承受大负荷训练后的身体机能恢复。

（2）处理好体力与竞技能力之间的关系是赛前运动负荷控制的关键。田径速度性项群赛前训练准备时间相对较短，其任务是结合训练逐步提高专项能力和竞技水平，通过调整训练次数和训练手段，尤其是通过调整负荷强度来达到准备比赛的目的。根据相关研究，以往赛前运动负荷的控制（以两周调整时间为例）主要是通过以下方法进行调整的：赛前训练第一周保持原有的负荷要求，第二周负荷减半，并在第二周的前半周稍降低各种专项距离跑的负荷强度，而在赛前 3 天左右则稍微恢复个别次数较少，且短于专项比赛距离的大强度练习。

国内外短跑运动员的赛前训练和比赛结果的进一步研究显示，短距离专项竞技能力越强的运动员，其专项竞技水平也越高，200 米跑竞技水平高的运动员，其 100 米跑的竞技水平也相对较高。但是 100 米跑竞技水平高的运动员，其 200 米跑的竞技水平却不一定高。这一结果反映出，赛前体能训练应与发展竞技能力训练区别开来，因为两者在赛前训练过程中没有出现同步提高现象。针对这一现象，相关研究者又采访了几位国家队教练员，他们认为，大赛前有些运动员感觉体能状态非常好，浑身是劲，也很兴奋，但在比赛中就是发挥不出应有的竞技水平。分析其原因，这很有可能是教练员在赛前训练过程中未能处理好体能与竞技能力之间的关系，将发展体能与提高竞技能力做了同步调整的安排序列。

毫无疑问，赛前训练是以负荷量和负荷强度作为调整竞技状态杠杆的主要手段，但是如果教练员过早地大幅度降低负荷量，就必然会使运动员竞技能力出现下降，也必然会导致运动员在比赛中发挥不出高水平的竞技能力。因为体能下降会对运动员竞技能力的发挥产生很大影响，但是竞技能力下降时体能却不一定下降，甚至有的运动员感觉到体能状况还更好一些。即使是从生理学角度来看，体能是可以通过休息、调整或其他方式得到恢复甚至增长的，而提高竞技能力的途径却只有一个，即不断地训练。所以，休息会起到适得其反的效果，况且体能的增长不需要很长时间，而竞技能力的提高则必须经过系统的大负荷训练。由此可见，处理好赛前训练过程中体能与竞技能力之间的关系是控制赛前运动负荷的关键环节。

（二）田径速度力量性项群负荷控制特征

1. 多年训练负荷控制特征

田径速度力量性项群多年训练过程的时间跨度从几年到十几年，运动员的成才周期相对较长，所以在负荷量度的设计和安排方面只能采取宏观的、战略性的、相对稳定的方式，训练内容的选择也只是框架式的。从大量优秀运动员在不同训练阶段具体训练内容与负荷量度的安排来看，他们在设计和安排多年训练过程的负荷量度等方面均呈现出以下几个方面的共同特征：第一，从基础训练开始至初级专项训练阶段结束，一般性身体素质、速度素质、灵敏和柔韧素质、协调性以及基本技术的训练负荷量均呈递增趋势，但负荷强度则保持在相对低水平。第二，从专项提高阶段至高水平最佳竞技阶段，一般身体素质训练的负荷量基本不变，个别项目甚至出现递减的现象，但各专项身体素质和专项技术训练的负荷量与强度却呈递增趋势。第三，从最佳竞技能力保持阶段开始至运动员退役，由于运动员受年龄和伤病等因素的影响，机体承受大负荷刺激和恢复能力出现下降，所以此阶段的负荷量在安排上呈现出负荷量有所下降，但负荷强度仍保持较高水平的特征。

专项身体素质与技术训练负荷研究表明，无论是一般身体素质、专项身体素质还是专项技术训练，在不同训练阶段中的比例安排都有多种灵活的组合形式，同时也体现出以下相同特征：第一，专项身体素质在基础训练阶段的比例最大，并随着竞技能力的逐步提高呈现出趋于减少的态势，高级阶段的一般身体素质训练约为基础阶段的 1/2~1/3。第二，专项身体素质和专项技术训练比例均在专项提高阶段达到最高峰，即使在高级专项训练阶段和高水平竞技能力保持阶段也分别达到最大和次大比例，其中专项提高阶段的身体素质训练约为基础阶段的 1.3~2.5 倍，技术训练约为基础阶段的 2~2.5 倍，清晰地表现出随着运动员竞技能力的提高，训练方法和手段日益趋向于专门化和集中化特征。由此可见，科学地对不同身体素质和技术的发展序列进行组合并有针对性地对之进行训练，是各专项优秀教练员成功控制多年训练过程的共同特征。

2. 年度训练负荷控制特征

运动员承受一定的负荷刺激是训练活动的基本特征之一，运动员只有在运动负荷刺激下并使机体产生适应性变化，才能提高竞技能力。可以说，没有达到对负荷刺激实施有效控制的训练就不是真正意义上的科学训练。田径速度力量性项群年度训练负荷控制特征研究表明，其主要控制特征体现在以下几个方面：

（1）提高负荷强度是年度训练负荷控制的核心。毫无疑问，运动训练的主要目的就是努力争取比赛的成功，运动员为了在比赛中表现出更高的运动强度，训练中的负荷安排也必然以提高负荷强度为核心。投掷运动员经常投掷杠铃片和重器械，都是为了能用更大的力量投掷标准器械；跳高和撑竿跳高运动员经常在高于本人最好成绩 20% 以上的高度上进行过杆练习，同样是为了越过更高的横杆。因此，无论运动员承受多大的负荷量，其训练目的都是力求能用更高的速度和更大的力量使人体或器械达到更大的高度或远度，增加负荷量只是提高专项负荷强度的途径和手段，而不是训练的最终目的。

从训练负荷的地位与作用来看，比赛过程实际上就是运动员承受专项强度刺激的比较过程，运动员承受专项强度刺激的能力直接关系着比赛成绩的好坏。在田径速度力量项群训练过程中，每一次练习的次数都标志着练习负荷量的大小；而每次练习中人体或器械所达到的高度或远度则标志着运动负荷强度的高低。从这个意义上讲，竞赛的运动成绩就是竞赛的运动强度，这也就必然会出现在年度训练过程中，以提高负荷强度作为全年训练核心的现象。

（2）保持负荷量与负荷强度的协调发展是负荷控制的基本规律。由于事物的发展都是由量变到质变循环进行的，运动员按一定的负荷强度进行训练达到一定负荷量之后，在较小负荷量的训练过程中就可能表现出更高的负荷强度。所以，运动员在一次训练课中所完成的负荷量通常大大超过比赛的负荷量，以奠定进一步提高负荷强度的量的基础。由于不同练习内容在组合结构上存在着差异，所以运动员在完成不同练习时的强度也会有所不同。例如，当运动员练习的高度、远度、器械重量或难度明显低于平均最好比赛成绩时，这表明该练习的强度低于比赛强度；当练习的高度、远度、器械重量或难度等于平均最好比赛成绩时，若重复出现多次则表明该练习强度肯定低于比赛强度；当练习的高度、远度、器械重量或难度明显高于平均最好比赛成绩时，则要依据重复出现的次数、次间间歇时间长短以及间歇方式的不同，所反映的训练强度也有所不同，具体评价视训练课的任务而定。

（3）追求最大临界负荷强度是负荷控制的重点。由于该项群的运动技术属于固定组合结构，技术动作相对稳定而简单，爆发力、最大速度和绝对力量的发展程度对竞技能力发展水平起着决定性作用。所以，教练员和运动员通过不断追求临界负荷，以实现更快地提高上述三项素质水平的目标。

相关研究表明，国内外教练员对于临界负荷的追求一般都是从增加负荷量开始的，其中增加训练时间和增加投掷或跳跃的次数是增大负荷量最常用的方法。运动员承受的负荷量已达到相当水平，而运动员每天用于训练的时间毕竟是有限的，再通过增加训练时间达到增加负荷量的空间也是极为有限的。因此，通过追求临界负荷强度达到提高负荷量将是全年运动负荷控制的关键，也是进一步提高负荷量的最佳途径。由此可见，逐渐增大负荷强度并达到和控制临界负荷强度的训练，已经成为推动速度力量性项群竞技水平提高的重要途径。

纵观整个田径速度力量性项群的负荷控制方式的发展进程不难发现，负荷量的增加与负荷强度的提高通常是交替呈现的。每当人们遵循一种新的思维定向，运用其所设计的控制方式和手段，主要从某一个方面大幅度地增加运动负荷水平之后，随之而来的是由新的创新者，从运动负荷构成的另一个方面寻求控制运动负荷水平的新途径。

人类在漫长的繁衍生存过程中，逐渐形成了完整的自我动员与自我保护机制，并使人类在各种紧急情况下进行有效的自我保护或克服巨大的困难，这一保护机制对竞技体育运动训练过程中充分挖掘运动员潜力具有重大意义和作用。因此，现代田径运动训练必须通过科学的计划和组织，极力挖掘运动员自身的潜力。但是人体固有的机体保护性机制也在时刻警惕地执行着自己的职能，当运动负荷过大并接近机体承受限度和恢复能力时，它便从不同角度发出保护性信号，提醒运动员注意控制负荷的量度。而一旦运动员盲目追求不适宜的超常负荷，并超过了运动员所能承受的阈值，便会造成过度疲劳和机能劣变，由此也导致运动员的生理和心理等方面相应地发生一些恶性反应，有时甚至会带来灾难性后果，以致在后续的很长一段时间内影响运动员的正常训练。另外，由于运动员机体能力的状况受多方面因素的影响，要做到全面准确地把握运动员机体的状况几乎是不可能的。因此，优秀的教练员一般在训练过程中都把运动负荷控制在稍微低于所认定的临界负荷水平上，这种安排方式既有利于负荷对机体产生足够的刺激，又有利于确保负荷安排具有较大的安全系数。

3.小周期训练负荷控制特征

研究表明，基本训练周期的负荷控制通常有三种形式：一是增加负荷量的同时将负荷强度保持在原有水平或稍微下降；二是增加负荷强度的同时将负荷量保持在原有水平或稍微上升；三是负荷量与强度均保持不变。研究进一步表明，在赛前诱导周（约2周时间），运动负荷的控制特征主要体现在：逐步提高负荷强度，保持或稍微减少负荷量，但总体负荷的水平并不高，只是在比赛日之前保持或降低一定的负荷强度，负荷量也保持在原有水平或相应地减少。赛前训练过程需要解决的问题不能仅仅依靠比赛负荷的增加来实现，况且单纯追求比赛负荷强度也会影响负荷量的安排，其结果可能会造成运动员过早地出现竞技状态。所以，赛前训练不应把准备阶段获得的累积效应看作是一劳永逸的，而应在此基础上提高这种累积效应的水平，这样才能保证以足够的身体和心理能力参加比赛。

从赛前负荷控制特征来看，投掷项目一般将最佳负荷调整时间安排在赛前 12.0 ± 2.28 天左右，跳跃项目则将赛前的最佳调整时间安排在赛前 16.0 ± 2.28 天。与赛前训练阶段的前几个小周期相比，在此调整期内安排大负荷训练的次数明显要少一些，而且极为重视最后一次大负荷安排的时间，其目的就是保证运动员的机能在重要比赛来临时及时得到恢复。

另需指出的是，由于赛前训练总时间只有3~5周，其间大负荷训练又占去2~3周，依靠一周的时间进行调整并不能保证运动员的机能得到充分的恢复，所以各专项教练员在训练过程中应采用多种措施，以加快大负荷后的运动员机能的恢复和重新动员。

（三）田径耐力性项群运动负荷控制特征

1. 多年训练负荷控制特征

田径耐力性项群多年训练负荷控制的特征主要有以下几点：

（1）基础训练阶段运动负荷的控制呈现出明显的全面性与方向性。任何一名优秀运动员的多年训练过程都是由基础训练阶段、初级专项训练阶段、专项提高阶段和高级训练阶段组成的。基础训练阶段是多年训练过程的开始，在基础训练阶段初期，其主要训练内容是进行全面的身体素质训练和基础性的心肺功能以及基本的耐力训练。由于在此训练阶段大多数 10~14 岁的少儿运动员，正处于速度素质和耐力素质发展敏感期，也是心容量的突增前期。因此，充分利用各项素质发展敏感期，快速发展相应的身体素质和机能，是科学控制多年训练过程的关键。许多世界优秀运动员的成长经历都表明，在基础训练阶段使身体素质得到了全面发展的同时，预先开发身体机能潜力，并初步形成良好的走或跑的基本技术，是他们进一步从事专项训练和提高运动成绩的重要前提。世界优秀运动员基础阶段训练特点揭示，科学控制多年训练过程的关键：一是全面发展各项身体素质与机能并掌握多项运动技术。二是初步设计主项发展方向并有针对性地逐步增加主项训练内容和比例，保证基础训练过程与专项训练过程的紧密衔接。

（2）专项训练阶段的负荷控制是以负荷量为基础，以负荷强度为核心。从初级专项训练开始，整个专项训练过程和比赛过程都在教练员直接控制之下，教练员根据重大比赛日程和比赛目标，按照训练总目标的要求和运动员的起始状态设计 2~3 个四年训练周期，并制定每一年度的具体目标和任务。世界优秀运动员成长历程已经证明，将基础训练阶段、初级专项训练阶段、专项提高训练阶段和高级专项训练阶段看作是统一的、连续的过程，是他们能够在相对较小年龄达到较高竞技水平，并保持较长运动寿命的重要原因之一。

总结其经验可以得出以下启示：第一，在初级专项训练阶段，世界优秀运动员训练过程的控制体现出，逐年大幅度增加专项训练负荷量，快速发展具有专项特征的身体机能和身体素质，并逐步完善专项技术。第二，在专项提高训练阶段的前期，运动负荷的控制是以逐年大幅度提高专项训练负荷量为主，以提高专项训练负荷强度为辅，其负荷控制主要采用两种方式：一是直线式，即负荷量与负荷强度同时增加；二是波浪式，即负荷量与负荷强度交替上升。第三，在专项提高训练阶段的后期，运动负荷的控制是在逐年小幅度提高专项训练负荷量，并使身体机能和身体素质得到进一步提高的基础上，重点提高专项训练的负荷强度，以实现专项成绩的快速提高。其负荷控制也主要是采用直线式和波浪式两种方式。与此同时，在此阶段运动员还通过参加一定数量的青年比赛、全国性比赛和国际性比赛，达到增加比赛经验和提高竞技能力的目的。

（3）高级专项训练阶段的负荷控制是以符合个体特征的大强度训练为核心。训练就是为了在比赛中表现出更高的运动速度，为了在比赛中表现出更高的速度，训练过程的控制必然要以提高负荷强度为核心。无论该项群安排多大的负荷量，其目的都是用更短的时间完成比赛距离。

对长跑训练而言，有时运动员承受的日负荷量高达40千米，其目的就是用更短的时间完成1万米跑。因此，采用增大负荷强度的训练方法才是未来负荷控制的发展方向。训练强度的要求将会越来越高，这可以从他们的负荷控制特征上得到清晰的反映。

2. 年度训练负荷控制特征

年度训练负荷的控制主要是围绕最佳竞技状态的形成进行的，通常情况下年度负荷量的控制大多采用逐渐递增的方式，当负荷量基本稳定后，负荷强度则呈逐步递增趋势。

（1）年度训练负荷控制的核心是逐步提高专项速度。田径耐力性项群的训练内容正朝着全面化发展，比赛实践证明，必须具有超强的终点冲刺能力才能最终取得比赛胜利。

（2）年度训练负荷比例的控制是以能量代谢供应特点为依据。能量代谢特点是由各单项比赛时间决定的，由于800米和1500米跑的比赛时间一般在1分50秒~3分50秒，所以中距离跑的能量代谢必然要以混合代谢为主，其比例为55%~65%。如800米跑混合代谢的供能比例约占65%，无氧代谢的供能比例约占30%；1500米跑的混合代谢供能比例约占55%，无氧代谢的供能比例约占20%，有氧代谢的供能比例约占25%。与此相区别的是，3000米障碍跑、5000米跑、10000米跑、马拉松和竞走项目的能量代谢供应特点则明显地表现出：随着比赛距离的延长，单纯的有氧代谢供能比例不断增加（由40%上升到95%），无氧代谢和混合代谢供能的比例明显下降（分别由20%和40%下降到5%和5%），呈现出以有氧代谢供能为主，混合代谢供能为辅，无氧代谢供能适时辅之的能量供应特点。

（3）中跑训练负荷控制的核心是提高混合代谢供能水平。因为中跑距离相对较短，运动时间相对较少，所以它对机体的混合代谢能力要求很高。基础训练阶段的准备期，安排提高有氧代谢能力的负荷最大（约80%），另外是提高混合代谢能力的负荷（约15%），而无氧代谢训练的负荷最小（约5%）。

但是，随着训练阶段的深化和运动员竞技能力水平的提高，在准备期训练过程中提高有氧代谢能力的训练负荷呈下降的趋势（由80%下降到60%），而提高混合代谢能力的负荷则呈上升的趋势（由 15% 上升到 36%），但提高无氧代谢能力的负荷基本保持不变。上述负荷变化特征表明，准备期的负荷控制是以提高有氧代谢能力为主，以提高混合代谢能力为最终目标的，并依据各专项能量供应特点将有氧代谢—无氧代谢—混合代谢，按照一定比例合理地分配到各个训练过程中。竞赛期的负荷控制在总体上与准备期基本一致，只是在负荷量的安排方面存在差异，具体表现在：竞赛期的有氧代谢训练负荷下降 5% 左右，混合代谢训练负荷的比例基本保持不变，而无氧代谢训练负荷的比例则上升 3%~10%。

3. 小周期训练负荷控制特征

从年度训练过程的周期构成来看，全年大周期通常是由 28~30 个训练周、18~20 个比赛周和 4 个调整周，共 50~54 周构成。从一个小周期的时间跨度来看，每个小周期通常要持续 7~10 天。从各个小周期的类型来看，小周期又可分为适应恢复性小周期、加量或发展性小周期、强度小周期、力量小周期、减量小周期。从一个小周期的组合结构来看，加量小周期与减量小周期的组合一般是按照 2 : 1 或 3 : 1 或 4 : 1 或 5 : 1 的方式进行组合。

与其他小周期相比，恢复小周期的周训练次数和日训练次数都是最少的，跑量仅占总跑量的 30%~70%，混合代谢能力的负荷量也仅占总跑量的 10%~15%，而且该周期的负荷量与强度的控制基本上是采取由低到高逐渐上升的方式进行的，其最终目标就是使运动员的身体机能和训练水平得以逐渐提高，以适应下一阶段更大强度和更大负荷量的训练过程。

发展小周期一般是在准备期或在持续时间较长的比赛后采用，训练目标是提高一般身体机能和专项身体机能水平。整个发展小周期一般安排 12~18 次训练课，每天进行 2~3 次训练，跑量接近于最大跑量的 90%~100%，其中混合代谢的跑量占总跑量的 60%~70%，无氧代谢的跑量占总跑量的 1%~3%。

强度小周期一般是在比赛期采用，训练目标是提高专项竞技能力。在整个强度小周期训练过程中一般安排 10~14 次训练课，每天进行 1~3 次训练，但是具体的日训练次数则要根据运动员的竞技能力水平情况做适当的变动。例如，竞技能力水平较低的运动员在强度小周期训练过程中，一般是采用"少吃多餐"的安排方式，而对竞技能力水平较高的运动员则是采用"多吃少餐"的安排方式。从负荷总量来看，强度小周期的跑量占最大跑量的 70%~90%，其中长跑运动员的混合代谢跑量占总跑量的 50%~60%，中跑运动员的混合代谢跑量占总跑量的 30%~50%，无氧代谢的跑量占总跑量的 6%~10%。

力量小周期一般安排在准备期的后段，训练目标是提高力量耐力。一个力量小周期持续 3~5 周，每周训练 12~14 次，每天 2 次训练，这类训练的总跑量为最大跑量的

80%~90%，其中混合代谢跑量占总跑量的 50%~60%，无氧代谢跑量仅占 6%~8%。

减量小周期一般是在比赛后采用，训练目标是消除神经和体力方面的疲劳。整个减量小周期一般需要持续 1 周左右的时间，每周训练 10~12 次，每天进行 1~2 次训练，但是该周期的跑量一般需要下降到最大总量的 50%~60%，并明显降低负荷强度。

四、量和强度的搭配原则

（一）符合人体逐步适应负荷的规律

在训练周期中的准备期要以量为主，强度要小，过渡期训练要逐步增加强度，减小量，比赛期要逐渐把强度增加到比赛强度，量要减到最小。在训练初期，以强度 70% 为起点进行训练，因为初练者的人体最大动员量为 70%。随着人体的逐步适应，可以逐步提高强度，在比赛前要提高到 90% 以上，以适应比赛的需要，达到最佳运动状态。

（二）量和强度的搭配规律

量和强度的搭配要符合专项的代谢特点，特别是组与组之间的时间间隔，以下列训练为例：100 米 ×6 间歇训练，每次练习时间间隔为 5 分钟以上，脉搏在 120 次以下进行下一次训练，为最大速度训练；如间隔时间为 2 分钟，脉搏在 140 次左右进行下一次训练，虽然运动特征是跑 100 米，但其实进行的是速度耐力训练。

五、训练负荷的调控

训练达到一定的适应程度后，要加大运动负荷来提高运动成绩，一般有以下形式：①恒量式。多用于青少年运动训练或准备期训练。②渐进式。负荷按一定规律直线上升，用于较短的训练阶段。③阶梯式。按上升—保持—上升的形式增大负荷，多用于比赛前期的负荷安排。④波浪式。按上升—保持—下降—再上升的形式加大负荷，训练的各个周期都可运用。中间的下降过程可以理解为短期调整。⑤跳跃式。通过负荷的大起大落，打破原有的"动态平衡"并产生明显的超量恢复。以上形式可以根据运动员的具体情况灵活运用。

第五节 高校田径运动的训练恢复

目前，教练员与运动员缺乏运动恢复的理论知识，没有很好地利用运动间歇时间进行积极性休息和心理调适；赛前不注意心理训练和精神压力的缓解，有时注意到了方法也欠佳；采取的运动恢复手段较片面，只重视肌肉的恢复和肌肉酸痛的缓解，如做一些相互之间的按摩，缺乏"以人为本"的全方位的恢复措施。现在运动恢复理论是生物、教育、心理、社会一体的系统恢复新理论。因此，关于运动恢复的方法，我们应从生物性恢复、教育学恢复、心理恢复、社会性恢复四个有机结合的整体去论述，不能只是关注训练与竞赛后身体的生物性恢复，而忽视教育、心理、社会对运动员恢复的重要作用。

一、运动恢复的方法

（一）充分利用教育学手段加强恢复

教育学恢复是指在运动训练过程中，针对训练的目的与任务，合理安排训练内容、训练手段、运动负荷、恢复时间、恢复方式等，以促进恢复过程的方法。教育学恢复措施在恢复问题上占有中心位置，这种恢复措施是通过科学的安排训练来促进恢复工作。在安排计划时，教练员根据运动员的身体状况制订训练计划，合理地安排运动负荷，严格掌握每一练习的强度和间歇时间。这样既有利于其疲劳恢复，又不影响训练质量。注重训练手段多样化，以避免单调产生的厌倦和疲劳，提高运动员训练的兴趣，使运动员在训练中总有新奇感。既有一定的负荷，又有简短的调整和休息恢复时间，从而促进运动员较好地完成训练任务。大强度训练后，采用逐渐降低强度的身体整理练习，来促进身体机能恢复到练习前的水平。在训练课中穿插一些轻松愉快、富有节奏性的练习促进恢复。据报道，目前一些体育强国，正在设法改变训练结构，诸如浓缩每次课的训练内容，加大训练强度，缩短一次课的训练时间，延长两次课之间的间歇时间，加强两次课之间的休息和身体恢复手段及措施，使运动员在头一次课中的疲劳基本上得以消除，从而保证了下次课的训练质量。

（二）充分利用心理学手段加强恢复

当今的田径运动除体能与技术上的较量外，更重要的还是一场心理大战。根据科学研究证明，运动员心理能量的消耗是机体消耗的 4~5 倍。解除心理方面引起的疲劳要比消除躯体性疲劳耗时长。而且，人体最容易产生疲劳的部位就是中枢神经系统。训练和比赛后，采用心理调整措施恢复工作能力，能够降低神经 - 精神的紧张程度，减轻心理的压抑状态，加快恢复消耗掉的神经能量，从而对加速身体其他器官系统的恢复产生重大的影响。无论是在训练还是在比赛过程中，心理能量对运动员体能的发挥都起着关键作用。有效的心理恢复可以让运动员知道并克服训练中的困难，提高运动员的抗干扰能力，帮助运动员专注于当前的训练比赛，消除对往事的回忆和未来设想的干扰，即消除"想赢怕输"的心理和恐惧心理等，动作完成得更准确，对内部和外部刺激的反应更快、更有力，继而达到最大工作能力和最佳训练效果。

（三）充分利用生物学手段加强恢复

生物性恢复，主要是身体机能和体能上的恢复，目的则是提高体内细胞代谢水平和为体能再增强提供物质基础。当前田径运动训练，要求运动员以最快速度、最大强度来完成训练任务。因此，能量物质消耗很快，肌肉、呼吸等身体器官都很容易疲劳，因此生物性恢复是必需的。生物性恢复基础理论主要是超量恢复原理。运动后的恢复过程是储备能量、提高机能的过程。运动后，为了尽快恢复并超过原有水平以加强训练效果，取得优异成绩，应在生理上促进身体机能的尽快恢复，使运动员能在今后的训练、比赛中，体力充沛，确保训练质量。目前，生物性恢复是应用最为广泛的恢复手段，主要采用医学、营养学等学科的方法手段，来促进身体机能的恢复。在促进机体工作能力提高，防止因身体负荷产生各种不良后果的恢复措施中，医学恢复措施占有特殊的地位。营养是提高工作能力和加速体能恢复的主要因素之一，因此在运动员的膳食中补充所消耗的能量，需要注意各种营养素的合理搭配。

（四）充分利用社会学手段加强恢复

社会性恢复是以信息为交换手段，通过改善运动员的社会关系、人际关系，优化学习训练和生活环境等社会作用来促进运动员身心恢复的特殊恢复。通过社会性恢复，可以使运动员朝着有利于形成理想的竞技状态和提高综合素质的方向发展。社会性恢复将个体与群体协调起来，作为社会的优秀运动员不能远离社会甚至对抗于社会，也不能让社会适应自己，否则是要受损失的。社会性恢复就在于理顺这种关系，使人体恢复的需要与社会需求趋向吻合，以避免产生严重的社会心理紧张。综上所述，作为完整的恢复过程理论应是生物、教育、心理、社会系统的理论体系。系统性恢复是运动员提高运动成绩的重要手段之一。实践也充分证明，解除心理或社会方面引起的疲劳要比缓解生理的疲劳所需要的时间更长。因此，在恢复过程中绝不可忽视心理恢复和社会恢复的积极作用。

二、提高运动恢复效果的建议

实践证明，要成为田径场上的优胜者，一个主要原因是具备良好的体能。体能的好与差，要看营养补充是否到位，恢复措施、恢复手段是否合理。但目前普遍存在着忽视恢复和疲劳消除的问题，这个问题不解决，运动员运动成绩的提高就会受到很大的影响。因此，把训练中的恢复和疲劳的消除作为训练的一个重要组成部分认真抓好十分重要。长期以来，虽然不少专家对大运动量训练后的恢复问题进行了大量的研究工作。在现实中，实质的问题是使恢复措施与运动训练有效地结合起来，从而达到提高竞技能力的目的。通过查阅恢复理论的文献资料，在总结前人对恢复手段的分析与要求的基础上，对运动恢复进行重新认识，为提高运动恢复效果提出以下建议：

（一）认识运动恢复的系统性

运动恢复要从运动员的生理、心理、社会和教育多维角度实施恢复手段，使运动员身体、情绪、智力、精神和社会等方面都达到全面恢复。如体能保持高水平、情绪保持稳定状态、大脑保持活跃状态、精神压力保持适应状态，并具有和谐的人际关系和实现角色。先前人们对恢复的认识偏重于生物学的研究。随着社会的进步、田径运动的发展，心理恢复、社会恢复等也成为运动恢复的重要组成部分，促进了田径运动水平的进一步提高和运动员个性的全面发展。

（二）提高运动恢复的计划性

将全部运动恢复手段纳入田径运动训练计划中，并按计划合理执行，作为训练原则和手段之一，将运动恢复看成与运动训练同等重要。做到这一方面主要是提高田径教练员对运动恢复过程的认识，将运动恢复作为运动训练的一个有机组成部分。在制订训练计划与实践过程中，应根据各项目的专项特点，合理设计和采用各种恢复手段，这对于保证训练质量和提高运动成绩有着不可忽视的作用。

（三）把握运动恢复的差异性

在制订训练计划、进行实践训练和比赛后，采取的恢复手段时应尽可能地根据每个运动员的具体情况，如年龄、性别、项目特点、身体素质的差异、运动训练方式、负荷情况以及运动员的身心个性特点和运动员自身的生理、心理调节功能等实施合理的恢复手段。

（四）重视运动恢复的持续性

运动恢复手段应贯穿于运动训练和比赛的前、中、后，乃至运动员日常生活的全过程。在训练课后及训练的次或组间歇期进行积极性休息，调节情绪，能降低因运动而引起的肌肉酸痛的程度，避免因枯燥乏味的训练内容产生疲劳，以提高身心能量储备，达到健康训练和比赛的目的。在运动恢复的研究上，很多文章主要针对运动训练后的运动恢复，强调运动训练后恢复的重要性，而忽略了在训练前、训练中运动恢复对运动员提高训练效果的重要性，在以后的训练中我们应重视运动恢复的持续性。

三、运动恢复与运动训练同等重要

运动恢复作为田径运动训练的一个有机组成部分，对于保证训练质量，提高田径运动成绩，有着不可忽视的作用。我们应提高对运动恢复的重视度，把运动恢复纳入具体的训练计划中，在运动与比赛的前、中、后都重视运动恢复措施的实施。同时，正确把握超量恢复的时机，合理安排超量恢复阶段的负荷，对于提高田径运动水平具有重要意义。在研究过程中，查阅了大量有关田径运动恢复书和期刊文献，发现近几年关于运动恢复理论的研究进展不是很大，教练员对运动恢复理论的认识不足、重视程度不够，往往只是重视生物性恢复，而忽略了教育学、心理性与社会性恢复。经历过运动训练的人头脑中应该都有这样的情景，训练结束都是两个人互相踩一下、揉一下这种简单的放松运动。

鉴于目前的情况，通过查阅大量的资料，笔者对运动恢复理论进行了系统研究，初步对运动恢复理论依据、运动恢复方法等进行了论述，并根据目前实践中出现的问题提出了提高运动恢复效果的建议。田径运动恢复理论着重介绍了运动性疲劳的定义、运动性疲劳产生机制、运动性疲劳诊断方法、恢复与超量恢复原理、恢复的方法与手段等。在运动恢复方法方面认为，现在运动恢复理论是生物、教育、心理、社会一体的系统恢复新理论。

关于运动恢复的方法，应从生物学、教育学、心理学、社会学四个有机结合的整体去进行，而不能像过去一样只是关注训练与竞赛后身体的生物性恢复，而忽视教育、心理、社会对运动员恢复的重要作用。

目前，比较普遍存在忽视恢复和疲劳消除的问题，这个问题不解决，田径运动成绩的提高就会受到很大的影响。为更好地提高运动恢复的效果，提出了认识运动恢复的系统性，提高运动恢复的计划性，把握运动恢复的差异性，重视运动恢复的持续性三点建议，希望可以引起教练员、运动员重视这一问题，提高运动恢复效果。

笔者在研究中通过对文献的整理与研究，发现以下几点是目前田径运动恢复中缺乏的，在以后的研究中，应引起关注。第一，目前对运动恢复方法与手段的研究中，主要是生物性恢复方法和手段，而对社会性恢复方法与实践结合的研究还属于空白。第二，对运动员采取运动恢复手段后具体效果研究几乎没有，而这些研究对于鉴别运动恢复手段是否合乎专项需要具有重要的作用。第三，对新型恢复方法手段的研究方面，虽然我们也有运动恢复国家实验室，但还相对很落后，这需要我们生物学专家们的进一步努力。

第三章　大学生田径运动训练计划的制订与实施

对广大学生来说，要做好田径运动体能训练，除了技术、心理以及体能训练的科学方法之外，合理的运动训练计划也是必不可少的重要因素。运动训练计划在大学生田径体能训练中有着非常重要的导向作用，如果没有科学的田径运动训练计划，那么，田径运动体能训练就是盲目的、无计划性的、无针对性的，最终取得的训练效果可想而知。因此，制定并实施系统合理的田径运动训练计划是非常重要且必要的。本章首先对运动训练计划的基本知识进行了阐述，在此基础上，重点对大学生多年训练计划、年度训练计划、周训练计划以及课训练计划的制订与实施进行分析和阐述，从而保证其科学性、系统性和可行性，为大学生田径运动体能训练的开展提供依据和支持。

第一节　运动训练计划概述

一、运动训练计划的概念与意义

（一）运动训练计划的概念

人类是具有思考能力的高级动物，其在从事任何有准备的工作和行为之前，都要思考该项工作的进行或行为的开展与实施，并且有针对性和目的性地做出具体的安排。这里所说的在工作进行和实践之前的这种思考和安排就属于一种理论设计。由此，可以得出运动训练计划的概念，即在运动训练过程开始之前，对其预先做出的这样一种理论设计。也可以将其理解为，对今后要从事的训练过程，提前进行相应的设计，从而起到理论指导作用。

某种意义上，所谓的运动训练计划是以实现训练目标为主要目的，而为了实现这一目的所选择的状态转移通路。对运动训练来说，其终极目标是在比赛中创造优异的运动成绩，但其直接目标则是提高学生的竞技能力。这里所说的运动训练过程，实际上就是学生竞技能力发展变化的过程。

如果将学生经济能力的变化理解为学生竞技能力状态的转移，那么，这状态转移要想实现，就必须借助一定的途径，而运动训练计划则是重要途径之一。

（二）运动训练计划的意义

运动训练计划的存在，本身有着非常重要的意义，大致可以归纳为以下几个方面。

1. 有助于运动训练计划目标的具体化

在将运动训练计划制订出来之后，就可以将训练过程的目标具体化为若干更为具体的训练任务，这些训练任务是相对独立且彼此联系的关系；同时，还能够进一步具体化为若干按特定要求进行的练习。

2. 有利于运动训练环节之间的连接

在将运动训练计划制订出来之后，就能够将整个训练的控制过程变为一个具有功能放大效益的整体结构。这样就会有助于各训练过程、训练环节、训练结构之间的沟通与联系，对于运动训练整体效果的提高也有所裨益。

3. 有利于运动训练计划目标的实现

教练员和学生作为运动训练计划的主要参与者和实施者，他们要实现训练目标，需要借助一定的科学方法，而运动训练计划则为他们提供了相应的需求以及相应的方法指导。

4. 有利于对训练过程的监控

在进行运动训练计划的制订时，要对照训练模式来进行，从而对各个训练过程实现目标的情况进行时刻关注和监控，这对于运动训练计划目标的最终实现是有帮助的。

5. 有利于运动训练的评价

通过运动训练计划的制订，能使教练员掌握和控制训练的能力有所提升，进而对教练员训练工作的科学、客观的评价产生有利影响。

6. 有助于训练过程研究的开展

在运动训练计划的实施过程中，能够将训练过程中的相关资料有效积累起来，这对于系统性地研究训练过程是有帮助的。

7. 有助于运动训练相关人员的工作开展

运动训练计划对于统一参与训练活动的教练员、运动员、科研人员和其他方面人员的认识和行动的开展也是有帮助的。

二、运动训练计划的分类与内容

（一）运动训练计划的分类

运动训练计划的类型有很多种，大致可以按照以下标准来进行相应类型的划分。

1. 按照训练的时间标准划分

按照这一标准，可以将运动训练计划分为大周期训练计划和小周期训练计划两种。这两种类型又可以进一步细分。

（1）大周期训练计划。大周期训练计划，实际上是多年训练计划和年度训练计划的总的称谓，这一类型的训练计划的特点就在于大周期，即持续时间长。由此，可以反映出多年训练计划和年度训练计划的全局观，其具有非常显著的战略性规划、计划，是框架式的，因此，对其稳定性有要求，但是对详尽方面没有要求。

（2）小周期训练计划。小周期训练计划，实际上是周、日、课、单元训练计划的总的统称。其中，有着较多变化性特点的是周训练计划与日、课训练计划，并且它们都属于训练实施的具体计划的范畴。

2. 按照训练的对象标准划分

按照这一标准，运动训练计划可以分为以下三种类型。

（1）个体训练计划。个体训练计划，就是针对个体所制订的训练计划，其具有显著的针对性和单独性特点。个体训练计划中所涉及的运动训练，主要为个体的运动实践活动。从个体训练计划中，能够将现代训练的未来发展走向体现出来，因此，这就决定了个体训练计划是适用于个体运动项目训练的。

（2）集体训练计划。集体训练计划，即为针对集体所制订的一个训练计划。其中所涉及的安排都具有共同性的特征，实际上这是由若干个体组成的训练计划。

（3）混合型训练计划。混合型训练计划，实际上就是将上述两种类型的训练计划结合起来的一种综合性训练计划，其同时具有上述两种类型训练计划的特点和要求。但是同时，其也有着自身的显著特点，即训练负荷和训练方法、手段上对个别特殊对象提出的要求是不同的。

（二）运动训练计划的内容

运动训练计划的类型有很多种，尽管不同类型的运动训练计划的内容有所差别，但是也会有一些基本内容是一致的，主要有以下这些。

（1）运动训练计划的适用范围。主要指计划所针对的是个体，还是集体或是教练员。

（2）参与训练的学生现实状态与前一训练过程计划完成的情况。

（3）新的训练计划中训练过程的各种训练计划目标。

（4）训练过程的比赛、训练安排等。

（5）各运动训练计划的时间阶段划分，以及各阶段的训练任务。

（6）各运动训练过程中训练内容的安排与相应的训练方法、手段选择。

（7）各运动训练过程负荷的动态变化趋势和各运动训练手段的负荷要求与量度。

（8）每个训练过程训练程度的监测内容、时间及标准。

（9）各训练过程的恢复措施和医务监督措施。

（10）运动训练计划的有关说明。

上述这些运动训练计划的内容中，第一点是运动训练计划的适用范围的范畴，第二点是制订新的运动训练计划的重要依据，第三点至第八点是运动训练计划的控制模型，第九点是运动训练计划中的反馈调控内容，第十点是运动训练计划的补充内容。

三、田径运动训练计划制订的理论指导

（一）田径运动训练计划的制订依据

在制订田径运动训练计划时，必须遵循一定的依据，可以大致归纳为以下几点。

1.运动训练的客观规律

运动训练的客观规律又可以详细分为以下内容。

（1）生物和自然界的节律性变化规律。

（2）人体承受负荷和负荷后的恢复规律。

（3）训练适应性的产生与变化规律。

（4）专项的特殊规律。

（5）比赛安排的规律。

（6）各种竞技能力和训练内容与手段之间的相互迁移（转移）规律。

2.训练的目标

要想制订出科学合理的运动训练计划，在此之前，一定要确定运动训练计划的目标，这是非常有必要的。

3.学生个人特点和现实状态

要制订科学的运动训练计划，不得不考虑学生这一主体的个体性，其不仅包括其自身的特点，还涉及其现实状态。

在所要制订的运动训练计划中，一定要注意个体训练模式的构建，并且要实施个体化训练，这样，能够将训练效果最大化。

4. 比赛和训练的客观条件

（1）训练的客观条件：一个是包含场地、器材、仪器设备等在内的基础设施，另一个是训练地点、气温、经费、人力和参加比赛的机会等。

（2）比赛中的客观条件：一个是包含时差、比赛场地和器材在内的客观条件，另一个是观众、裁判、饮食、规则和竞赛规程等条件。

5. 现代科学化训练的发展趋势

在制订运动训练计划之前，也要对现代科学化训练的发展趋势加以了解，因为这也是重要依据。经常了解并跟上现代训练的发展趋势，不断总结和创新，对于不断提高训练的科学性是有所帮助的。

（二）田径运动训练计划的制订要求

在制订田径运动训练计划时，为了保证其科学性、系统性和可行性，通常要满足以下几点要求。

1. 从健康的角度出发

大学生进行田径运动训练，其主要目的在于促进人体机能提高，实现人体健康要求，这反映的是他们对健康的追求，因此，就要求以健康为出发点。大学生参加运动训练的需要和目的有很多种，如较为常见的有健康身体、促进生长发育、愉悦心境、开发智力和提高运动技能等。

在制订大学生田径运动训练计划时，一定要将这些因素纳入充分考虑的范畴中；同时，还要以运动的目的和大学生个人身体状况的特点为依据，将适宜的运动训练方法确定下来。

2. 要以学生生理和心理特点为依据进行阶段性划分

在制订田径运动训练计划时，田径运动专项技术与大学生的生理、心理特点也是需要考量的重要因素，并且要做好相应的阶段性划分。人体的生长发育需要经历多个不同的发展阶段，每个发展阶段都具有鲜明的年龄特征以及所对应的训练任务与训练内容。在不同阶段进行运动训练，都要以此为依据，制订相应的运动训练计划也是如此。

3. 要具有可操作性

田径运动训练计划本身就是一个指导性的文件，因此，可操作性是其必须具备的重要特性。否则，其科学性和合理性就无从判别。为了保证所制定大学生田径运动训练计划的可操作性，在制订时，一定要参照大学生的不同成长阶段、不同的学习阶段以及不同的生理、心理特点来进行。

在保证可操作性的基础上所制订出的大学生田径运动训练计划，也不能忽视其良好的理论性和实用性特点；同时，不管是针对大学生还是教练员，都要在训练过程中按照系统的安排来有序进行。大学生田径训练计划应该以项目和训练对象为出发点，将理论与实践有机结合起来，从而使田径运动训练计划的可操作性得到保证。

4. 要有针对性

田径运动训练计划的制订，对于大学生田径专项技能的学习和提升是有着积极的指导意义的，这一点毋庸置疑。同时，运动训练的实施是按照所制订的田径运动训练计划来进行的，这些都将田径运动训练计划的针对性要求充分体现了出来。对不同的大学生来说，个体在身体素质和对运动的理解能力方面都存在着差异性，因此，田径运动训练计划应该选用简便可行、实效性高的锻炼项目，并且以每个大学生的实际特点为依据来将其运动负荷量确定下来。

5. 要有科学性

田径运动训练计划必须具有科学性的显著特点。究其原因，主要是田径运动训练计划的产生与发展都与人类的不断进化和社会发展的需求有着非常密切的关系，要想实现训练目标，就要采用运动锻炼加合理的饮食营养及良好生活习惯的方法。这样才能达到增强人的体质、提高肌体的抗病能力、积极保护健康人的身体、预防疾病发生等训练目的，是每一项田径运动训练计划都要做到的基本要求。

6. 要具有实用性

田径运动训练计划是为了有效指导大学生运动训练的开展，因此，实用性是其本质属性和要求。对大学生来说，所制订的田径运动训练计划要与其特点和实际相符；同时，要能保证参照运动训练计划所开展的运动训练所取得的效果是符合预期的。

7. 要有明确的指导思想和特色

任何事物的发展都需要一定的思想来加以引导，这也同样适用于大学生田径运动训练计划的制订，同时这也是制订该计划之前的重要工作内容之一。需要注意的是，指导思想确定之后，并不是固定不变的，是可以按照训练主体及训练客观条件的改变来进行适当调整的。

8. 要具备创新性

田径运动训练的开展是在教练员和大学生的共同努力下进行的，因此，教练员和大学生是运动训练的主体和实施者。那么，运动训练的创新性，实际上就是教练员和大学生的创造性劳动，因此，在运动训练的实践过程中，除了对前人留下的内容进行借鉴和继承之外，还要有所创新，在创新意识的指导下进行创新和发展。

（三）田径运动训练计划的制订原则

1. 目的性原则

在田径运动训练开展之前，首先要明确其训练目的，其目的可以是健身，也可以是田径运动专项成绩的提升。不管目的是什么，只要明确下来，就能在有效提升大学生田径运动训练积极性的同时，也使其自觉性得到有效改善。由此，能够积极引导大学生在田径运动训练中自觉坚持身体锻炼，并且保证训练效果的理想化。

2. 全面性原则

通常，可以将人体本身看作一个系统，其具有显著的复杂性特点，人体的各机能和身体素质之间是有着非常密切的关系的，具体表现为彼此联系、互相依存、相互促进，因此，在制订田径运动训练计划时，一定要保证其系统性，这对于参与田径运动训练的大学生的全面性发展是有所帮助的。

3. 多样性原则

田径运动有"运动之母"的美誉，这与其本身的基础性有着密切关系。因此，一般意义上，这种略带"基础性"的田径运动训练是非常枯燥和艰苦的。尽管田径运动所包含的具体项目多，但是，每一项的训练内容都是比较枯燥的，为了有效改善这一状况，需要教练员在训练过程中不断地变换练习方法和手段，并且要针对大学生的兴趣和特点，引入一些竞赛和游戏的成分，从而有效改善和提升训练的生动活泼特点，使大学生能够在趣味性的指导下更加积极地参与其中，提升训练效果。

4. 可操作性原则

在制订田径运动训练计划时，要保证其可操作性，要综合考虑各方面的因素，如大学生的生理状况、环境等，要使所制订的田径运动训练计划是可执行的。具体来说，要保证大学生能够在相对较为固定的时间参与到田径运动训练中，因此，大学生的运动训练时间就成为制订运动训练计划需要考虑的重要因素。另外，田径运动训练的开展需要具备一定的物质条件，即场地器材等物质保障，因此，运动场地、器材状况以及天气状况也都要加以考量。

田径运动训练的开展过程中，一些内部因素也会对其训练的连贯性和理想训练效果的取得产生一定的影响。比如，训练量要从小到大进行安排，技术动作的安排则要从易到难，注重基础技术动作的训练，在熟练掌握基础动作的基础上进行发展和创新。

对大学生田径运动训练来说，所制订的田径运动训练计划中要体现出一定的趣味性，并控制好训练的时间，这样才能使大学生积极参与其中，并保证训练的安全性。

5. 可调整性原则

由于参与田径运动训练的大学生，作为个体，其身体状况是不断变化的。随着其运动负荷的增减，人体的生理方面会有适应性的变化，从而达到发展和提升机能的目的。

在田径运动训练计划制订的过程中遵循可调整性原则，主要体现在以下两个方面。

一方面，是田径运动训练中运动负荷的可调整性。田径运动训练实际上就是一个从量变到质变的过程，一般要求大学生先对田径训练中的单个动作进行学习和掌握，然后参加相应的比赛，在验证自身学习效果的同时，也不断提升自身的田径运动训练水平。田径技术能力的提高则会进一步影响其他田径技术和田径意识等。

另一方面，大学生的田径运动训练水平是在不断进行、不断变化的状态中的，而既定的田径运动训练计划并不能准确预测其变化规律，因此，就需要参照其变化特点来对训练计划进行适当的调整，从而保证两者之间的适应性是良好的、同步的。

6. 针对性原则和个体性原则

田径运动训练计划是针对大学生来制订的，因此，这就要求在制订田径运动训练计划之前，首先接受大学生的个体性，并且对其个体性特点加以分析和掌握。这不仅涉及大学生的身体素质，还涉及其个体形态、机能、智力、心理等方面，并且这些方面是表现出差异性的。因此，这就要求教练员在制订田径运动训练计划时，一定要考虑大学生的个体性特点，使每一位大学生都能在田径运动训练计划中受益。

7. 连续性原则和系统性原则

对大学生来说，田径运动训练实际上就是一个不断给予肌体适应刺激的过程，经过反复的刺激之后，参与训练的大学生肌体的适应水平就会有所提升，从而达到有效提升大学生训练水平和运动能力的目的。因此，以此为依据，就要求在制订田径运动训练计划时，要保证其连续性和系统性。

（四）田径运动训练计划制订的基本内容

针对大学生的田径运动训练计划的类型是多种多样的，因此，不同类型的训练计划在内容上必定是有所侧重的，即便如此，各类型训练计划中包含的一些基本内容还是大致相同的，大致可以分为以下四个方面。

1. 准备性部分

准备性部分又可以进一步分为三个具体的部分，即适用范围、学生起始状态的诊断、建立训练目标。

在田径运动训练过程中，这部分是不可或缺的重要部分，也是田径运动训练计划的重要组成部分。在田径运动训练计划制订方面，这部分起着重要的先导作用，能够将必须的信息和依据提供出来，保证田径运动训练计划制订的顺利开展。

2. 指导性部分

田径运动训练计划从整体上来说，实际上就是对田径运动训练过程的全局性规划，田径运动训练计划也具有重要的指导作用，这一点与田径运动训练目标有异曲同工之妙。田径运动训练计划的指导性部分，又可以进一步划分为田径运动训练的各阶段，涉及各阶段训练任务以及比赛序列等。

3. 实施性部分

在田径运动训练计划中，实施性部分也是必不可少的重要方面，其占据主体性地位，具体主要是指田径运动训练的具体手段和训练手段的负荷结构等方面。田径运动训练计划的实施性部分，对田径运动的特征以及大学生的个人特点是非常重视的。同时，田径运动训练实施的最终效果，往往也会受到疲劳恢复措施和医务监督保障措施的影响，因此，也需要对这两个方面加以关注。

4. 控制性部分

在田径运动训练计划中，控制性部分也被称为"评价总结性部分"，其也是非常重要的组成部分，不可或缺。控制性部分的主要任务是，规划检查评定田径运动训练效果的内容、时间与标准。通过信息的反馈，教练员可以在训练过程的不同时期和不同阶段把握运动员的训练情况，从而更好地达到训练目标。

第二节 大学生田径多年训练计划的制订与实施

一、大学生田径多年训练计划制订的内容

（一）多年训练计划的主要内容

（1）多年训练计划的目的与任务。

（2）大学生的基本情况，主要包括大学生个人特点、年龄、身体发育、道德品质，以及对大学生完成多年训练任务的估量。

（3）各年度训练任务。要对大学生的年龄和发育特点进行综合考量，以多年训练目的任务为依据，对各年度分别提出训练任务。

（4）确定大学生的特长及发展目标。

（5）年度身体训练、技术训练及运动负荷安排的逐年要求。

（6）考虑大学生的运动成绩和竞技能力水平。

（7）完成多年训练任务的措施和有关注意事项。

（8）清楚大学生训练水平方面的特点和努力方向。

（9）确定所针对的大学生每年运动成绩的提高幅度、竞技能力及身体训练水平的指标。

（10）确定每年训练的主要任务和手段。

（11）合理安排训练的年训练量、训练时数、身体训练与技术训练比例等，训练的量和强度也要逐年增加。

（二）大学生田径多年训练计划的基本内容

1. 准备性部分

（1）大学生的基础情况分析。

（2）大学生的训练目标。

2. 指导性部分

（1）各个阶段的划分。

（2）各个阶段的主要任务。

（3）各个阶段的训练内容安排。

（4）各个阶段训练指标的确定。

二、大学生田径多年训练计划制订的基本要求

（一）根据大学生的实际情况确定训练计划年限

由于多年训练计划是针对大学生来制订的，因此，其年限的确定要以大学生的实际情况为依据来进行。

对大学生来说，首先要对其学制年限进行考虑，还要综合不同田径比赛在年龄方面的要求。对高校来说，则要以现有的学习年限为依据来确定多年训练计划的年限。具有较高水平的优秀大学生运动员，则要以我国全运会和亚运会、奥运会为目标。一般多年训练计划的年限以四年为宜。

（二）要保证实现的可能性，切忌过于具体

多年训练计划本身就是一种远景框架计划，其具有笼统性的显著特点，因此，在制订这一计划时，切忌过于具体，但是，要注意在具有实现可能的基础上保证实事求是。

以大学生的身体特点和训练任务为主要依据，来不断学习田径运动训练的先进经验，并结合自身情况进行相关的借鉴；同时，也要将自己的训练观点明确提出来，坚持不懈地去争取完成多年训练计划，在实践中对多年训练计划加以修改、充实、完善。

三、大学生田径多年训练计划的阶段划分

（一）田径多年训练计划阶段划分的依据

（1）大学生的生理及心理发育规律。

（2）田径运动竞技状态的形成与发展规律。

（3）长期训练适应性的形成与发展规律。

（二）田径多年训练计划阶段划分及其训练任务

一般的田径多年训练计划的整个过程，大致可以分为四个阶段，每个阶段都有其各自的训练任务。

1.基础训练阶段训练任务

（1）全面提升大学生的身体素质，带动大学生身体生长发育。

（2）进一步加强躯干肌肉的一般力量素质训练和促进动作速度的发展和提升。

（3）促使大学生学习和掌握田径专项和多项基本技术。

2.初级训练阶段训练任务

（1）发展和提升大学生的田径专项身体素质。

（2）保证大学生专项身体素质发展的全面性。

（3）在继续从事多项训练的基础上，进行初期的田径专项训练，要求掌握合理的田径专项技术。

3.专项训练阶段训练任务

（1）要使大学生的田径专项理论知识学习进一步加强。

（2）继续加强大学生身体训练的全面性开展，有效提升大学生的田径专项素质。

（3）有效巩固和完善田径专项技术，有效提升大学生的田径专项技能和训练水平。

（4）在比赛过程中，不断锻炼和增强大学生的适应能力及心理素质。

4.高级训练阶段训练任务

强化大学生的各项身体素质、专项素质和专项能力，进一步完善其田径技术，充分挖掘潜力，并创造更多的机会，使大学生能较多地参加国内外各级比赛，从而使其高水平的运动成绩得到保持和提升。

四、大学生田径多年训练计划的训练内容安排

将科学合理的大学生田径多年训练计划制订出来之后，就要加以实施，这就需要对各阶段的一般身体训练、专项身体训练和技术训练的比例做好调整，大学生的训练水平则直接决定着这一比例。

大学生田径多年训练计划所安排的训练内容可以参照表 3-1。

表3-1　不同训练阶段的内容安排

训练阶段	一般身体训练（%）	专项身体训练（%）	技术训练（%）
基础训练阶段	60	20	20
初级训练阶段	40	30	30
专项训练阶段	30	35	35
高级训练阶段	20	40	40

第三节　大学生年度训练计划的制订与实施

年度训练计划，就是以多年训练计划所规定的本年度训练任务以及总结上半年训练为依据所制订的一个大周期训练计划。

一、大学生田径年度训练计划的分期

在制订大学生田径年度训练计划时，要参照一定的依据来进行分析，总的来说，有两点：一个是多年训练计划中所规定的本年度训练任务，另一个是上年度训练的实际情况。

（一）大学生田径年度训练计划分期的主要依据

（1）田径运动的项目。

（2）大学生的专项水平与个体特点。

（3）不同类型、级别比赛任务的要求。

（4）环境因素。

（二）年度训练计划分期的目的

对大学生田径年度训练计划进行分期，并不是随意而为的，其具有一定的目的性，主要表现为：有计划地促进年度训练任务的完成。

在实践中发现，大学生必须提前一段时间就开始做相关的准备，否则，其要想提升竞技状态水平，是非常困难的。

二、大学生田径年度训练计划的类型与时间安排

（一）单周期训练计划

一般单周期训练计划可以分为准备期、竞赛期和过渡期三个时期，每个时期有其各自的时间安排（见表3-2）。

表3-2　单周期分期表

准备期	竞赛期	过渡期
11月中旬~次年4月	5~10月	11月上旬~11月中旬

（二）双周期训练计划

所谓的双周期训练计划，实际上就是分为两个准备期、两个竞赛期和一个过渡期的训练计划。其在时间安排上也有其自身特点（见表3-3）。

表3-3　双周期分期表

第一周期		第二周期		
准备期	竞赛期	准备期	竞赛期	过渡期
11月下旬~次年5月中旬	3月下旬~6月上旬	6月中旬~7月	8~10月	11月

（三）多周期训练计划

多周期训练计划的主要特点是，缩短准备期的总时间，延长竞赛期的总时间。在这一类型的计划中，全年通常有较多的田径比赛。全年多周期训练计划也是由准备期和竞赛期组成的，而且这两个时期的比赛很多。需要强调的是，在对准备期和竞赛期的组合进行计划时，一定要按照年度训练计划参加的重要比赛的次数来进行，这是非常重要的决定性因素。

三、大学生田径年度训练计划的任务

（一）大学生田径年度训练计划的总任务

一般大学生田径年度训练计划的任务主要有以下几点。

（1）发展大学生的身体素质。

（2）完善田径专项技术。

（3）学习和提高大学生的田径理论知识。

（4）促进大学生思想教育的开展。

（二）年度训练计划各时期的训练任务与训练重点

1. 准备期

（1）准备期的训练任务

①提高一般身体训练素质。

②发展力量、速度和田径运动专项身体素质。

③培养大学生的道德意志品质。

④改进与掌握田径技术。

⑤提高田径运动专项理论与实践水平。

⑥学习并掌握保健与自我监督方面的知识。

（2）准备期的训练重点。一般大学生田径年度训练计划的准备期，又可以进一步分为两个准备阶段，即一般准备阶段和专门准备阶段。其中，在一般准备阶段，训练的重点在于大学生身体素质的训练和田径基本技术的训练；在专门准备阶段，则将训练重点放在田径专项训练上。

不同训练阶段的训练重点是不同的，对其起到决定性影响的是大学生的专项技术水平，并且以此为依据，是可以进行相应的调整的。

在准备期，为大学生进行身体训练和技术训练的安排时，要以大学生的身体与技术水平、个人特点以及比赛任务为依据来确定。另外，训练的负荷要有适当的增加，从而为大学生田径专项训练奠定坚实的基础。这里所说的要增加的大负荷训练主要涉及一般身体训练，以此来有效促进大学生身体机能的提高、身体素质和意志品质的发展。除此之外，训练强度也是在准备期中需要考虑的重点，训练强度的增加应该是逐渐进行的，要遵循循序渐进的原则，从小到大地提升训练的运动量，使训练计划的进行与完成呈现波浪式的特点。

2.竞赛期

（1）竞赛期的训练任务

①提高田径专项素质和专项能力。

②巩固、改进与提高田径专项技术，保持良好竞技状态。

③在比赛中提升成绩，积累比赛经验。

④培养良好的道德意志品质。

（2）竞赛期的训练重点

由于竞赛期是大学生田径年度训练计划的主体部分，因此，其训练的重点也比较多，具体包含以下几个方面。

①训练负荷。竞赛期阶段，在一般身体训练和技术训练安排中，通常两者所占的比例是不同的。具体来说，前者的比例较少，后者所占的比例增加。在竞赛阶段，训练的特点主要表现为在与比赛环境相近的情况下进行训练。在竞赛期训练中，要适当减少训练负荷，同时相应增加训练强度，并且以此来控制好平均强度的适宜性，避免太大或太小。

②大学生训练水平的提高。在竞赛期，要进一步提升大学生的田径训练水平，从而使其能获得良好的运动成绩，加强对良好竞技状态的保持。比赛也是竞赛期的一个主要训练手段。

③大学生参加田径比赛的训练要求。大学生参加比赛需要参照的依据主要为自身的专项训练水平和神经系统机能水平的特点，同时还要遵循区别对待原则。

大学生在参加第一阶段的比赛时，需要注意，不能大幅度改变训练计划，并且，在比赛前，训练负荷量就按照之前的进行即可，切忌随意调整，打乱比赛状态。大学生要对其自身参加田径比赛的目的加以明确，即提升自身适应新的条件的能力，并对自己的训练与竞赛能力加以检验才是主要目的。

田径专项训练和专门性的技术练习是竞赛期的主要训练手段。竞赛期的训练也要注意多样化，这主要从练习方法与手段的改变、调整训练场地等方面得到体现。

④赛前训练。第一，要做好比赛前的准备工作。一般地，如果要参加重大比赛，在比赛之前，往往会进行模拟训练，即对即将参加的重大比赛的各个方面的模拟。这样做的主要目的是加强对大学生适应实战环境和条件能力的培养，模拟训练的现实意义显著。第二，要对大学生适应比赛的能力进行重点训练和发展。同时，比赛中的突发事件与没有预料到的问题及困难也时有发生，这就要求大学生能够根据平时训练的能力，及时且灵活、妥善处理相关的事项，做到随机应变。第三，要通过增加难度的方式，来训练大学生的心理素质和意志品质。第四，要在赛前做好大学生竞技状态的调整。参加重大比赛的临赛前训练阶

段的时间是 6~8 周，这段时间的主要任务就是通过积极的调整，保证大学生在重大比赛时达到最佳竞技状态。第五，通过各种方式来保证赛前大学生中枢神经系统的最高工作能力，主要的方式有三种。第一种是采用赛前自然提高中枢神经兴奋性（紧张度）的方式，这种方式对于快速力量性项目是较为适用的。第二种是在赛前几天内进行适当的轻松训练，从而保证大学生体能的恢复，保证比赛过程中各项能力的充分发挥，这种方式对于短跑、跳跃和投掷为专项的大学生是适用的。第三种是充分恢复中枢神经系统机能的方式，这种方式较适用于参加 400 米跑、中长跑和竞走的大学生。第六，延缓和控制大学生赛前的紧张感和兴奋性。通常，大学生在赛前几天就会开始有紧张的感觉产生。一般地，大学生对比赛的责任感越强，兴奋性提高得越早而且越强。如果在比赛前数天内兴奋性过高，往往会导致其第二天会有精力疲乏的情况。因此，这就要求借助看电影、听轻音乐、阅读书刊、与他人交谈和比赛无关的话题及从事其他活动等方式，来将其注意力吸引到其他方面，从而防止类似现象发生。第七，将注意力集中到比赛上，全身心投入其中。在比赛当日，大学生的注意力要始终放在比赛上，切忌分神，可以适当提前进入比赛场地，确定比赛的相关事宜。

⑤赛后训练。赛后训练也不可忽视，训练要求为：轻松自然，少练专项，以一般身体训练为主。尤其需要强调的是，在重大比赛结束后的第二天，尤其是第三天，为了避免伤病和疲劳的产生，切忌进行太大强度的训练。比赛结束后，也要做好充分的整理。

3. 过渡期

（1）过渡期的训练任务

①消除身心疲劳。

②积极休息，保持已有训练水平。

③做好训练总结工作。

（2）过渡期的训练重点

①要针对大学生的实际情况来进行训练。不同的大学生在专项训练水平、年龄以及参加比赛的次数等方面都有所不同，这也是过渡期训练特点的一个重要体现。一般地，对那些年度训练负荷很大和经常参加重大比赛的大学生来说，应在过渡期好好地休息，从而有效消除训练和比赛所积累的疲劳。通常可以采用降低训练负荷量，减少训练次数及采用新的练习手段等方式来进行训练。

②过渡期的训练可以少但不可以停。尽管过渡期的训练相较于其他阶段是比较少的，但也是非常重要的，切忌停止训练；否则，会破坏大学生肌体的正常活动，要想恢复，难度较大。在过渡期中，要通过适宜的训练来有效保持已达到的身体训练水平。短跑、跨栏、跳跃和投掷方面的大学生运动员可不进行专项练习，但中长跑、超长跑和竞走项目的大学

生运动员仍应保持一定量的跑和走的练习。

（三）大学生田径年度训练计划的负荷安排

大学生田径年度训练计划的运动量和强度是不断变化的，其变化特点见图3-1和图3-2。

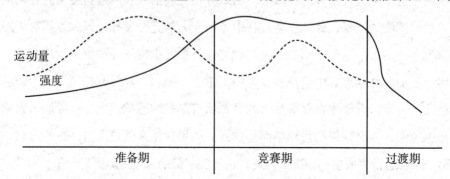

图3-1　大学生田径年度训练计划的运动量和强度

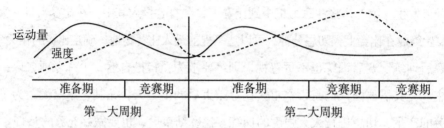

图3-2　大学生田径年度训练计划的运动量和强度

四、大学生田径年度训练计划的内容和比重安排

大学生自身的个体特点是不同的，这不仅涉及身体客观因素，还涉及训练水平、专项等，这也就决定了针对他们的运动训练计划的侧重点和安排比例等也会各不相同。这就要求在进行战术训练、心理训练和理论知识教育时，一定要与身体训练和技术训练结合起来进行。

不同训练水平、不同项目的大学生在不同时期的训练内容参考比例，见表3-4。

表3-4　不同水平、不同项目的运动员各时期训练内容参考比例

时期	准备期			竞赛期			过渡期		
级别比例	一般身体训练	专项身体训练	技术训练	一般身体训练	专项身体训练	技术训练	一般身体训练	专项身体训练	技术训练
少年级	70	10	20	50	20	30	80	10	10
三级	50	30	20	40	30	30	70	20	10
二级	40	30	30	30	40	30	70	20	10
较高水平运动员：短跑、跳远、三级跳远	30	40	30	30	30	40	80	10	10

续表

时期	准备期			竞赛期			过渡期		
中跑、竞走	30	60	10	20	70	10	65	30	5
长跑、马拉松	15	80	5	5	90	5	45	50	5
跨栏、跳高、撑竿跳高	30	30	40	20	30	50	80	10	10

第四节　大学生田径周训练计划的制订与实施

一般地，按照田径运动的训练目的与任务，可以将周训练计划分为四种类型，即基本训练周训练、赛前诱导周训练、比赛周训练和恢复周训练。不同类型的周训练计划在训练任务、训练内容以及负荷安排等方面都有所不同。

一、大学生田径周训练计划的训练任务

（一）基本训练周的训练任务

改变训练负荷，促使新的生物适应现象产生，提升大学生运动员的田径竞技能力。

（二）赛前诱导周的训练任务

大学生的肌体能够更好地适应比赛要求，并且在专项比赛过程中有效提升专项竞技能力。

（三）比赛周的训练任务

做好全面的准备工作，保持最佳竞技状态，做好调整训练工作，强化技术训练，创造优异的比赛成绩。

（四）恢复周的训练任务

通过减少运动负荷及对各种恢复措施的采用，来为大学生运动员身体疲劳的消除提供帮助，从而促进大学生运动员身体与心理的全面恢复。

二、大学生田径周训练计划的训练内容

（一）周训练计划的主要内容

（1）明确周训练计划的依据。

（2）明确周训练计划的训练要求和任务。

（3）选定各次课的主要训练安排内容和要求。

（4）对大学生的训练水平和个人特点加以考量。

（二）不同类型周训练的具体内容

1. 基本训练周的训练内容

一般地，会借助一般身体素质和专项身体素质的发展，来有效提升大学生的田径专项竞技能力，还以借助于分解和完整技术练习相结合的方法来有效改进大学生田径运动技术的掌握情况。

2. 赛前诱导周的训练内容

赛前诱导周训练的内容与基本训练周基本相同，但也存在差别。

赛前诱导周的训练内容在专项化程度上要更高一些，在训练课的组织形式方面，与专项的比赛特点也更为接近。同时，在一般身体素质训练的比例上要适当减少，专项身体素质训练的比例则要相应增加一些。还要重视技术训练中完整练习比重的增加，这对于大学生田径专项竞技能力的提升是有帮助的。

3. 比赛周的训练内容

由于比赛周的时间会持续几天，这就需要针对不同的时间确定相应的训练内容。

赛前 3~5 天，要将训练的侧重点放在力量与速度素质以及田径专项技术训练（高强度）上。

赛前 1~3 天的训练侧重点则主要为中低强度的一般性练习和恢复性的有氧训练。

这样的训练内容安排，对于大学生更加高效地学习和掌握田径专项技术，并使其做好全面的竞赛准备，都是非常有帮助的。

4. 恢复周的训练内容

主要是借助于带有游戏性的各种训练来进行一般性的身体训练，从而有效消除大学生生理和心理上的疲劳。

三、大学生田径周训练的负荷安排

（一）基本训练周的训练负荷

基本训练周的训练负荷特点主要表现为训练负荷的逐渐加大。究其原因，主要是只有增加训练负荷，肌体的变化才会更深刻，才能尽快促进新的生物适应的产生。

（二）赛前诱导周的训练负荷

在训练强度上要适当提高，训练量则要相应减少。

（三）比赛周的训练负荷

确定比赛周的训练负荷，主要是为了维持肌体在比赛日的最佳状态，重要的是，会对比赛成绩有直接影响。

通常，比赛周总的训练负荷水平是比较低的。在开始比赛的前一天，可以继续保持原有的范围，训练量则可以适当地减少，如果状态较好，也可以。

（四）恢复周的训练负荷

在训练强度方面要有大幅度的降低，训练量方面，可以保持原有的状态和范围，也可以有较大幅度的减少。

第五节　大学生田径训练课的制订与实施

一、大学生田径训练课的任务和要求

训练任务：发展田径竞技能力。

训练要求：每次训练课的任务没有具体要求，灵活性较强。

二、大学生田径训练课的类型划分

通常，训练课可以分为实践课、理论课和实习课三种类型。每种类型训练课都有其各自的特点和内容。

（一）训练实践课

训练实践课，实际上就是以周训练计划规定的课次训练任务、方法等为主要依据，并且与当日大学生身心机能情况、场地、器材和气候等实际情况相结合而具体编制出来的一种训练课形式。其包含的内容主要有：对大学生完成练习的时间、质量、远度或高度提出具体的要求。

训练实践课计划的结构主要由三部分组成，即准备部分、基本部分和结束部分。一般的，集体课的形式对于初学者是较为适用的。对于有一定训练水平或较高训练水平的大学生，需要遵循区别对待的原则。一般的，训练实践课的时间控制在2~3小时为宜。

（二）训练理论课

训练理论课，主要是指在周训练计划规定的基础上，对田径运动训练相关理论知识的传授和研究形式。其对训练实践课会起到积极的指导作用。

（三）训练实习课

训练实习课，往往就是安排大学生进行训练实践课的学习和社会辅导工作，培养他们的独立工作能力，进而加深对自己训练认识的一种训练课形式。

通常可以通过心跳频率来评定负荷量的大小。而要确定负荷量，需要参照以下几个方面的内容。

负荷	心跳频率（次/分）
小	120以下
中	120~150
大	150~180
极限	180~240

三、大学生田径训练课的内容与练习手段

如果将训练课分为单一训练课和综合训练课两种形式，那么，它们的内容和练习手段是存在差别的。

（一）单一训练课

通常，可以将单一训练课分为以下三种类型。

（1）发展力量、耐力或柔韧性等的素质训练课。

（2）学习或改进技术的训练课。

（3）检查测验比赛的训练课。

单一训练课主要适用于比赛期的训练，这主要是由于训练目标集中，训练课时缩短，课的训练负荷量有所减少。

（二）综合训练课

综合训练课的类型有以下三种。

（1）发展素质与改进技术的综合训练课。

（2）改进不同项目技术的综合训练课。

（3）发展各种不同素质的综合训练课。

单一训练课和综合训练课都是由准备部分、基本部分和结束部分组成的，这是一个完整的结构。

相比较而言，在基本部分方面，单一训练课是较为完整的，而综合训练课则有可以进行进一步的剖析，划分为几个小段。

四、大学生田径课时训练的负荷安排

在不同的训练时期,大学生的课时训练负荷也是不同的,由此,具体的安排也各不相同。

（1）在身体训练课上，所采用的训练量是比较大的。

（2）在技术训练课上，虽然采用的训练强度较大，但是训练量较为适宜。

（3）在调整训练课上，所采取的训练负荷是相对较小的。

第四章　大学生田径运动训练实践

大学生田径运动训练的内容非常丰富，主要包括体能训练、心理训练、智能训练和技战术训练等多方面的内容，这几方面的内容缺一不可。大学生田径运动训练需要讲究一定的原则与方法，训练要保证科学性和有效性，本章重点研究大学生如何科学有效地进行田径运动训练。

第一节　大学生体能的特点研究

处于青春期的大学生，其身心发育基本成熟，与成年人相比差距越来越小，但也呈现出与成年人不同的特点。下面就重点从大学生的身体形态、身体机能和身体素质三个方面来阐述大学生的体能特点。

一、大学生的身体形态特征

处于青春发育期的大学生身高增长一般都非常迅速，速度之快是其他年龄段所不能比的。一般情况下，身高增长最快的年龄段为女子 17 岁，男子 19 岁。在这一年龄段，青少年的身高呈突飞猛进的增长趋势。经过这段时期后，青少年的身高增长速度放缓，在完成骨化后，其身高便不再继续增长。这是青少年青春发育期身体发展的规律与特征。

据相关调查，处于青春发育末期的大学生，男生在 20 岁、女生在 18 岁时体重逐渐稳定下来，不会再有突飞猛进的增长。伴随着大学生身高、体重变化的放缓，他们的胸围、头围、肩宽等身体指标也会发生一定的变化，总体来看基本都是趋于缓慢发展的趋势。处于青春后期的大学生，他们的身体形态得到了极大的完善与发展，身体体征非常明显。在这个年龄阶段，大学生要十分重视身体素质的全面锻炼，要在平时多参加一些田径、球类、游泳等活动，这样能很好地促进自身体能素质的发展和提高，为运动技能的学习奠定良好的基础。

二、大学生的身体机能特征

（一）呼吸系统技能特征

相关研究表明，在青春发育末期，大学生肺脏的横径和纵径正处于不断增加的状态，肺泡体积增大。相比女生，男生的特征更为明显。在青春期，青少年运动员的呼吸肌通常会呈现不断增强的趋势，呼吸频率有所下降，而深度不断加大。在这样的情况下，青少年运动员的肺活量会不断增大，促使呼吸系统逐步完善与发展。一般情况下，女生的肺活量为 2500~3400 毫升，男生的肺活量为 3400~4000 毫升。对大学生运动员而言，他们的肺活量普遍要比一般的大学生高一些。要想提升自身的身体素质，保证运动训练水平，取得优异的比赛成绩，大学生运动员就要在平时的训练中采取各种手段努力提高自身的肺功能，多参加一些耐力性训练，不断提升自己的耐力素质水平，这对于其将来参加运动训练和比赛都具有重要的意义和作用。

（二）心血管系统机能特征

大学生在年龄不断增长的背景下，其心脏收缩力量也呈不断增强的趋势；与此同时，他们的心脏收缩压也会随之增高。在这一年龄阶段，大学生要注意运动训练负荷的合理安排，最好不要进行大运动强度的训练，否则就容易造成运动损伤，甚至还有可能危害身体健康。尤其是在参加一些速度耐力性项目时，一定要选择合适的运动强度。随着大学生年龄的不断增长，教练员可以依据大学生运动员的具体实际和身心发展规律循序渐进地增加运动负荷，如此才能保证训练的科学性，从而取得理想的训练效果。

（三）运动系统机能特征

随着年龄的不断增长，大学生运动员身体骨骼中的水分会减少，而无机盐则不断增多，这就是骨化的发展进程。在这种情况下，大学生的骨密度日益增加，骨骼变得越来越坚固，承受能力也不断增强。受性激素的影响，大学生运动员的肌肉纤维也会不断增粗，肌肉更加发达。通常情况下，大学生一般会在 20~25 岁完成骨骼的发育，30 岁左右发育基本完成。因此，处于青春期及青春后期的大学生运动员一定要在平时的运动训练中注意骨骼和肌肉的发展，如此才能促进自身运动系统的发展与完善。

（四）神经系统的机能特征

神经系统对于大学生的发展至关重要。一般来说，人们在平时所做出的各种动作都是在神经系统的支配下进行的。儿童在六七岁时脑重量已经达到成人的 90%，在之后的发展速度会逐渐放缓。对大学生而言，他们的脑细胞发展正处于一个上升期，他们在接受了智育教育，尤其是在接受丰富的专业课知识之后，皮层细胞数量不断增加，神经元联系也随之不断扩大，这极大地提高了大学生第二信号系统的最高调节能力，使得第一信号系统和第二信号系统之间取得较为密切的联系，这对于大学生运动思维的快速发展具有非常重要的意义。

总之，处于青春发育期的大学生运动员一定要高度重视自身智力、思维能力等的发展，这对于促进其神经系统机能的发展具有非常重要的意义。除此之外，大学生的内分泌活动也会在这一阶段有所变化，性腺活动不断加强，人体的神经系统变得越来越稳定，神经系统机能发育已与成年人无异。

三、大学生的身体素质特征

对青春发育期的大学生而言，其身体素质的发展具有一定的规律性，这一规律性主要体现在：男性身体素质各项指标的增长高峰一般集中于 12~16 岁，速度素质除外；而女生身体素质的发展高峰期则是在 7~9 岁，在大约 10 年之后，女性的柔韧素质和耐力素质才会出现增长的高峰。

总体上看，在身体素质方面，男女之间呈现出明显的差异。通常情况下，到 19 岁以后，绝大多数人的身体素质就会呈现逐步下降的趋势。因此，作为一名运动员，大学生一定要在平时的训练中重视身体素质的全面发展与提高，不能忽视任何一方面身体素质的发展和提高。

第二节　田径运动与体能训练的关系

一、体能训练能有效降低运动伤病的发生率

体能在运动员的训练和比赛中都扮演着十分重要的角色，运动员要想取得理想的比赛成绩，没有一个出色的体能做保障是难以实现的。因此，在平时的运动训练中一定要将运

动员的体能训练放在突出的位置。体能是运动员参加运动训练的重要基础，在良好的体能保障下，运动员不仅能做出合理有效的技术动作，还能在一定程度上降低运动意外事故发生的概率。在田径体能训练中，运动员一定要重点加强力量和耐力素质的训练，这对于预防田径运动损伤具有极为重要的意义。另外，柔韧素质与人的关节肌肉的灵活性及神经系统的调节功能也有较大的关联。在平时的运动训练中，也要将柔韧素质训练作为重要的体能训练内容。

二、体能训练能提高大学生的田径竞技水平

在田径运动训练中，训练的内容主要包括体能训练、心理训练、智能训练和技战术训练等几个部分。每一个部分都是非常重要的，缺一不可。其中，体能作为运动员参加训练和比赛的重要基础，更是不能忽视。对田径运动员而言，体能训练是结合田径专项需要并通过合理负荷的动作练习，改善运动员身体形态、提高运动员机体各器官系统的机能，促进运动成绩提高的过程。调查发现，优秀的田径运动员普遍具有良好的特殊的身体形态，其身体形态除与先天性因素有关外，也在一定程度上受到后天，尤其是体能训练等方面的影响。因此，加强田径运动员的体能训练是尤为重要的，通过体能训练能促使运动员的身体形态向专项需要的方向发展，有利于提高其田径竞技水平。

三、发展体能为大负荷大强度运动训练提供保证

田径体能训练不是一件轻松的事情，需要运动员坚持不懈、持之以恒地进行，如此才能增强自身的体能素质，从而为大强度的运动训练奠定良好的基础。年复一年的简单重复只能使机能停留在原有的水平上，而在原有基础上进行更大负荷强度的训练，不断地加强体能训练，才能适应逐渐提高的训练负荷量和强度，从而提高田径竞技水平。

四、发展体能促使大学生保持良好的心理状态

田径运动对运动员的体能素质要求非常高，运动员进行长时间的训练会消耗身体大量的能量，不仅会对身体能力产生一定的影响，还会在一定程度上影响运动员的心理素质，运动员需要付出一定的心理能量来承受。通过体能训练大学生运动员可以形成一个良好的身体状态，为运动训练积蓄充足的体能，这也能为运动员的心理状态提供良好的保证。

第三节　大学生心智训练的科学方法

一、心理与智能训练概述

（一）心理训练概述

在大学生田径运动训练中，心理训练也是非常重要的内容，一定不要忽略了这一部分。心理训练是对运动员的心理过程和个性心理特征有目的、有计划地施加影响的过程，也是采用特殊方法和手段使运动员对自己的心理状态灵活进行调节和有效控制的过程。

通过心理训练能有效提升大学生的心理水平，从而为田径训练和比赛奠定良好的基础和保障。一般来说，大学生运动员心理训练的任务主要包括以下方面。

（1）激发大学生运动员参加田径训练的兴趣，促进其意志力品质的提升。只有运动员具备了良好的兴趣，才有可能取得理想的训练效果。对运动训练的兴趣不仅应由直接动机所引起，还应该有间接动机的支持，在心理训练中应使运动员产生训练的间接动机，这样才能促使运动员以积极饱满的热情投入训练之中，从而提高训练的效率和质量。

（2）储备心理能量，保持最佳心理状态。通过心理训练要使运动员储备充足的心理能量，也就是使运动员的心理指标达到理想状态，如训练动机正确、训练热情足、训练信心高、适应能力强等。这样运动员才能保持最佳的训练心理和比赛心理。

（3）发展运动员的专项心理品质。通过心理训练要有效培养与明显提升运动员的专项心理品质，具体表现在以下几个方面。

①使运动员专门化知觉能力得到提升与改善。

②使运动员的注意品质达到更高水平。

③使运动员思维更灵活、敏捷。

④提高运动员的记忆能力。

⑤培养运动员勇敢顽强、自制力强的良好意志品质。

⑥促进运动员情绪稳定及控制情绪能力的提升。

（二）智能训练概述

大学生进行运动智能训练的主要途径是传授知识、掌握技能和开发智能。作为一名优秀的大学生必须要有一定的知识储备，这样才有利于综合素质的提高。青少年获取知识的过程也是提升智能水平的过程，通过这种智力活动能有效开发与培养青少年的智能。

大学生智能训练的作用主要体现在以下几个方面。

（1）提高运动员的参赛能力。通过智能训练，使运动员对训练和比赛的目的、任务有明确的认识与了解，对科学的训练方法加以掌握并能熟练运用，对比赛规则非常熟悉，并促进运动员运动感知觉能力、运动专项意识以及运动思维能力的提升。

（2）培养运动员制订计划的能力。通过智能训练使运动员对运动训练的原理、原则及规律有所了解，从而使运动员能够从自身实际情况出发制订适合自己的训练计划，合理安排计划中的训练内容、训练方法、运动负荷、训练时间等要素，并能在实施计划的过程中灵活调整计划。

（3）提高运动员的科学文化素质。运动员智能训练是在基础理论知识和专项理论知识的传授与学习中实现的，学生掌握基础与专项理论知识，学习运动人体科学的专业知识，能够提升自己的科学文化素质，提高自己的体育文化素养，从而为实践训练提供坚实的理论支撑与理论指导。

（4）培养运动员的自我监督能力。通过智能训练使运动员学会自我监督，采用恰当的方式对自己的训练水平、运动心理水平及身体机能水平进行测试，准确分析测试结果，并与教练员共同完成对训练过程的合理控制，提高训练效率和质量。

二、大学生心理训练的方法

（一）注意力集中训练

运动员在进行运动训练的过程中，从生理学角度来看，运动员集中注意力时，大脑皮层相应区域处于适宜的兴奋状态，其余区域以抑制状态为主，但在不同区域抑制状态有深有浅。运动员注意力集中程度受到负诱导程度的影响，二者之间是正相关的，注意力集中性随负诱导程度的加强而提升。

受各种主客观因素的影响，运动员在训练或比赛中的注意力不可能一直集中，有时候会出现分散的情况。这些主观因素主要包括运动疲劳、运动伤病、休息不足、营养不够、心里急躁等。从客观因素来看，客观因素主要包括场地环境、不熟练新的器材以及观众态度等。

通常情况下，注意力集中程度高的运动员，从事运动训练时目的性更强，训练的自觉性也更高，而且责任心强，对提高训练效果具有重要意义。

大学生运动员在注意力集中训练时需要注意以下几个方面的要求。

（1）在运动训练中，时刻培养运动员的集中注意力，指导运动员像对待正式比赛一样对待平时的运动训练。

（2）运动员要戒骄戒躁，学会克制过度紧张、过分激动、恐惧、发怒等不良情绪，将注意力集中到训练任务中。

（3）为避免运动员在不正确或不确定的比赛情报中分散注意力，教练员要及时与运动员沟通，将正确的比赛情报及时传达给运动员，使其消除不良情绪，集中注意力备赛。

（4）教练员要让运动员认识到，参加比赛虽然是为了取得好成绩，但不能因为对个人得失过分计较而在比赛中思想不集中，影响发挥，这样会严重影响自己真实水平的发挥。

（5）运动员要在比赛中学会克服紧张、恐惧等不良情绪，否则这些情绪会给运动员带来负面影响。只有自主控制与克服这些不良心理，运动员才能以积极的心态对待比赛，从而为比赛的胜利奠定良好的基础。

（二）意志品质训练

一般来说，人的意志品质主要由意识、智力、情感等多方面的因素决定，其中，意识主要起主导作用，控制与调节人的意志行动；智力帮助人们判断和决定应该做出什么样的意志行动；人的意志行动都带有这样或那样的情感，情感因素则在一定程度上影响人们意志行动的方向。

大学生运动员参加训练和比赛需要具备出色的意志品质，其中果敢、顽强、坚定等都是良好的意志品质表现。一般来说，意志品质的这些表现形式主要体现在运动员解决问题、克服困难及完成训练或比赛任务的过程中。

大学生参加田径运动训练，培养良好的意志品质是非常重要的，我们可以从以下几个方面进行大学生意志品质的培养。

1. 克服困难

在平时的田径训练中，教练员要根据运动员的训练水平设置相应程度的困难，因为对不同水平的运动员来说，困难是相对的。对于训练水平较低的运动员，可设置较小的困难来进行考验，对于训练水平高的运动员，可设置相对复杂的困难来挑战运动员。不管针对什么样的运动员设置困难，都要确保运动员通过努力和顽强的意志行动后可以克服困难，这样可以增强运动员的自信心。需要注意的是，甚至困难程度进行设置时，也可以依训练环境、训练任务而定，灵活调整。

2. 训练目的应明确

运动员的心理状态决定了其意志品质，而运动员对训练目的的认识情况又直接影响着其训练心理状态，所以在运动训练中使运动员对训练目的有明确的认识是非常重要的。运动员只有清楚自己要达到什么样的训练目的，才会从心理上自觉自愿地与困难做斗争，运动员越想尽快实现预期的训练目标，训练的自觉性和积极性就越强，就越能以顽强的意志行动去克服困难。

3. 利用集体力量

在集体项目的训练中，团队集体的力量能够给每个运动员带来无限的动力和力量，在良好的集体氛围中，队员相互鼓励，相互帮助，团结一致对抗困难，朝着同一目标努力，表现出坚韧的意志和充分的自信。

4. 鼓舞士气，积极努力

运动员自信心的建立是非常重要的，如果运动员的心理受挫，意志变得薄弱就难以适应训练和比赛的要求。因此，加强大学生运动员的心理训练，尤其是意志力训练是非常重要的。在具体的训练中，教练员要正确分析运动员的处境，肯定其长处，重新点燃运动员的斗志，使其有勇气面对艰难的训练任务和环境，以顽强的意志行动去完成艰巨的任务，克服训练和比赛中的一道道难关，最终迎接胜利的曙光。取得暂时的胜利后，也要教育运动员胜不骄，和运动员一起总结经验，使运动员意识到顽强意志对取得成功的重要意义，这对于运动员良好意志品质的培养具有十分重要的意义和作用。

5. 变换训练

变换训练法在运动员的心理训练中也非常常用。有时候，大学生运动员在训练或比赛中会出现紧张的情绪和心理，缺乏训练和比赛的自信心，这时采用变换训练法进行训练就显得非常重要。帮助运动员克服紧张，消除顾虑，转移运动员的注意力，使运动员在新的和谐的训练环境下调整心态，做一些轻松的练习，在熟悉之后再逐步增加训练的难度，这种方法对于运动员的心理水平的发展与完善具有非常重要的意义。

6. 大学生运动员要严于律己地参加训练

在运动训练或比赛中，应教会运动员如何对自己的心理与行为进行控制，提高运动员的自我控制与调节能力，严格按照纪律要求规范自己的言行，提高训练效率和比赛成绩。只有创造严格的训练环境，营造既严肃又活泼的训练氛围，才能使运动员以坚强的意志去面对困难和解决困难。

（三）提高心理水平的模拟训练

模拟训练经常应用于运动员的技战术训练中，实际上这种训练方法也可以应用于运动员的心理素质训练中，能取得不错的训练效果。模拟训练的方法有很多，对大学生而言，提升其心理品质的模拟训练方法可以采用以下两种。

1. 模拟对手特点进行训练

模拟对手的训练常用于集体性的球类运动中，如足球、篮球等。在田径接力跑等具体项目中也可以采取这种训练方法。如接力跑主要是模拟主要对手的特点和跑动风格决定本方选手的棒次等。通过模拟对手的训练能取得不错的训练效果，让运动员知己知彼，百战不殆。

2. 模拟观众影响

在比赛场上，观众会依据比赛的实际情况给出自己的反馈，如加油呐喊、发出嘘声等，运动员面对这种情况时通常会出现一定的心理波动。对那些心理素质较差的运动员而言，观众的嘘声会给其带来较大的影响。因此，在平时的运动训练中，采用模拟观众影响训练的方式能有效地培养和提高大学生抗压的能力，逐步提升大学生的心理品质。

三、大学生智能训练的方法

（一）传授大学生基础理论知识

1. 传授基础知识

基础理论知识的传授对大学生而言十分重要，这些知识主要包括基本概念、基本原理、理论基础等，通过这些知识的学习和掌握，大学生的思维能力能得到有效的提升。在具体的训练和比赛中，大学生可以运用这些理论知识实现理想的正向技能迁移效果，提高训练效率，获得优异的比赛成绩。

2. 正确选用教学方法

要很好地培养和提高大学生的智能水平，选择合适的教学方法是非常重要的。在田径教学中，直观教学法与启发探究法都是被实践证明非常有效的教学方法，通过这两种教学方法的灵活运用，能很好地培养运动员的观察能力与思维能力。

3. 基础理论知识运用于指导训练实践

在传授给大学生基本的理论知识后，大学生要能将这些理论知识灵活地应用于实践之中，将理论与实践有机结合起来，切实解决运动训练或比赛中的各种现实问题，从而保证训练的有效性。

（二）传授大学生田径专项理论知识

1. 用专项理论分析专项技术

运动员的运动训练离不开理论与实践的指导，运用专项理论知识分析技战术的同时，运动员的思维能力、观察应变能力等都得到了很好的培养。运动员在比赛中与对手不仅存在体能、技能上的对抗，还与对手斗智斗勇，这一过程就体现出了运动员的智能水平如何。

2. 根据训练目的选择专项理论知识

在具体的训练中，要根据训练目的选择合适的传授内容。

（1）为培养运动员的观察力、适应力，可传授比赛规则与裁判法等专项理论知识。

（2）为培养运动员的思维力，可传授关于训练计划制订原理、制订方法以及调整方法的专项知识。

（3）为培养运动员的实践操作能力，可传授专项器械运用方法、理疗措施以及自我监督等专项知识。

（三）通过实战比赛培养与提高大学生的智能水平

（1）通过体能与技能训练，可帮助运动员形成正确的动作概念，全面发展其智能因素，包括观察力、记忆力、思维力、注意力以及想象力，与此同时还能促进运动员创造力和实际操作能力的提升。

（2）组织实战比赛，以赛带练，有助于对运动员的战术思维能力、灵活应变能力以及环境适应能力进行培养。

（3）教练员对训练过程进行组织与控制时，包括对训练方法、训练内容进行选择以及对训练计划进行调整时，要重视与运动员的互动，让运动员参与到这些工作中来，从而在实践中培养与提升运动员的专项智能水平。

第四节 大学生田径项目技战术训练

一、技战术训练概述

（一）技术训练

1. 运动技术的概念

运动技术即完成动作的基本方法，是运动员竞技能力水平的重要决定因素。参加不同体育项目的活动，需完成不同的动作，即需要学习和掌握不同的技术。合理的、正确的运动技术须符合项目运动规则的要求，有利于运动员的生理、心理能力得到充分的发挥，有助于运动员取得好的竞技效果。

各个运动项目的各种动作，都有着符合人体运动力学基本原理的标准技术及规范的技术要求；但对每名运动员来说，又必须依据个体的生理学特点，选择和掌握具有个人特征的运动技术，才能更为有效地参与运动竞技。

2. 运动技术分析

在技术训练中，培养运动员的技术诊断能力、评价能力及创新能力非常重要，而这都离不开动作技术分析这个重要环节。

（1）技术观察分析。技术观察分析是指教练员（或科研人员）在实践中观察和分析运动员完成技术动作的情况，可以直接进行现场观察分析，也可以借助视频、图片来间接观察分析。这种方法简单易行，在训练实践中被广泛使用，观察分析的准确度主要与教练员的知识水平、专业水平以及经验有关。

（2）技术力学分析。技术力学分析主要依据动力学和运动学来分析运动员的技术动作特征。采用这种方法对技术动作进行测量、计算，用精确数据进行分析，优点在于准确、可靠、说服力强，在科研或技术诊断中这是比较常用的方法。

（二）战术训练

1. 战术的概念

战术是指根据比赛双方的情况，正确分配力量，充分发挥己方特长，为战胜对手而采取的合理有效的计谋、行动与方法的总称。

2. 战术的构成

（1）战术观念。在运动员的运动训练中，战术观念是指对比赛战术概念、战术价值功效及运用条件等进行认识和思维后产生的观念。拥有良好的战术观念和意识对于运动员占据场上主动，及时有效地采取有利于比赛形势发展的措施与手段具有非常重要的作用。

（2）战术指导思想。战术指导思想指在战术观念的影响下，根据比赛具体情况提出的战术运用的活动准则。战术指导思想在一定程度上体现了运动队或运动的战术行为和指导方针，运动队的战术指导思想是否正确和合理将对比赛的结果产生极为重要的影响。

在具体的比赛中，教练员一定要灌输给运动员积极正确的战术思想，战术思想要具有极强的针对性，这样才有效果。

（3）战术意识。战术意识是指运动员在比赛中为达到特定战术目的而决定自己战术行为的思维活动过程。作为一名出色的运动员，必须具备良好的战术意识，只有具备了良好的战术意识，运动员才能灵活自如地掌控比赛，让比赛向着有利于自己的方向发展。

（4）战术知识。作为一名出色的运动员，一定要充分了解与熟悉基本的战术知识，这一知识结构主要包括战术运用原则、战术形式、具体的战术行为等内容。

战术知识是运动员掌握和运用具体战术的重要基础。没有扎实而丰富的战术知识，运动员是很难贯彻教练员的技战术要求的，因此运动员一定要在平时的训练中时刻注意丰富自身的技战术知识体系，从而促进自身的进一步发展。

（5）战术形式。战术形式指战术活动中具有相对稳定的形态和结构的行动方式，在田径运动中，集体性的项目，如接力跑就需要一定的战术，如果战术利用得当就能取得良好的效果，即使本方运动员的实力处于弱势，也可能会取得胜利。

（6）战术行动。战术行动指的是为达到特定战术目的而采用的动作、动作系列或动作组合。

3. 战术训练要点

（1）在战术训练中，要明确战术指导思想，重视战术意识的培养，熟练对不同战术行动的灵活运用。

（2）使运动员清楚常见战术的作用及适用情况，从而在实战中能够迅速做出判断和选择，将各个战术的作用真正发挥到实处。

（3）在对抗性项目的战术训练中，技战术训练密不可分，攻守战术的训练也不可分割。

（4）战术训练不仅要与技术训练结合起来，还要与体能训练以及心智训练结合起来。

（5）注重对运动员随机应变能力和灵活调整战术的能力进行培养，要活用战术，不能完全机械性地按照计划实施战术，要考虑突发情况。在正常比赛情况下如果没有充分的把握，不要随意调整战术，以免弄巧成拙。

（6）运动员掌握的战术不是越多越好，不要一味追求数量，要更注重质量，要能够及时地采用具有针对性的战术，战术运用要准确、合理，要取得好的效果，要能够很好地协助队友，并能进行创造性运用，取得出其不意的效果。这都是战术质量好的主要表现。

（7）先训练基本战术，再训练复杂战术，逐渐过渡，使运动员有能力将不同的单一战术有机整合起来，合理衔接，配套使用。

4.战术训练计划

在比赛前，教练员要基本了解对手的实力和水平，然后将本队的实力与水平和对手的实力水平做一个对比分析，再根据本队实际情况及结合对手情况制订战术计划，提出对策，该计划是运动队进行战术训练以及在比赛中应用战术的重要依据与行动纲领。战术训练效果如何，战术实施能否取得好的效果，都与战术计划的科学性、合理性有直接的关系。

（1）计划制订要点。制订战术计划，要注意以下几个要点。

1）要有全局观，考虑整体性，从团队集体的利益出发，最终要有利于集体的协同配合，取得集体的胜利，而不能为了突出某运动员的个人实力来制订战术计划。

2）了解专项的战术特点，根据战术特点来布置战术。例如，体能主导类项目的战术特点主要是合理分配体力；技能主导类项目要对心理战术重点考虑；个人对抗项目的战术特点是攻防交替瞬息万变、战术节奏富于变化，要根据运动员的个人特点而制定心理战术，并将其与技术、体能结合起来；集体对抗项目中要将个人战术行动与集体战术配合的关系处理好，战术计划中既要有进攻战术，也要有防守战术，同时还要有备用战术方案，以供运动员在赛场上根据比赛需要而随机应变，灵活运用战术。

3）正确评估本方与对手的实力，制订的战术计划要有助于以己之长攻彼之短。

4）将竞赛规则充分利用起来，根据规则部署战术，不能违背规则的相关规定与要求，否则战术将无法实施。

5）全面了解比赛条件与环境，包括比赛场地、比赛器材、观众、裁判、气候等，使运动员熟悉比赛环境和相关事宜，然后制订周全的计划，这样运动员的心理负担会减少，也能充分利用有利的比赛条件来实施战术，从而提高战术实施效果。

（2）计划内容

1）比赛任务和具体指标。

2）比赛中运动员个体和团队的体力分配。

3）确定阵型及不同战术的衔接方式。

4）隐蔽战术意图的方法。

5）预测赛场上的突发情况，提出随机应变的策略。

6）在模拟训练中运用战术，分析战术运用效果，改进战术方案。

二、技战术训练方法

（一）技术训练方法

1. 粗略掌握阶段

（1）动作特点

在初步学习技术动作时，大脑皮层兴奋过程广泛扩散，内抑制不强，处于泛化阶段。这一阶段的动作特点如下。

1）动作不协调、吃力、缺乏自控力，多余动作较多。

2）动作效果上表现质量很低、效果差，动作的精确性、连贯性、稳定性较差，只能粗略掌握动作的主要结构。

（2）训练任务

确定技术训练目标，建立正确的技术概念，形成动作表象，学习动作的主要过程，粗略掌握技术。

（3）训练指导

1）将语言讲解和动作示范结合起来，帮助运动员形成正确的动作表象，使其对技术动作的主要结构和实施要领有所明确。

2）以分解练习为主，将完整技术的各个动作环节掌握好，然后向完整练习逐渐过渡。练习强度以中小强度为主，要重复练习。

3）在这一阶段要注意磨炼运动员的意志，培养运动员的自信，使其相信自己可以练好，坚持不懈，教练员要多观察指导，及时指出错误，帮助纠正。

2. 改进提高阶段

（1）动作特点。改进提高阶段，运动员大脑皮层的兴奋与抑制过程处于分化阶段，兴奋相对集中，内抑制逐步发展。这一阶段运动员不断克服动作的牵强、不协调现象，多余动作很大程度上减少，能在有利条件下比较轻松地完成动作，质量较好，基本形成动力定型，但尚不熟练，动作仍有缺陷。

（2）训练任务。进一步建立正确的动作表象，消除多余动作，提高动作质量，基本达到技术动作规格的要求。

（3）训练指导

1）以完整练习为主，但在改进个别技术时仍采用分解练习法。

2）重复不断地进行练习，并适当变换练习内容、方式及条件，增加练习的多元性、趣味性，运动员在多元化的练习中对动作要领产生更深刻的体会，自主控制与调整动作，开始注意动作细节。

3）反复练习中不断增加练习量，加大练习强度，使运动员对完整的技术动作越来越熟练。

（4）对运动员的训练提出更高的要求，克服"技术高原"现象，不断改进细小的错误，精益求精。

3. 巩固运用阶段

（1）动作特点。在巩固运用阶段，运动员大脑皮层兴奋过程高度集中，内抑制加强并相当牢固，达到自动化程度，这一阶段的动作特征如下。

1）动作准确、省力、轻松、自然、应变能力强、运用自如，形成了稳固的动力定型。

2）动作质量高、效果好、抗干扰性强，在困难条件下和比赛中能很好地完成动作。

（2）训练任务。巩固动力定型，使运动员在困难条件下和比赛中能灵活自如地运用技术，创造优异的成绩。

（3）训练指导

1）该阶段主要采用完整练习法、重复练习法、变换练习法以及比赛练习法。当运动员在不断练习中完全熟练技术动作后，采用控制分析法来分析运动员的动作质量，帮助运动员对动作细节加以完善，并对运动员的个人技术风格进行培养。

2）通过增加练习强度来调整运动负荷，训练强度要逐步提高，直至接近比赛强度，并模拟比赛条件进行模拟训练。

3）这一阶段还要采用念动训练法来培养运动员的动作知觉能力、技术分析能力，使运动员能及时明锐地察觉到肌肉在完成动作时的细微变化，并按要求调整肌肉动作，达到精准的程度，以提高动作质量。

（二）战术训练方法

1.在复杂条件下训练

具体方法如下。

（1）安排实力差距明显的队员进行对抗训练。

（2）对动作的时空条件加以限制。

（3）将战术变换的要求提高。

（4）按高于比赛难度的标准进行训练。

2.降低难度训练

初习战术时，减少对抗因素，降低难度，放宽限制，使运动员先初步理解战术意图，对战术结构予以把握，然后逐步增加难度，提高要求，按正常标准进行训练。

3.模拟训练

模拟比赛条件进行训练，使运动员深刻理解战术意图，牢牢掌握战术，合理有效地实施战术。

4.分练与合练相结合

在集体项目中可采用这一战术训练方式，以进行个人或局部分练，再进行集体合练。

5.战术意识培养

运动员的战术意识支配着其战术行动，运动员是否有很强的战术意识，直接影响其在赛场上的表现，战术意识强的运动员能够对比赛形势进行准确分析，根据赛场变化灵活采取技战术，行动果断，而且效果良好，还能克服困难，发挥个人优势，使自己处在有利局面。相反，缺乏战术意识的运动员在赛场上的表现比较机械、被动，个人战斗力不足，而且与队友配合的默契度不高，没有将技战术发挥到真正有用的地方。培养运动员的战术意识不仅能提高运动员个人的竞技能力，还能提高其配合能力，提高整个团队的战斗力，使战术计划中的每项战术在关键时刻起到重要作用，达到良好的战术效果。

运动员的思维活动水平直接影响其战术意识，所以在战术意识的培养中，要重点培养运动员思维的预见性、灵活性以及创造性，使其在赛场上表现出良好的战术行动。

培养运动员的战术意识，要注意以下几个要点。

（1）传授战术理论知识，提高运动员对战术的认知水平，使运动员清楚地知道什么是战术，常见战术类型有哪些，战术如何重要，等等。

（2）培养运动员预测赛场复杂情况的能力、分析比赛形势的能力，使其在预测与分析的基础上准确判断，果敢决策，快速解决问题。

（3）使运动员明确自己的职责，在赛场上坚守职责，同时根据赛事情况灵活应变。

（4）使运动员清楚地了解自己的技战术能力以及队友的实际水平，了解每个队员各自擅长的技术，在比赛中与队友高度配合，能够准确理解队友给出的暗示，及时辅助队友或得到队友的帮助，打好团体战。

（5）积累比赛经验，了解比赛场上的常见情况，能够熟练掌握应对常见情况的策略。

三、大学生田径项目技战术训练的创新研究

大学生田径运动技战术训练的创新需要遵循一定的原则与方法，如此才能保证田径训练的科学性与合理性，从而取得理想的训练效果。

（一）田径技战术训练创新需遵循的基本原则

1.超前性原则

田径运动技术的创新需要遵循超前性的基本原则，实际上这一原则也适用于所有的运动项目的技战术创新，因为只有创新才能跟上时代发展的步伐，只有创新才能使自己立于不败之地。所谓超前性原则主要体现在超前思维、超前设计、超前试验以及超前运用等几个方面。每一次田径技术的创新都能给运动员的运动成绩带来重大的影响，推动着这一运动项目的快速发展。

2.针对性原则

大学生运动员进行田径运动训练时还需要遵循针对性的基本原则，这一针对性主要表现在针对运动员的体能特点、具体实际等进行训练。具体而言，表现为以下几点：第一，针对运动员的身体素质与技术特点进行训练；第二，针对运动队的总体风格进行训练；第三，针对具体的田径项目技战术发展特征、趋势等进行训练。只有保证训练的针对性才能切实提高运动员的训练水平。

3.可行性原则

可行性原则主要指的是技战术的创新设计必须符合人体生理解剖的特点，能帮助运动员很好地掌握技战术，运用技战术，提高训练和比赛水平。如果不遵从这一原则，即使创新了技战术也很难取得成功。如在田径跳远中，20世纪70年代出现了空翻式技术动作，但受人体生理解剖功能、场地限制等多方面的影响，很容易导致运动损伤，因而被国际田径规则明令禁止。这种创新就属于不切实际的创新，没有遵循可行性的基本原则。

（二）田径技战术训练创新的方法

伴随着时代的不断发展，田径运动技战术创新的理念得到了极大的更新，技战术训练创新的方法也越来越多样化，以下是几种常用的田径技战术训练创新的方法。这些方法各有利弊，在技战术创新的过程中需要综合起来利用。

1. 逆向法

逆向法是指在不改变技术原有结构的前提下，使其向不同方向发展，从而创造另一种新的技战术方法，也就是从现有事物的组成原理、功能特性、结构形态等方面的相反方向引出问题，展开思考的创新方法。这种创新方法在田径技术训练中较为常用，通常能取得不错的效果。

2. 递进法

递进法是在不改变旧的技战术性质的前提下，使其在某个方面进行程度上的递进式变化，从而创造另一个新的技战术。递进创新法并没有改变原有的技战术形式，而是对原有技战术的更深层次的挖掘与改进，使其难度得到进一步提高，复杂程度也进一步加大。这种方法也属于创新的方法，主要指的是在形式或内容上更进一步的发展，实现了对原有技战术的超越。

3. 移植法

移植法是指不改变原来的技战术，而把它用于其他技战术动作或运动项目中去的方法。例如，把铁饼的旋转投掷法移植到铅球上就成了旋转推铅球的新技术，这种方法如果利用得当能取得很好的效果。但需要注意的是，在利用这一方法进行创新时，一定要事先做好充分的准备，仔细分析不同运动项目之间的关联，分析不同项目技战术之间的共通性，是否具有移植利用的可行性，这样才可能取得成功，否则就容易出现移植失败的情况。

4. 仿生法

仿生法就是在竞技体育的技战术训练中，利用模仿各种生物的自然动作，改进和创新一些技战术方法。

第五章　新形势下高校田径运动理论与实践的改革策略

我国从 1993 年就提出可持续发展的战略，体育是我国可持续发展战略的重要组成部分，包括体育在内的一切发展都必须走可持续发展的道路。作为中国高校高水平运动中的重要项目，田径运动在我国试点高校中占有相当大的比例。如何以田径项目为突破口，真正实现体育与教育的快速、健康、可持续发展，是摆在我们面前的现实问题。

第一节　我国普通高校田径教学理论与实践的困境

我国普通高校体育教学改革至今，已取得了令人瞩目的成果，但同时也存在着一些颇有争议的问题，例如田径教学改革的得与失就是一个极易引发人们深思且十分敏感的话题。田径运动集人体走、跑、跳、投技能之大成，是各项体育运动之基础，离开了田径基本活动与练习手段的支撑，一切运动都将不复存在。在 20 世纪 90 年代以前，田径为我国普通高校体育教学的重点教材，有近 10 项，占总教学时数的 40% 左右，同时又是《国家体育锻炼标准》的主要项目。随着体育教学改革的不断深入，教学项目时尚化和多样化已成事实。但在这一改革过程中，受冲击最大的教学项目莫过于田径。

（一）提高认识，消除偏见

近些年来，人们只是从生物学的"物性"角度去片面强调田径运动属性，没能从人的发展角度去全面地认识田径运动，影响了它的发展。实际上田径运动是人们用于竞技、健身和娱乐的走、跑、跳、投的身体运动，即田径运动应具有竞技性、健身性和趣闻性三重属性。在这三重属性中，人们通常关注的是其竞技性的一面，而田径运动的健身和趣味属性，却长期不易为社会感知，并且也一再被轻视，是"田径运动枯燥论"的直接根源，同时也是人们混淆田径运动和田径竞技的根本原因。重视田径运动的健身和趣味性的发展也几乎成为后奥运时代群众体育发展的必然趋势。

（二）优化教学资源，适度调整项目，探究项目人文价值

场地和器械是田径教学资源的组成部分，改善田径教学环境，保证必要的器材设施，是完成田径教学的前提。通过教学资源的优化，吸引学生视线，激发学生学习田径运动的兴趣。一是主副项搭配。目前普通高校体育教学无论选项制还是俱乐部制或是其他教学形式，都应在主项的基础上，配以田径项目教学，以田径练素质，以素质促主项，再用主项"反哺"素质的提高，达到相得益彰的目的。二是拟将田径教学时数控制在总学时的20%~25%，把田径中的体能类项目同技能类项目进行优化整合。三是积极挖掘田径运动的文化底蕴，从不同的视角认识田径运动在培养大学生身体和人文素质中的积极作用及潜在效果。

（三）提高教师素质，创新教学方法，完善评价体系

"田径教学改革从形式来看，主要表现为内容、手段和方法的改变，而实质上这种改变是教师获得新知识、新信息能力的综合体现，是影响田径教学改革的关键性因素，它制约和决定着田径教学改革的进程。"因此，提高教师的综合能力和田径教学能力迫在眉睫。教师要有敢为人先、甘为人梯的精神，大胆使用先进的教学手段和前沿科研成果，坚持继承与创新并举，积极探索新的教法，绝不能以体育专业的教学模式用于非体育专业的学生，以教师的"乐教"激发学生的"乐学"。如投掷类教学并非推铅球不可，还可掷实心球、垒球等。而推铅球不但掷远还可以掷准，不但可以前推还可以后抛；动作技术在练习上围绕一个"推"字，教法上突出一个"新"字，手段上体现一个"活"字；增多器械的规格和种类，降低规则执行标准，适度扩大投掷区。学生根据个体差异可选择不同重量的器械练习，以激发学习兴趣；教学中应淡化其竞技成分，强化游戏娱乐练习。特别是跑类项目的运动强度不宜过大，距离不能太长，练习的频次不宜过高，防止对学生造成不良刺激，避免影响后续跑类项目教学，只有这样才能使田径教学改革有实质性的突破。田径教学考核评价要改变以往"一锤定音"的终结性评价方法，继而采用以过程性评价和终结性评价相结合的评价体系，只有二者兼之才能充分调动学生学习田径的积极性。

（四）积极在校园内举办高水平的田径比赛

伴随着教育大发展历史机遇，各高校也在体育方面加大了投入力度，大都建有规范的塑胶田径场，这为高校举办高水平的田径比赛提供了基本保证。"目前国际田径赛事基本安排在下午和晚上举行，并尽可能安排在周末，这就是要服务于观众，吸引更多的现场观

众和电视观众。"高水平田径赛事安排与学生作息时间相吻合，既不影响学生正常的学习，又可让学生欣赏到高水平的比赛，对培养大学生欣赏田径运动的兴趣大有裨益。基于这一点，高水平田径比赛地点的选择，高校将是主办者首选之地，这不仅为竞赛的承办者带来了商机，而且对高校田径运动的普及推广和提高学校的知名度而言也是不可多得的良机。

国际田联从 1996 年开始，在每年 5 月确定 1~2 天为"世界田径日"，号召各会员协会在此日举办青少年田径比赛。我国 1999 年在首都高校系统举行了此项比赛，目的是更广泛地发动青少年参加田径运动，促进我国田径运动上台阶、上水平，促进田径运动项目的发展。各高校也应在每年"世界田径日"期间，开展形式多样的田径活动，如校内的田径活动日、活动周、校际田径邀请赛等，以改变普通高校田径教学弱化现状。

第二节　高校田径运动的改革对策探究

我国高校高水平田径运动的可持续发展追求的是快速、健康的可持续发展。针对当前体教结合的不协调状况和高校高水平运动队中暴露的诸多制约发展的因素，逐步改善高校高水平运动发展的内在与外在环境已经刻不容缓。在未来一段时间里，随着我国竞技运动职业化的推进，社会体育客观上需要高水平的竞技运动人才，高校体育尤其是体育院校将更多地担负起培养运动人才的重任。多种形式、多层次的高校竞技运动俱乐部或代表队将得到完善，竞技与教育相结合将成为培养高水平竞技运动人才的重要途径之一，高校体育将在培养高水平竞技运动人才方面发挥重大的作用。

一、我国高校高水平田径运动发展的历史背景

高等院校试办高水平运动队是我国进行多层次、多渠道培养优秀运动员人才建设的战略举措，旨在为我国培养更多的高水平运动员开辟一条新的途径。1987 年，国家教委颁布了《关于部分普通高校试办招收高水平运动员工作通知》，确立了 51 所试点学校可以在全国范围内招收高水平运动员。为进一步贯彻落实《学校体育工作条例》和实现国家教委、国家体委制定的《关于开展课余体育训练提高学校体育运动技术水平的规划》，努力提高我国大学生的体育运动水平，以逐步实现由国家教委组队参加世界大学生运动会的目标。1995 年，国家教委办公厅再次颁布了《关于部分普通高等院校试办高水平运动队的通知》，

在全国确定了 53 所高等院校为试点院校，其中运动项目的设置比重最大的为田径项目。在这种背景下，我国大学生的两大田径赛事（大学生运动会田径赛与大学生田径锦标赛）都向着更高的水平发展。

以前六届大运会 100 米、200 米、跳远和标枪项目的最好成绩为例，各项目成绩的总体水平都向着更高的方向发展，尤其是径赛项目提高幅度更大。

二、我国高校高水平田径运动发展过程中凸现的问题

（一）我国高校高水平田径运动员的生源受到制约

高校高水平田径运动员的来源问题是高校办高水平田径运动队成功的关键。目前，我国高校高水平田径运动员主要有三个来源。一是吸收退役的运动员；二是省市专业运动队的二线队员，这些运动员由于在竞技能力上不足，不能进入一线队伍继续从事体育运动，因而是高校招收运动员的主要生源；三是招收业余体校的学生。无论是高校高水平田径运动员的主要来源，还是试点工作的初衷，均具有十分浓厚的理想主义色彩，在实际操作过程中，难以把它变为现实。生源渠道的不合理是制约我国高校办高水平运动队的致命因素之一，同样也是制约我国高校高水平田径运动可持续发展的重要因素。

（二）我国高校高水平田径运动队教练水平的制约

目前，我国大多数高校高水平田径运动队的教练员是体院或体育系毕业且工作多年的体育教师，大多数都缺乏高水平的专项训练实践和长期指导高水平训练的工作经历，缺少学习和深造的机会。虽然他们具有良好的理论素养，但一边是繁重的教学任务，一边是运动队的训练，一边是科学研究，因而不可能一心一意地投入训练当中。目前，高校高水平田径教练员的总体水平低下是影响高校田径运动队可持续发展的重要因素。

（三）我国高校高水平田径运动队训练质量受到的制约

高校田径队的训练必须符合现代田径运动的发展趋势。训练的根本目的是具备竞赛所需要的能力。训练和比赛，两者既相互依存又相互独立，训练不能替代比赛，也不能与比赛脱节。在保证训练、学习系统性和完整性的基础上，较好地做到训练和比赛的衔接是田径运动水平提高的核心。但是，目前的现实情况是，教练水平有限，想提高训练质量也是

心有余而力不足；高水平田径运动员的学习压力，造成他们不可能全身心投入到训练当中；竞赛体系的不完善导致以赛促训的计划失败；教练员对于田径运动训练理论的前沿把握不准，过分强调某一方面的身体素质因素对成绩的影响等。目前，田径队的训练质量不高严重影响高校高水平田径运动的可持续发展。

（四）我国高校高水平田径队伍的管理缺陷

通过多年的发展，我国高校高水平队伍的管理积累了丰富的经验。因此，高校田径队伍的管理也应该是有章可循的。一般来说，高校高水平田径队伍的管理涉及运动员选材的管理、运动训练过程的管理、运动员文化学习的管理、教练员队伍的管理和运动队经费、设施的管理等五个方面。目前，高校田径队伍的管理无章可循，运动队经费短缺，运动训练缺乏系统性，教练员队伍参差不齐。其中，最重要的一点是运动员的学习与训练的问题解决不了，体育与教育结合协调发展的问题成为当前制约高校高水平田径运动队可持续发展的重点问题。

三、对我国高校高水平田径运动可持续发展的思考

我国高校高水平田径运动持续发展应顺应现代竞技体育发展趋势，遵循高等教育规律，遵循现代高水平田径运动训练规律，将我国高校高水平田径运动队办成接近或具有我国最高水平，同时高校高水平田径运动员的文化和专业素质完全达到普通大学生的标准。实现高校高水平田径竞技的可持续发展应具备如下条件：第一，通畅而灵活的高校高水平田径运动员输入机制。第二，在大学期间，促进运动员田径运动水平提高。高校高水平田径运动整体水平逐渐接近国家最高水平训练机制，同时促使高校高水平田径运动员大学生在文化和专业学习上达到各高校专业培养目标的教育保证机制。第三，大学毕业时高校高水平田径运动员大学生能胜任其所学专业岗位工作，有稳定而长期的就业机制。从评价的角度看，在整体上，大学生运动员参加高校的日常教育过程和教学过程学习，达到高校的专业培养目标要求，能胜任所学专业岗位工作，高校田径整体水平逐渐逼近国家田径最高水平。对个体而言，大学生运动员参加高校的正常教育和教学过程学习，达到本校的专业培养目标要求，能胜任所学专业岗位工作，田径运动成绩在大学期间有所提高。

（一）体制因素对策

建立科学、民主的管理和决策制度。将高校竞技体制与高校教育体制改革和国家竞技

体制改革结合起来，给高校高水平田径队相对独立性和管理的灵活性，使体制、管理、人才体系等方面都得到统一、协调的发展。

提高加强大学生田径协会的领导地位。尽快建立科学的管理制度，健全大学生田径竞赛制度，争取纳入国家竞赛计划，积极与国际接轨。拓宽经费来源，通过举行高水平的高校田径竞赛，引起媒体、厂商和观众的关注，采取各种投资、集资方式开发市场，争取经费。

教育部、体育部门项目布局要有特点。要体现学校的特点和优势，与校园文化有机结合。许多高校经过多年的探索，在一些项目上形成了自己的优势，具有独特的训练风格，积累了许多宝贵的经验，同时也取得了优异的运动成绩，而且校园文化结合在一起，构成了校园文化的重要组成部分。布局要根据地域特点、学校田径传统项目、优势，选择在全国有一定影响的高校为基地进行整体布局。

提供更多参加田径大赛的机会。应进一步完善我国大学生体育竞赛制度，采用分级赛制，提高各层次高校参与的积极性，将高校的体育竞赛推向市场，采用商业化运作方式，扩大高校田径运动竞赛的影响力。

（二）生源因素的对策

充分发挥高校对高水平田径运动后备人才成才有利的优势。我国竞技人才退役后，进入高校成为大量后备人才的首选。在高校进行高水平竞技训练，即使不能成为冠军，也能成才，解除了运动员和家长的后顾之忧。据调查，专业运动员在对自己的运动水平提高表现出强烈关注的同时，对文化水平的提高同样有高度的渴望。到目前为止，在笔者调查过程中，有很多的后备人才不愿意进省、市体工队，而选择进入高校，这样保证遭淘汰或退役后尚能作为专门技术人才，有较好的出路。

下放招生自主权。自我国高校扩招以来，我国高等教育已由精英教育向大众教育发展，使得更多的学生有进入高校深造的机会，对文化素质较差的体育后备人才更是如此。随着改革的深入，2003年教育部又确定了20所高校可以不经过全国入学考试自主招5%的新生，这对高校吸引优秀人才无疑是重大利好，随着招生体制和招生办法的改革不断深入，高校自主招生权不断扩大，使更多优秀的运动员能进入高校，应将高校高水平田径运动员的招生权下放给学校，学校再放权给体育课部，体育课部再将特招的任务交给教练员。高校田径教练员要深入基层中学和业余体校，进行沟通交流、长期合作，熟悉高中田径运动员的训练特点和规律，与大学阶段训练实现良好衔接，有利于运动员进入大学后尽快地适应环境，保持和提高运动成绩。

建立高校高水平田径后备人才调控机制。加强业余训练政策法规研究，引导业务训练单位完善内部制度，优化制度环境。尽快建立形成"一条龙"的后备人才输送渠道，高校根据本校传统项目的设置与中学、小学建立选才—育才—成才的完整、系统的科学训练体制，有计划、有步骤地对青少年进行远程投资，建立符合教育系统可行的课外业余训练体制。从体制、机制上使"大学、中学、小学一条龙"的人才培养体制尽快完善。大学、中学、小学一条龙的办队模式是高校试办高水平运动队的主要生源理念。田径运动各个项目运动员出成绩一般都需要多年的系统训练才能达到最佳成绩。例如，短跑运动员需要 8~9 年的训练；跳跃需要 5~8 年等。因此，针对各个不同阶段的需要，大学要有计划、有目的地与中学甚至小学携手搞好各个阶段运动员的培养。将办高水平运动队的长期目标与短期任务相结合，采取招收专业队队员、体校学生和应届中学毕业生并重，重视高校竞技体育后备人才的培养，扎实建立"一条龙"训练体制。

高校高水平田径运动的发展经验告诉我们，我国高校高水平田径运动必须走快速、健康、可持续发展的道路。我国高校田径运动队要立足于"一条龙"的办队模式，依靠自身的优势重视高校竞技体育后备人才的培养。我国教育系统有较为雄厚的中小学教育优势，可以把体育传统学校和重点中学体育班有效地进行整合，构建起我国高校田径训练的一条龙体系。许多专家学者认为，这种教育系统的三级训练体系是我国高校高水平学生运动员的最佳来源，也是高校田径运动可持续高发展的基础。这种训练体系最大的优势在于学生耽误文化课较少，既可以系统地学习文化知识又可以较为系统地进行训练。在学校竞技体育中，高校应起到龙头的作用，龙头发挥出榜样作用就可以有效带动体育项目传统校和重点中学体育班的积极性，从而带动整个学校体育良性发展。

（三）教练员因素的对策

尽快建立一支高素质的高校高水平田径教练员队伍。随着高校扩招，高校体育教师队伍在扩大，田径教练员逐渐向研究生为主力发展，同时吸收高水平教练员或退役运动员到高校执教，采用外聘的形式，在国内外聘用事业心强、有较高专业业务水平、熟悉高等教育规律、有丰富的运动训练经验的体育教师和体育工作者担任高校高水平田径教练员。明确没有高水平的教练员就不可能培养出高水平的运动员，对现有的田径教练员进行培训，特别是加强教练员专项运动理论的学习，及时掌握竞技体育领域的发展动态，更新知识结构，掌握相关运动项目的发展现状，掌握现代运动训练的原理、方法和手段，有效地指导高水平运动训练的能力、业务管理能力和具有研究和创造能力的"学者型"教练员，以及有开拓思想、经营头脑和管理才能并具备较高文化素质的管理人才。不断地开阔高校高水平田径教练员的视野，吸收国内外科学、先进的训练方法，对训练的项目要有超前预测意识，具备用当前高科技、高技术提高运动成绩的训练手段。充分利用高校科技资源丰富的优势，多学科结合共同解决训练难题。

实行聘任制，实行高校高水平田径教练员专业化，落实教练员对运动员成才的责任制，建立相应的考核评价制度，充分调动教练员的积极性。我国高校高水平田径教练员队伍稳定性太强，缺乏合理的流动性，一定程度上导致教练员竞争意识不强。大力实行教练员竞聘上岗，逐步调整高校教练员队伍的人才结构，完善竞争机制。

没有高水平的教练员就不可能培养出高水平的运动员，结合我国目前高校高水平田径运动队大多数教练员水平与国际还有差距，同时也没有高水平运动经历的情况，国家体育总局应该与教育系统结合，不断加强对业余教练员的培训，逐渐建立起高校自己的高水平田径教练员队伍。有经济实力的高校可以聘请高层次的田径教练员，利用他们丰富的经验和深厚的阅历，请他们直接参与运动队的管理与训练，使运动队有一个较高的起点。

（四）学习的对策明确

田径教练员不仅对高水平田径运动员田径运动训练和竞赛负责，而且对其专业与文化学习负责，教练员有责任督促运动员的学习。

调整对高水平田径运动员的优惠政策。在招入高校时着重考查与其所选专业有关的文化素质；在高校学习中对其所学的专业的核心课程坚决不能放松，对与其专业相关性不大、非核心课程可考虑免修。

对高水平田径运动员的专业学习，其所在的院系应明确落实到具体的专业教师，实施专业学习导师负责制。其专业学习的导师根据运动的具体情况制订详细的专业学习计划，并给予必要的辅导或指导，特别是准备保送研究生的高水平运动员，可将运动员及早地交给硕士或博士导师培养。

（五）需求因素的对策

落实以人为本的基本原则，充分尊重各方的合理需求，用系统的观点处理各方的需求。确保运动员达到学校教育培养目标，注意选择适合运动员学习的专业，对运动水平较高、训练任务重、学习困难的学生，可试行累计学分制，并将体育训练计入选修课学分或减免某些非主攻课程，适当延长学习年限，严格执行教育部制定的学生管理制度，对思想品德差、学习成绩不合格、训练不努力、运动成绩下降的运动员应及时调整、处理，照顾运动员的实际情况可在考勤方面适当放宽。对高水平运动员的学习应采取延长学制或弹性学制，只要他们在规定时限内学完有关课程即可毕业，这样既能保证他们学业有成，也有利于提高训练水平。

（六）科技因素的对策

科技人员的合理配备。科技在现代田径竞技中极为重要，高水平的田径竞技在某种程度上是科技水平的竞争，必须有专门的组织机构研究制订新的训练方法及其实施方案，保证有足够数量的现代化训练的设备、场地、各种电子仪器等，努力完善科学的训练设备是提高高校运动水平的重要手段之一。组织好有关医务人员对运动训练进行医务监测、治疗、预防和恢复。

信息情报保障。收集国际、国内先进的训练方法、运动项目的未来发展趋势、研究方向、组织管理方法、消除疲劳的手段以及运动成绩、运动损伤的治疗与预防等资料，有针对性地进行分析研究，及时向高校运动队的组织行政领导以及有关的教师和管理人员汇报，使他们有针对性地研究对策。

增加科技含量，完善科研体系。加强对大学竞技体育的科学研究，制定中长期的体育科技发展战略，把基础研究、应用性研究的重点、比例、层次重新规划，调整科技结构，提高科学研究的实力和水平。加大科研投入，将高水平田径运动队的问题分门别类形成研究的课题，加强与各省市体科所的横向联系，在此基础上制定相应的规章制度。重视高校教练员的队伍建设，提高科学化训练水平，通过机构调整，优化组合，逐步建设系统规划、集成管理、集约经营的科学研究综合机构，在高校建立高规格的体育科研中心、体育信息中心、运动员机能检测评价中心、运动员医疗康复中心以及兴奋剂检测中心。

整合高校现有的科技资源。在信息时代，高校方便收集各种信息的优势，另外有高水平的教育学、心理学、运动生理、运动生化教师，还有运动力学、计算机仿真等领域的专家，这样庞大的科技人员群体，对于竞技运动的科技攻关有着独特的优势，各学科整合的优势是促进高校竞技运动发展的强大支撑，也能有效地促进我国竞技水平的整体提升。

（七）环境因素的对策

营造适宜的环境。我国高校高水平田径运动基本处在相对封闭的发展环境中，应在运动员所处的范围内营造适宜的环境，在家庭、社交圈、班级、院系、高校、教育系统、体育系统、社会范围内营造鼓励运动员勇攀田径竞技和科技文化高峰的氛围，把高校高水平田径运动员视为我国体育竞技的生力军。

（八）就业的对策

田径运动员应选择合适的专业。根据田径运动员文化素质相对偏低的现实，选择以记忆性较强的文科和管理类学科为专业，力图保证专业技术技能的掌握。

发挥高校高水平田径运动员的优势。高校高水平田径运动员具有体能好、办事效率高、能吃苦耐劳等优点，是用人单位十分欣赏的品质，充分发挥这种良好的品质，以诚相待，可以说服打动用人单位。

发挥传媒的作用。学校给予相应的就业优惠政策，拓宽高校高水平运动员大学生就业的途径，国家或职业俱乐部输送、选拔合适的高水平运动员充实到高校田径教练员队伍中，或是对有良好发展趋势的高水平田径运动采用高水平田径教练员兼高水平运动员的形式留在高校，向世界田径高峰发起冲击。

（九）评价因素的对策

完善高校高水平田径运动可持续发展的评价指标体系。高校高水平田径运动可持续发展的评价指标体系应体现以人为本的基本原则，在高水平田径运动员大学生全面发展，具有大学生基本的文化素养和专业技术技能的基础上，促进高校田径运动水平提高。将高校高水平田径运动员的学习过程切实纳入可持续发展的评价指标体系中，以确保高校高水平田径运动员能作为合格的大学生走向社会。

建立相应的教练员考核评价制度。高校高水平田径运动可持续发展中，教练员的作用是关键的，必须明确教练员的责、权、利。教练员不仅要对所训运动员的田径运动成绩负责，还要对其所从事的田径运动项目的长期发展负责，更要对所带田径运动员的文化和专业学习进行监督，明确奖惩办法，对成绩突出者予以表彰和奖励，对责任心不强，训练水平不高的教练员应及时调整。

第六章　体能训练概述

第一节　体能的概念

　　"体能"是20世纪80年代中后期在我国各类体育报刊和文献上出现频率较多的一个词语，也是当前各项运动中使用频率很高的一个概念性词语。国际运动医学委员会在1964年东京奥运会期间就成立了"国际体能测试标准化委员会"，并制定了标准体能测试的六大内容（身体资源调查、运动经历调查、医学检查与测验、生理学测验、体格和身体组织测验、运动能力测验）。对此，拉森提出了构成体能的十大因素：防卫能力、肌力能力、肌爆发力、柔韧性、速度、敏捷性、协调性、平衡性、技巧性和心肺耐力。自20世纪80年代中期以来，我国在各竞技运动项目的训练中陆续开始强调"体能"训练，由此"体能"一词频繁出现在运动训练及运动训练学、运动生理学和各种体质研究的文献资料里，但它们所界定的含义并不完全一致。例如，在训练学中，体能是运动员竞技能力的一个组成部分，体能训练和技战术训练、心理训练与智力训练一起构成运动训练的整体。它能够提高运动员有机体的竞技能力，增进健康，改善身体形态，发展一般和专项运动素质，预防和治疗伤病等。由此看来，体能的含义包括身体能力、人体机能、身体素质和身体适应能力等。在运动生理学研究中，体能较多的是指身体功能、生理机能和运动能力，有氧和无氧能力都属于体能的范围；而在体质研究中，体能更多地是指身体素质和身体适应能力。由此看来，有关体能的概念和定义所描述的事物本质属性和外延的准确性问题，一直以来都为各方面的专家学者和训练学科理论界所关注。

　　"体能"是指人体各器官系统的机能在体育活动中表现出来的能力，包括力量、速度、耐力、灵敏和柔韧等基本的身体素质与人体的基本活动能力（如走、跑、跳、投掷、攀登、爬越和支撑等）两部分。我国现行的《运动训练学》教材中，专家把体能视为运动员先天具有的遗传素质和后天训练形成的运动员在专项中表现出来的机体持续运动的能力。对其所给的定义为：运动员体能是指运动员机体的基本运动能力，是运动员竞技能力的重要组成部分。在广义上，体能包括形态、机能和素质三个方面的状况；而在狭义上，运动员的体能水平主要通过运动素质表现出来。运动员体能发展水平是由其身体形态、生理机能和运动素质的发展状况所决定的。其中，身体形态是指反映人体生长发育状况的各环节高度、围度、长度、宽度和充实度等外部形态特征及心脏大小、肌肉的横截面等内部形态特征；身体机能是指人体各内脏器官的机能状态；运动素质是指在运动过程中，有机体在中枢神经系统的控制支配下，通过肌肉活动表现出来的各种基本运动能力。

尽管"体能"一词内涵丰富，有多种不同的理解和表达，但综合以上诸多对"体能"的定义，它至少阐明了以下要点：经过先天遗传和后天身体训练获得，包含各项运动素质，受外界环境影响。它是我国在体育科学实践中融合了古今中外的诸多概念与思想而形成的具有我国特色的东西。根据我国的体育科学实践来界定体能定义如下：体能是指有机体在先天遗传的基础上，通过后天训练而获得的在形态结构、功能和调节方面及其在物质能量的储存与转移方面所具有的潜在能力以及与外界环境相结合所表现出来的综合运动能力。其大小是由机体形态结构、系统器官的机能水平、能量物质的贮备与基础代谢水平及外界环境等条件决定的，运动素质是体能的主要外在表现形式，在运动时表现为力量、速度、耐力、柔韧和灵敏等各种运动能力。发展和提高体能的最主要手段是运动训练。

第二节 体能训练的研究

体能训练是运动训练的重要组成部分，是结合专项需要并通过合理负荷的动作练习，来改善运动员身体形态，提高运动员机体各器官系统的机能，充分发展运动素质，促进运动成绩提高的过程。它是技术训练和战术训练的基础，并对掌握专项技术、战术，承担大负荷的训练和激烈的比赛，促进运动员身体健康，防止伤病及延长运动寿命等具有极为重要的意义。

一、体能训练与身体训练的区别

传统的身体训练主要偏重于对某一运动素质（速度、力量、耐力、柔韧）的追求，忽略了整体机能潜力和机能能力的提高以及拼搏向上的心理素质的培养。

（1）身体训练以往注重某项运动素质的提高，对运动员的整体运动能力、对抗能力、适应大负荷与高强度的抗疲劳能力，以及顽强拼搏的心理品质没有给予应有的重视。这导致我国球类运动员的体能长期处于较低的水平。

（2）运动素质是机能能力在某一基本运动能力方面的具体表现，例如力量、速度能力等，既是体能的构成因素，也是运动实践中评价和检查体能水平的常用指标。换句话说，运动素质是体能水平的外在表现形式，体能是运动素质的内在决定因素。运动素质水平取决于人体器官和系统的机能能力水平。因此，体能与运动素质有密切的联系，体能训练与身体训练有密切的联系。

（3）体能训练要求把运动素质训练提到运动员整体运动能力提高的高度去综合考虑和认识，它把运动素质训练作为人体生物学机能发展和机能适应训练的一部分。通常，身体训练以单一的运动素质提高为目标任务，而体能训练则从人体整体工作能力、人体机能潜力提升的角度研究和提高运动能力。也就是说，体能训练是人体器官和机能系统在结构和机能能力上的适应性再塑造工作，是运动员心理意志品质的再塑造工作。

二、体能训练的内容和分类

（一）体能训练的内容

体能训练涉及身体形态、身体机能、运动素质、健康等诸因素。身体形态指人体的内外部形状。身体机能是指机体各器官系统的功能，是身体活动能力的基础。运动素质是机体在中枢神经系统的控制下，在运动时所表现出来的各种基本运动能力，通常包括力量、速度、耐力、柔韧度、灵敏度等。此外，健康（指人在身体、心理及社会适应方面的良好状态）的身体是运动员参加训练活动的必要条件。

构成体能的身体形态、机能、素质三个因素都既有相对独立的作用，又有密切联系，彼此制约，相互影响，其中每一个因素的水平都会影响到体能的整体水平。三个构成因素都是运动素质体能的外在表现，所以运动训练中多以发展各种运动素质作为体能训练的基本内容。

（二）体能训练的分类

体能训练的基本内容是充分发展与运动员专项运动成绩密切相关的力量、速度、耐力、柔韧度、灵敏度等运动素质，从而深刻影响和促进运动员身体形态和机能的改善，提高运动员的健康水平，为专项运动成绩和技术水平的不断发展奠定良好的基础。体能训练包括一般体能训练和专项体能训练。

一般体能训练是指为增进运动员的身体健康，提高各器官系统机能，全面发展运动素质，改善身体形态，采用多种非专项的体能练习手段掌握非专项的运动技术、技能和知识，为专项成绩提高打好基础的训练。

专项体能训练是指采用直接提高专项素质的练习以及与专项有紧密联系的专门性体能练习，最大限度地发展对专项成绩有直接关系的专项运动素质，以保证掌握专项技术和战术并在比赛中顺利有效地运用，从而取得优异成绩的训练。

一般体能训练和专项体能训练的主要联系在于：一般体能训练是专项体能训练的基础，一般体能训练为专项运动素质的提高创造必要的条件；专项体能训练则是提高专项运动成绩的特殊需要，并直接为取得优异的专项运动成绩服务。随着专项水平的不断提高，一般体能训练所提供的基础及专项体能训练的要求也要随之改变，以适应专项运动成绩提高后的要求。一般体能训练和专项体能训练的总目标是一致的，在训练实践中往往难以分开。

（三）形态、机能、素质三者之间的关系

身体形态、机能、素质的许多指标在很大程度上取决于先天的遗传因素，在后天的自然生长发育过程中，这些指标随着年龄增长而发生变化。对一般人来说，身体形态和身体机能只要具备正常的功能就可以适应日常环境和正常生活活动。但是对运动员来说，由于他们必须要在运动训练和比赛的特定环境里，在承担超常的运动负荷和极度紧张的心理状态下进行活动，因此，仅仅使身体形态、身体机能和运动素质维持在一般的水平上是远远不够的，而必须在机体正常的生理范围内挖掘其最大潜力，乃至达到生理"极限"水平。由于现代运动成绩已达到极高水平，要创造优异成绩就必须使身体具有适应创造这种高水平成绩的基础。因此，体能训练就要在遗传和人体自然生长发育的基础上，对有机体中的可变异部分给予影响，使之提高，以符合创造高水平成绩的需要。鉴于上述原因，体能训练的根本任务就是要在运动训练中运用各种有效的方法和手段，使运动员各器官系统机能水平和身体形态得到全面提高，运动素质得到全面发展，掌握大量运动技术和技能，从而为专项运动素质的充分发展，以及掌握、改进、提高专项运动技术和专项成绩创造条件。

三、体能训练的主要影响因素

除竞技能力系统内部各要素之间相互影响与作用外，体能还受众多其他因素的影响。

（一）先天遗传性与后天可训练性的辩证关系对体能的影响

人们通过大量的实验研究发现，遗传素质的不同在运动实践中限制了某些机能水平的提高，并且指标的遗传度越高，其限制运动成绩再提高的程度就越明显；但是，遗传度高的指标与运动项目的要求越接近，运动能力提高的可能性就会越显著，最终在运动实践中创造优异成绩的概率就越大。德国的乌尔默教授认为："培养当代世界冠军，必须具备三个条件：高水平的科学训练、优化的训练环境和运动员个人优越的天赋条件。"因此，选拔出"天才"型运动员，对竞技运动项目的发展将会起到巨大的推动作用。

由于人体生理机能的许多指标受遗传的影响较大，故其在生长发育和训练过程中具有较强的稳定性，这为运动选才提供了科学依据。遗传度越小的指标在运动训练中改变的可能性就越大。而通过训练难以改变的指标，是我们在选才中要慎重考虑的，每一运动项目对先天遗传能力都有其特殊的专项要求，优越的先天遗传素质为人体从事特定的专项运动提供了更大的可能性，这可为运动员竞技能力的提高提供有利条件。有遗传优势的运动员容易出成绩，构成体能的形态、机能和运动素质是决定成绩的重要因素，这三者的发展在从事运动之前主要是受遗传的制约。因此，从这一角度出发，运动员选才应努力选拔出具有先天遗传优势即"天赋"的少年儿童。

在短距离速滑项目的运动员选才中，主要的选才指标有肌纤维类型、无氧代谢系统供能能力和身体形态特征等。其中，与骨骼肌纤维类型的组成关系最为密切。优秀耐力类项目运动员骨骼肌中慢肌纤维百分比高，而优秀速度类项目运动员中快肌纤维占优势，所以肌纤维类型是决定运动成绩好坏的一个关键因素。有关研究资料显示，运动训练引起肌纤维的后天改变并不明显，只会在肌纤维的体积、肌肉酶活性等方面产生一些适应性变化。由此我们可以看出，在短距离速滑项目的运动选才中，挑选快肌纤维占优势的少年儿童进行训练并予以科学指导，在运动训练实践中创造优异成绩的可能性会更大。

选择从遗传角度具有某种天赋的运动员从事该项运动，是运动选才的最理想要求，也是竞技运动项目的共性。然而在现实的运动训练实践中，往往发现某些运动员从遗传的角度并不合适从事体育运动，但成绩也达到了较高的水平。从形态角度上，短距离速滑史上身高在163~192cm的运动员都有创造过优异成绩的纪录，在篮球项目上这一现象也不罕见。这就不得不使我们来辩证地看待遗传问题。正如前文所述，运动员的体能作为一个系统由多个要素构成，其整体功能形态是多个要素整合的结果。"木桶模型"表达的是一种对平衡的追求。但刘大庆教授在研究中发现，运动员竞技能力结构中各个子能力之间的不均衡状态是普遍存在的，呈现非衡结构。从哲学意义上说，这种现象的存在又是绝对的，但其构成因素中某种素质或能力的缺陷，在一定程度上又可以为其他高度发展的素质或能力所弥补或代偿，从而使得总体的竞技能力保持在一个特定水平上。与"木桶模型"相对应，刘大庆为运动员竞技能力非衡结构及其补偿效应设计了新的模型，称为"积木模型"。此模型提示我们运动员竞技能力某方面的不足可以为另一方面高度发展的能力予以补偿，从而使运动员的总体竞技能力保持不变。

"木桶模型"与"积木模型"分别从不同的视角观察竞技能力的结构特征，用不同的图像展示竞技能力结构中各子能力之间的不同联系。两个模型各适用于不同的运动员，或同一个运动员不同的训练阶段，或同一个运动员不同的竞技能力。所以说，"木桶模型"与"积木模型"是相辅相成、互为补充的，二者共同反映和表述了运动员竞技能力的构成状态，人们将其称为竞技能力结构的"双子模型"。在速滑运动中，运动员体能的非衡现象也是普遍存在的。正如刘大庆教授在研究中所指出的："运动员一般竞技能力模型反映着事物的共性，呈现着均衡性特征；运动员竞技能力的个体模型反映着事物的特性，呈现着非衡性特征。"每一名运动员都是一个独立的个体，不同运动员在体能方面的表现是有差异的，有的形态好，有的机能好，有的素质好等。即使是同一名运动员，在训练的不同阶段，体能训练的重点也表现出差异，或以有氧为主，或以无氧为主，或以速度为主，或以力量为主，或以耐力为主等。所以我们应当辩证地看待遗传问题，在共性的基础上也要看到个性，从而避免解决问题时的片面性和机械性。

（二）竞赛次数大幅度增加对体能的影响

运动训练与运动竞赛是密不可分的，是构成竞技体育的两大支柱，是两个相互联系、相互作用的系统。只有通过科学训练，最大限度地挖掘人体各方面的潜力，运动员才能在竞赛中取得优异的成绩。而运动竞赛不但为运动员提供了展示竞技能力的机会，同时也是检验运动训练水平的一个重要途径。通过竞赛的检验，反过来又可以促进运动训练的进一步深入。两者相辅相成，可以有效地促进现代竞技运动的发展。

现代竞技运动的一个显著特点就是运动员参赛次数的大幅度增加，这是竞技体育商业化、职业化，以及把比赛作为强化训练手段（以赛代练）的结果。以速滑竞技运动为例，20世纪七八十年代，速滑运动员一般每年参加3~5场比赛；进入90年代以来，一般选手一个赛季大约要参加10场国内比赛（冬季运动管理中心每年至少组织7次比赛、5次分站赛、1次冠军赛和1次单项锦标赛，另外还有国家和地方省、市举办的全运会、省运会、冬运会等），优秀选手加上代表国家参加的世界杯、世界锦标赛和冬奥会等，每年的比赛次数可达到 20 次左右，这对运动员的体能是个严峻的考验。通过多次参加比赛，可以培养运动员的参赛能力，检验训练水平，积累大赛经验，这是无可争议的。冬季运动管理中心安排多次分站赛的目的也在于此。当今的竞技比赛面向人类的极限挑战，是人类综合竞技能力的竞争。比赛场上所体现的是一场包括体能、技术、战术、心理素质和意志品质的整体对抗。运动员只有不断地在比赛实践中积累经验与磨炼，特别是在与强手的激烈对抗中，才能得到全面的锻炼与提高，运动员艰苦训练的成果也只有通过比赛表现出来才具有社会意义。运动训练必须围绕运动竞赛来安排自己的活动，并最大限度地挖掘与提高运动员的竞技潜力，以达到在比赛中获胜的目的。

赛制的改变必然给运动员的体能训练带来深刻影响。竞赛次数的大幅度增加是一把"双刃剑"，它在推动竞技体育发展的同时也隐含着一定的弊端。它所导致的年度参赛次数增加的背后不仅存在对竞技体育有利的一面，也有不利的一面。如比赛次数的增加，为运动员提供了更多的锻炼和展示自己的机会，但同时，过多的比赛使运动员无法从容地进行准备，机体体能得不到有效恢复，虽然在一段时间内可以保持一定的竞技水平，但这不利于运动员创造最佳运动成绩，运动员疲于应付，系统训练时间相对减少，造成长时间处于身心疲劳的状态。

目前各个项目都在强调"以赛代练"，运动员多次参加各种比赛的目的就是"以赛代练"。确实，多参加比赛可以及时发现训练中的问题。运动员的训练热情高，用比赛带动训练，用训练促进比赛，两者互补性强、针对性强、目的性强，可增加大赛经验，培养运动员的竞赛适应能力，提高训练质量，等等。但我们也应该从正反两个方面来看待"以赛代练"问题，因为无论什么性质和规模的比赛，都离不开竞争的本质。既然是竞争，就存在着胜负，而在竞争中获胜是人的本性。当一个人站在赛场上的时候，他的兴奋性就会被调动起来，他所思考的就不仅仅是在进行一次日常训练，而是如何发挥自己的最大能力超越对手或者超越自我。这种意识一般来说不是站在赛场上的时候才产生的，而是在参加每一次比赛之前的很长一段时间之内就客观存在了。这无论是对运动员的生理还是心理都会造成一定的压力。比赛不是越多越好，因为比赛次数过多，运动员体能消耗加大，不仅不利于竞技状态的保持与体能的恢复，而且还容易引发运动损伤，运动员的竞技状态也不稳定，且不易在重大的比赛中获胜。

经相关调查研究，82.4% 的教练员认为，在重大比赛前一年的参赛次数在 15 次以内，在重大比赛当年赛前参加比赛次数更应减少；97.1% 的教练员认为，参赛次数应控制在 10

次以内。"适宜的参赛次数能保证运动员在比赛中，特别是重大比赛中创造出最佳运动成绩。体能类项目在重大比赛年度与平常年度参赛次数有明显不同，重大比赛年度参赛次数较少。"但也不是次数越少越好，因为优秀运动员在世界大赛前都要参加一定次数的热身赛；更不是越多越好，而是参赛次数要适宜，这样才能保证在一些重大比赛中表现出最佳竞技状态。

近年来我们经常可以看到这一现象，由于比赛次数逐渐增多，影响了运动员训练的正常进行。这是现代竞技体育发展的必然结果，并不是竞技体育本身所能左右的问题。陈小平指出："比赛数量的增加主要受两个因素的驱使——项目的推广和竞技运动的商业化。前者是各个国际单项协会为各自项目的发展所采取的政治手段，后者则是依附在各个运动项目上的利益集团为获取经济利益所采取的商业运作。这些都不是竞技体育自身发展的必然结果，更不是提高训练效果理应遵循的规律。"因此，可以说，赛事的增加与训练质量提高之间并不一定存在直接和必然的联系。这是由于社会的发展和人们日益增长的文化需求，对观赏高水平竞技比赛需求增加的结果，是竞技体育商业化的结果。从这个角度来看，这是一件好事，有利于竞技体育事业的发展与繁荣，有利于人类社会的发展与进步。但也应考虑到人的适应能力是有限的，机体不可能在很长一段时间内，在多次的激烈比赛中持续表现出最佳竞技状态，就像大多数生物体在兴奋之后有一个绝对不应期一样，运动员年度参加比赛的次数和频率也存在着一个极限及最佳次数和频率（赛间间隔、两峰与间谷底之间间隔时间）的。因此，一定要将比赛作为训练的一部分去整体考虑，应将运动员年度参加的比赛按重要程度及其性质的不同纳入训练计划之中综合考虑、妥善安排。

所以，我们在考虑"以赛代练"时应当非常慎重，选择什么样规模的比赛来"代练"（不同规模的比赛对机体的刺激程度不同，引起的应激反应也不同），在训练的什么时机参加比赛，要取得一个什么效果，如何正确对待这种比赛的胜负、得失。要仔细权衡"以赛代练"的正负效应，不可盲目地认为参加的比赛越多越好。短距离速滑是体能类项目，比赛的胜负体现在能否把运动员的体能在重大比赛时调整到最佳状态，这是教练员和运动员所追求的一个最终目标。重大比赛的日程每年都是固定的，在这之前也会有一系列的比赛，如何安排这些比赛、以什么样的准备对待这些比赛，都是要深思的。

运动员的竞技状态是具有周期性变化特点的，在某种程度上可以通过人为的训练安排进行调整。要想在比赛中获得好成绩，就需根据竞技状态的变化规律在赛前进行调整，如减量加强度、减量保持强度等，以取得竞技能力的超量恢复，否则难以在比赛中取得优异成绩。但这种安排是需要时间的，如果针对每一次比赛都进行这样的安排，势必会影响年度训练的系统性，这样导致的结果是：在一些不是很重要的比赛中可能会获得一些不错的战绩，但在年度最重要的比赛中就不一定能取得理想的成绩了。

（三）训练与竞赛体制对体能的影响

我国要迅速提高速滑运动水平，并赶超世界先进水平，就必须有一个合理完善的培养体制，这是主要的外部影响因素之一。优秀运动员的培养过程是一个多年的系统工程，必须抓好后备力量的培养，根据运动员各年龄阶段的特点，提出不同的任务和要求，有目的地进行系统训练。运动员多年系统的训练活动，必须以健全合理的训练体制作为保证。我们要根据现代短距离速滑运动发展的特点，重视科学选才，从小抓好运动员体能的系统训练，改变运动员体能某些方面不足、技术欠合理的局面。

同时，应选拔年轻和优秀的运动员集中训练，增加集训时间，让他们有更多锻炼的机会。调整训练大周期计划，改变目前我国优秀运动员训练、比赛以全运会而非奥运会为周期来安排的做法。

改进与完善运动员选拔制度。国外参加大赛的选拔（特别是奥运会）一般是在赛前一年进行，而我国选拔运动员一般是在赛季之初进行（10—11月），即冬季运动管理中心组织的前两站分站赛。这固然有其道理，但这种选拔制度的弊端也是显而易见的，即运动员必须提前出成绩，否则将会失去被选中的机会。这种选拔制度带来的直接结果是：为了入选国家队，代表国家参加世界大赛，运动员必须在选拔赛之前对其训练进行调整，即在陆训结束前就大幅度地减量来调整竞技状态。上冰初期，也就是冰上准备期本应是以量为主的适应性训练，强度应有所控制，但为了应付即将来临的选拔赛，运动员不得不加大训练强度，以适应比赛的需要，这就造成运动训练的系统性遭到破坏。

（四）现代训练负荷特点及专项化发展趋势对体能的影响

在科学技术和竞技运动高度发展的今天，人们不断地采取一切有效的方法和手段挖掘人体的运动潜力，最大限度地提高机体的运动能力。在诸多影响运动能力的因素中，训练负荷是关键的。训练负荷的组成因素是负荷量和负荷强度，两者是对立统一的关系。任何一方加大对另一方都会有一定影响，都能起到加大训练负荷的作用。运动训练是以其负荷的变化组合打破人体稳定状态，使代谢系统在短暂的时间内出现非衡现象。但在恢复期，机体通过自我调整又恢复平衡，如此的平衡—失衡—新的平衡，使各机能系统不断适应，从而提高运动能力。在运动训练实践中，最难掌握的是负荷量的适宜性。负荷过大，易引起过度疲劳，对身体健康产生损害；负荷过小，又不能充分挖掘人体运动潜力，提高运动成绩。在多年的运动实践中，人们逐渐地认识到在构成负荷的因素中，负荷强度刺激引起的机体反应要比负荷量强烈得多，能较快地提高机体各器官系统的应答水平，所产生的训练适应也比较深刻。因此从这个意义上说强度要比量更重要，而且竞赛主要是比专项强度。加拿大学者博南曾经对负荷量和负荷强度做过三种不同安排的试验研究，他设计了三种方案：第一种是突出负荷强度，第二种和第三种是突出负荷量。实验结果表明，第一种和第三种训练所产生的效果是一样的，但第三种方案所花的训练时间比第一种方案多40倍。这有力地说明了要取得单位时间训练效益的最大化，增加负荷强度，尤其是专项负荷强度，是一条有效的训练途径。也就是说，在负荷诸因素中，训练强度为首，量为其次。

从能量供应的角度来看，在短距离速滑运动中，人体的能量储备是充足的，关键是在有限的时间内如何发挥出这种潜能，这就对训练方式提出了一定的要求，即如何提高能量的转化速率问题。很显然，低强度的大运动量训练，是难以达到这种效果的。

一般在准备期中训练负荷的主要构成因素是负荷数量，负荷强度较低，直到接近比赛时才逐渐提高强度，减少数量。这种训练负荷组成结构有不合理之处。首先，长时间进行大量低强度训练会使运动员出现疲惫状态，完成动作的发力速度缓慢，训练质量得不到保证，不具备专项特点，尤其对短距离速滑这种快速用力项目不利；其次，对高水平运动员的技术改进作用不大；最后，经过较长时间低强度训练后，再提高强度时难度较大，掌握不好易出伤害事故。因此，很多项目从20世纪80年代初开始，在训练负荷的安排上，广大教练员与运动员都将负荷数量相对减少，负荷强度增大，从而使训练针对性更强，更有效地发展了专项体能。以强度作为训练负荷的灵魂，已成为当今训练负荷安排方面的一个发展趋势，并为世界上大多数优秀运动员接受和采用。

训练负荷量和强度的交替发展是促进运动成绩提高的主要原因，其中以提高负荷强度作为高级训练阶段的重要手段。苏联的奥卓林也认为，高水平训练阶段，通过增加强度完成项目训练负荷量，以达到个人的负荷最大值。因此，运动员水平越高，训练负荷越应与比赛负荷相一致。即使在准备期训练，仍要有一定比例的较大强度的训练（主要是专项技术和速度与爆发力训练），而训练时间和负荷数量则应相对减少。

不同专项运动员在竞赛中表现出来的体能特征各不相同，因此训练的组织形式应尽可能地符合这些特征。当前世界短距离速滑运动已经发展到了相当高的水平，专项能力的作用越来越重要。运动成绩的提高，在很大程度上取决于运动员的专项素质能力和技术发展状况。近年来，科研人员和教练员更加重视对决定项目成绩的关键因素和项目特征进行研究和探索，不断加深对各项目的制胜规律和特殊性的认识。按速滑专项和肌肉供能的特点，把运动员的主要训练阶段进行分类，同时根据不同的训练时期和阶段的任务而采用不同的负荷强度和练习内容，在动作结构、肌肉用力特点、动作幅度和速度等方面均采用与专项动作相似或一致的练习手段，使体能训练手段具有明显的针对性和明确的目的性，有效地把"练什么"与"怎么练"有机结合起来，这是一种必然的选择。总之，在优秀运动员的训练中，专项训练的练习比例应加大，即使在准备期，一般训练也应只占次要的地位，特别是对高水平运动员专项训练阶段的专项训练负荷量和强度，要给予高度重视。

（五）营养与恢复因素对体能的影响

合理的营养作为一种外界手段受到广大教练员的普遍重视，运动员体能的好坏除与先天遗传和后天训练有关外，还在很大程度上取决于后天营养的质和量。现代速滑竞技运动对运动员体能的要求越来越高，为了在竞赛中取胜，要求运动员在接近或超生理极限的负荷下训练，这就难免出现一些代谢的失衡。通过合理的饮食、特殊营养保健品及对症的中药补剂的使用可以矫正这些失衡，从而保持运动员良好的体能状态。因此，合理的饮食和营养学强化手段已经成为科学体能训练的强大后盾。

由运动引起疲劳但最终达到机能水平的提高，是在运动后恢复过程中实现的。因此，积极的恢复和训练活动一样是运动训练的重要内容，两者共同组成了完整的训练过程。科学地掌握好训练和恢复之间的关系是获得良好的体能训练效果的系统工程。运动员在比赛与训练之后，能否迅速地将体能恢复至可以承受新负荷的状态，对于持续地进行高负荷的训练，更快地提高其竞技水平具有重要意义。现代短距离速滑训练在不断探索加大训练负荷的同时，也在认真地寻求加快负荷后恢复过程的途径。负荷后的恢复已成为专门的训练内容，并采用专门的方法组织实施。

恢复是指人体机能和能源物质由负荷后的暂时下降和减少状态回到并超过负荷前水平的过程。现代短距离速滑竞技运动对运动员连续承受大负荷比赛和训练提出了越来越高的要求，从而导致运动员机体的疲劳程度提高，使得教练员与运动员对于负荷后恢复问题重要性的认识也日益加强，并认为恢复是训练的延续，从而把训练与恢复放在同等重要的位置上。目前运动员所承受的负荷，仅靠机体自然恢复已远远不能适应训练的需要。因此，现代短距离速滑竞技运动十分重视有计划地采用多种手段和措施，来加快运动员体能的恢复过程。

普拉托诺夫的研究表明，运动员在从事不同性质的训练中，三个供能系统都不同程度地参与工作，并出现不同程度的疲劳。如运动员在完成速度性负荷时，机体的磷酸原供能系统消耗最大，恢复最慢，无氧能力次之，有氧能力消耗最小，恢复也最快。同样在完成其他两种负荷时，也是如此。这表明运动员的三种供能系统所对应的三种运动能力，在负荷后恢复过程的非同步性。因此在安排运动负荷时，可以在一次负荷的次日，接着安排另一种性质的负荷，而 2~3 天之后，当运动员与前一次主要负荷相应的运动能力处于超量恢复阶段时，则可以再次安排同一性质的负荷。

重视训练后的身体恢复，将恢复作为训练的一个不可分割的有机组成部分。尽快地恢复体能已成为当今世界高水平选手赢得比赛的资本。从目前体能项目训练的发展趋势来看，主动的恢复已经逐步取代了被动的恢复，优秀选手在赛次之间采用积极的恢复措施收到了良好效果。除了加强传统意义上的恢复措施和手段之外，一些有氧训练也被作为提高恢复能力的重要手段。由此可见，当前对运动员机体疲劳的恢复，已经由传统上的被动恢复，变为以提高运动员基础代谢水平为主要内容的主动恢复，人们已经不仅仅从机体疲劳恢复的专门手段和措施方面注重恢复，而且注重从训练的负荷方面加强恢复能力的培养，从基础上提高运动员的恢复能力。这种看似简单的改变，其实是在实质上改变了传统的恢复理念。许多世界优秀选手之所以拥有较长的运动寿命，并能够一直保持高水平的运动能力，与这种新的训练恢复理念有着直接关系。

（六）训练器材与设备的改进对体能的影响

通过器材的改进提高运动成绩并充分发挥运动员的体能潜力，是现代竞技体育科学化的又一个明显特征。

从冰刀性能和技术分析来看，新式冰刀与传统冰刀无论在结构上还是在功能上都存在着很多区别。使用传统冰刀，在比赛后程由于体能下降，身体重心容易偏前，形成后蹬冰，膝关节伸展到 16°，使刀跟与冰面脱离，冰刀已无法用全刃蹬冰，刀尖切入冰面，蹬冰质量降低，滑行阻力增加，导致运动成绩下降。新式冰刀的刀跟与冰鞋能够自动脱离，身体重心移至冰刀前半部时可使踝关节弯屈，充分展现直蹬冰腿，使冰刀在咬住冰面不滑脱的前提下继续侧蹬冰，打开踝关节，充分发挥前脚掌的作用，蹬冰的作用力加大，从而发掘出比传统冰刀更大的推进速度。这一技术是使用传统冰刀根本做不到的，运动成绩更无法相比，这也是运动成绩提高的主要原因之一。传统冰刀蹬冰技术主要是发挥髋、膝关节的力量，而不能像赛跑运动员那样充分利用踝关节肌群的力量。跑时踝关节肌群力量的发挥程度要比速度滑冰大 2~3 倍，荷兰人正是据此研制出新式冰刀的。新式冰刀主要是根据腿部肌肉伸展的物力学原理来设计的，新式冰刀较传统冰刀蹬冰距离延长17%，可充分发挥机体速滑技术原理涉及的一个重要因素，就是如何加大每一滑步的蹬冰力，即在保持基本动作结构的前提下，充分挖掘人体的体能潜能和技术潜能，革新后的冰刀及其新技术正符合这一原理和要求。这也可从两种冰刀所产生的不同蹬冰效果证明。在使用传统冰刀完成蹬冰的过程中，膝关节有效的蹬冰幅度只能达到160°~170°，如果从形式上完全展直蹬冰腿（膝关节展到180°），就要求运动员在蹬冰最后阶段有意识地做冰刀外转用刀尖拨冰完成蹬冰动作，但这一动作对加大蹬冰力、提高滑步速度是无济于事的，只能是白白做功并产生副作用（阻力作用）。然而，使用新式冰刀就解决了上述技术弊端。这是因为运用新冰刀从蹬冰动作开始直至蹬冰动作结束，冰刀刀刃始终保持与冰面接触（使用冰刀前半部结束蹬冰动作），这就可使运动员在结束蹬冰动作时充分展直膝关节，使冰刀与滑行方向保持一致。这一动作可最大限度地降低冰刀与冰面间的摩擦力，有利于运动员在蹬冰结束阶段充分利用腿部肌肉力量，对冰面施加更大的蹬动力量，达到最佳蹬冰效果。在第18届冬奥会上，运动员使用新式冰刀滑跑中、长距离时，每圈速度可提高1~1.25s。使用新冰刀可使运动员能量的释放提高10%，并且踝关节伸展在最后0.05s达到最高速度，目前世界优秀选手踝关节蹬冰角速度可以达到90°/s，充分发挥了小腿肌群的力量。

（七）教练员与运动员对现代训练理念的理解与把握能力对体能的影响

从现代竞技体育发展趋势来看，无论是运动员还是教练员，都在从体力型向体力与脑力相结合的方向发展。以战略发展的眼光看，当今体育发展已进入科学训练的时代。科学训练是当今运动训练的一大主题。当今体坛，人们已纷纷采用新理论、新技术、新器材、新方法和新手段去探索竞技水平提高的途径。这就是在世界范围内方兴未艾的运动训练科学化的总体趋势。世界速滑运动和训练水平的不断提高是随着现代训练理论不断地进步更新和训练实践不断改进完善的结果。现代速滑体能训练已较大程度地利用了现代科技手段。如在训练过程中利用各种仪器测试机能状况和运动素质水平，利用专门设计的器械发展专项能力等。这些都使训练的针对性大大加强，有效促进了速滑运动训练向科学化方向迈进，从而迅速提高体能训练的效果。

教练员是训练过程的主要设计者，是训练活动的主要组织者，也是训练管理的重要决策者。教练员的专业知识与理论水平、教育管理水平以及处理训练活动的思维方式都将对体能训练结构的合理性、组织与实施效果产生巨大影响。因此，世界各国都十分重视对教练员的培训。实践也证明，抓好对教练员的培训是推动运动训练科学化的必由之路。

罗超毅在《我国运动训练的科学化动力系统的研究》中指出："运动员是实施科学化训练的核心要素之一，具有实施者和实施对象的双重属性。"当运动员处于初级水平时，他们在运动训练过程中的自主意识比较弱，主要是听从教练员的安排，按计划进行训练。而随着年龄的增长、训练年限的增加和训练水平的提高，他们对运动训练活动的感性认识不断丰富，对训练的客观规律的理性认识不断增强，其主观能动性和自主意识不断提高，在训练活动过程中由被动训练逐渐变为主动参与。运动员对所从事的项目特征和教练员训练意图、方法手段的理解能力将直接影响训练的效果。所以，提高运动员的科学文化水平是提高体能训练质量和水平的一个重要方面。

国内外运动实践证明，高水平教练员是培养高水平运动员的必要条件。当前我国速滑教练员，大多数是退役的优秀运动员，他们有多年的训练实践基础、突出的专项技术和参加重大比赛的丰富经验，但训练学理论基础知识较薄弱。近年来，我国教练员的素质有了一定的提高，但在一些方面仍显不足，主要表现在自我开拓创新、及时了解国际速滑运动前沿动态和吸收消化先进的训练理论与技术的能力不强。因此，我们需要培养一批学历高、能力强、善于思考、勇于开拓、年富力强的教练充实到我国短距离速滑教练员的队伍中来。

四、体能训练的任务

体能训练的任务主要体现在以下几个方面：第一，根据专项运动的需要改善身体形态结构。第二，全面提高运动员机体各器官系统的生理机能，对于一般人群也可以提高其机体各器官的功能和适应能力。我们知道，机体的生理机能是运动能力的基础，任何一项运动能力都是由若干个器官系统的机能所决定的，如力量的大小不仅取决于肌纤维的收缩能力，还取决于神经系统的协调能力，因此体能训练要全面提高运动员机体各器官系统的生理机能。第三，充分发展身体素质。身体素质是技术、战术的基础，没有良好的身体素质，再好的技术和战术在比赛中都将成为无源之水、无本之木，就好像建在沙滩上的摩天大楼。一般人群可根据自身的身体适应能力，适当降低运动负荷和强度，从而有利于机体的健康发展。第四，提高对环境变化的适应能力。第五，提高人体在比赛、工作、生活中处理对心理障碍的挑战、调试与控制的综合能力。

五、体能训练的作用及其基本原则

（一）体能训练在体育运动中所扮演的重要角色

1. 体能是球类运动的技术和战术基础

作为技术和战术的基础，尤其是身体直接对抗的球类运动达到高水平的基础，如果没有高度发展的体能水平，不可能在激烈的比赛中发挥高超的运动技术和有效的技战术配合。瞬间的进攻得分机会是靠速度和全力拼抢获得的，一个跑不快、跳不高、动作反应迟缓、一撞就倒的运动员，不可能在比赛中正确地运用技术并发挥个人的作用。所以，由速度、力量、耐力、灵敏等运动素质构成的体能水平，是球类运动的技术基础和战术基础。

2. 体能是运动员承受大负荷、高强度训练和比赛的基础

从生物学的角度来看，训练就是对运动员有机体施加负荷刺激进行生物学改造的过程。负荷刺激的结果使有机体产生适应性变化，导致机体各器官系统机能能力的改善，从而使运动员的体能水平得到提高。生理学研究指出，一定范围内负荷越大，刺激越深，体能提高也越快。当一个时期的负荷量达到一定高度时，需要提高负荷强度来提高专项水平；当负荷强度达到机体最大承受能力时，又需要在负荷量上有所突破才能使整体训练水平跃上新台阶，出现螺旋上升态势。竞技运动的发展史证明，运动负荷和体能训练是其发展的根本动力。体能水平是一支球队后发制人、出奇制胜的基础，是一支球队技术风格、战斗作风、精神面貌、战术配合的物质基础。运动员的体能水平高，在激烈的拼抢对抗中，跑动范围大，积极主动，快速敏捷，这样，防守时可以相互补救，构造铜墙铁壁；进攻时能快速多变，创造战机。所以，后发制人、出奇制胜，往往可以有效地鼓舞士气，形成良性循环，球队就会成为一个和谐有力的团结战斗集体。反之，则形成失误增多和影响士气的恶性循环，导致比赛失利。

3. 良好的体能可以减少运动员的伤病

运动员的伤病问题一直是困扰体育界的一大难题，许多有很高的竞技能力并处在运动黄金年龄阶段的运动员，往往因为伤病问题而不得不过早地退出竞技舞台。在当今竞争和对抗越来越激烈的篮球比赛中，良好的体能可以使球员在训练和比赛中很好地自我保护，从而减少运动伤病。

（二）体能训练的基本原则

1. 训练前进行诊断的原则

开始训练课之前，必须先找医生做一下身体检查，对自己的初始状况有个基本的了解，以便更科学地安排训练的时间和负荷。

2. 体能训练的计划性和系统性原则

为了提高运动员的体能水平，必须按计划系统地进行全年和多年体能训练。体能能力和运动素质是在长期的重复练习中逐渐发展和提高的。现代运动训练的一个突出特点是越来越重视多年训练的计划性和系统性，并以年周期训练为基本结构，合理安排各阶段的训练任务、训练内容和运动负荷。体能训练要贯彻年训练周期的始终，但不是年复一年的简单重复，否则只能使机能能力停留在原有的水平上。因此，要不断地改变训练手段和提高训练负荷的量和强度，形成一年比一年提高的系统训练规划。

3. 适时恢复的原则

从运动训练学上讲，适时恢复的原则即是及时消除运动员在训练中所产生的疲劳，并通过生物适应过程产生超量恢复，从而提高肌体能力的训练原则。在具体的实施过程中，准确地判断疲劳程度是适时恢复的重要前提。运动员疲劳程度的判别，通常可根据自我感觉和外部观察来进行。当疲劳出现时，应积极采取加速肌体恢复的适宜措施，比如变换训练内容和训练环境，还可以运用一些医学和营养学的恢复手段，从而起到最佳的恢复效果。

第三节　体能训练的价值

价值是指事物本身的属性、用途或积极作用。体能训练的价值集中体现在以下方面：

一、促进身体健康

健康是运动员从事运动训练的必要条件，良好的健康状况是系统训练的根本保证。体能训练能够有效地提高运动员内脏器官特别是心血管系统、呼吸系统机能，增强骨骼、肌肉、肌腱和韧带等运动器官功能，并使中枢神经系统机能得到明显改善；同时，对于克服人体生物惰性，促进新陈代谢，都具有极为重要的作用。而上述作用能够有效地提高机体对外界环境的适应能力和对疾病的抵抗能力，从而有效地促进运动员的身体健康。

二、充分发展运动素质

现代奥林匹克运动是一种伟大的社会实践活动，各国运动健儿为了取得优异成绩，刻苦训练，奋力拼搏，向人类身体运动能力的极限发起一次又一次冲击。而要充分发展人体运动能力的潜力，在赛场上取得优异成绩，就必须最大限度地发展和提高力量、速度、耐力、柔韧、灵敏和协调能力等运动素质，而体能训练正是实现这一目标的主要途径。通过体能训练，运动员能够有效地发展其力量水平，提高速度和耐力素质，并使运动专项所需的柔韧性得到良好发展，获得更好的灵敏素质和协调能力，使专项运动素质得到最大限度的提高，一般运动素质得到协调一致的发展，为最大限度地创造优异的专项成绩打下坚实基础。

三、保证有机体适应大负荷训练的需要

现代竞技运动竞赛频繁，竞争激烈，运动员要在重大比赛中夺取胜利，取得优异成绩，只有通过大负荷的运动训练，长期对有机体进行生物学改造，掌握娴熟的专项技术、战术才能达到。从第一届奥运会到现在，运动训练经过了自然发展阶段、新技术广泛应用阶段、大运动量阶段和多学科综合利用（科学训练）阶段。科学训练阶段的一个重要特点是广泛运用现代科技成果于运动训练，科学、系统地监测训练过程，并在此基础上保证大负荷训练。而大负荷训练要求运动员必须具有强健的体魄和良好的身体机能。体能训练能够为此打下坚实的基础，并使运动员在不断加大负荷的情况下，承担训练和比赛对有机体的一切要求。从生物学的角度来看，训练就是对运动员有机体施加负荷刺激进行生物学改造的过程。负荷刺激的结果是使有机体产生适应性变化，导致有机体各器官系统机能能力的改善，从而使运动员的体能水平得到提高。生理学研究指出，一定范围内负荷越大，刺激越深，体能提高也越快。当一个时期的负荷量达到一定高度时，需要提高负荷强度来提高专项水平；当负荷强度达到有机体最大承受能力时，又需要在负荷量上有所突破，才能使整体训练水平跃上新台阶，出现螺旋上升态势。竞技运动的发展史证明，运动负荷和体能训练是其发展的根本动力。体能水平是一支球队后发制人、出奇制胜的基础，是一支球队技术风格、战斗作风、精神面貌、战术配合的物质基础。运动员的体能水平高，在激烈的拼抢对抗中，跑动范围大，积极主动，快速敏捷，这样，防守时可以相互补救，构造铜墙铁壁；进攻时能快速多变，创造战机，所以，后发制人、出奇制胜，往往可以有效地鼓舞士气，

形成良性循环，使球队成为一个和谐有力的团结战斗集体；反之，则形成失误增多和影响士气的恶性循环，导致比赛失利。

四、有利于掌握复杂、先进的技术

体能训练实际上是使运动员有机体各器官系统功能协调发展，具有完备的从事专项竞技运动能力的过程。不同的运动项目对有机体的运动能力有不同的要求。例如，短跑要求运动员必须具备突出的爆发力、良好的反应速度、快速移动速度和专项柔韧性，以及高度的对快速运动的协调能力；举重则要求最大限度地发展运动员的力量水平和专项动作速度，并对专项耐力、专项柔韧性和协调性有很高要求；体操、武术、拳击和球类等运动，对各项运动素质都有很高要求，并且有些技术动作本身就是运动素质的综合表现。只有在充分发展各项运动素质的基础上，才能很好地掌握复杂、先进的技术，而体能训练正是实现这一目的的基本保证，只有通过体能训练，才能为运动员奠定掌握复杂、先进的技术和战术的基础。

五、创造优异成绩，延长运动寿命

竞技能力是取得优异成绩的主导因素，是由身体形态、身体机能、运动素质、技术、战术、心理和智力因素所决定的。这七个因素可近似地概括为体能、技能和心理能力。而体能是由运动员的身体形态、身体机能和运动素质表现出来的。这一特点决定了它是竞技能力的物质基础。没有体能，技能就会成为无源之水，心理能力则成为无根之木，竞技能力也就无从谈起。

竞技运动实践已经充分证明，出类拔萃的运动成绩，是建立在雄厚的运动素质发展水平和有机体形态的改变、机能水平的高度发展基础上的。体能训练对身体形态改变越深刻，有机体机能发展水平越高，其衰退速度也就越慢，保持时间也就越长。这样专项技术、战术发挥和保持的时间相应也会更长，运动水平衰退速度也就更慢，运动员就能更长久地保持高水平的竞技运动能力。

第四节　体能训练的沿革及发展趋势

一、体能训练发展概况

现代奥林匹克运动的发展，对运动员体能的要求越来越高。科技的发展，推动着体能训练的科学发展。人们对体能认识的逐步加深，对运动员训练的日益系统科学化，竞技体育的激烈程度不断增加，使得体能训练成为教练员和运动员进行训练的核心部分。

"体能"一词在中国使用是在 20 世纪 80 年代。在 1982 年以前，以体能为研究内容的研究是没有的，1983 年项群理论产生，"体能"一词逐渐进入人们的视野。1987 年开始有人对与体能相关的问题进行研究。1994 年中国足协开始"足球运动员体能测试"，1996 年后对体能相关的研究逐渐增多，因此有人认为"体能"一词的传播与足球关系重大。20 世纪 90 年代中期，体能训练开始在中国升温，20 世纪 90 年代后期开始对体能训练进行专门的研究。2003 年，中国足协引进 YOYO 测试对足球运动员进行体能测试。1983 年，项群理论提出后，技能与体能相对应而存在，体能这个概念日益被技能主导类对抗运动项目教练员、运动员所接受和使用，界定明确而方便，同时在对外学习交流时"体适能"的传入和中国特色化，也日益融合到体能概念中，并逐渐流传开来，确定下来。

体能训练的发展与中国足球的发展是有莫大关系的。随着比赛程度的日益激烈，对运动员体能的要求也不断提高，因此，通过聘请外籍教练带来国外最新的训练方式对运动员的体能进行训练和提升，使体能教练也应运而生。到目前为止，体能教练在运动员运动训练中已经是核心组成部分，在任何运动项目的训练中都很重视对运动员进行体能训练。体能训练的方式也随着科学技术的进步在不断地更新，体能训练器材的研发如火如荼，"体能训练"一词也逐渐被人们接受。未来的体能训练将会趋向于系统科学化、生理生化指标精确化、个性化等。

二、体能训练的发展趋势

（一）体能训练国际化

现在体能训练的交流日益频繁和国际化。运动队聘请国内外知名体能教练指导体能训练，有实力的运动队还将赴国外进行体能培训和交流。体能教练已成了一个国际性的职业，体能训练也伴随着人们对运动员体能的重视和体能教练职业的飞速发展而逐渐国际化的。

（二）体能训练科学信息化

随着科学技术的进步，各种先进的训练设备、训练手段、信息交流等不断引入体能训练中。运动员训练过程中各项身体指标的测验和测验仪器越来越精确和精密。体能训练的手段和分类越来越科学化，训练日趋专项化，训练方法和手段的供能特点及对机体的负荷特征更加接近运动员的比赛状态，如在训练过程的各阶段训练任务均围绕比赛要求，有目的地选择体能训练手段；训练多周期化和以赛带练，准备期训练时间缩短，时间也有所提前；比赛期时间则大大延长，一般训练的比例减小，专项训练的比例增加；以赛带练，赛练结合等。以科学理论为指导，制订科学的训练计划，广泛运用科技成果，采用先进的技术与科学的训练方法和手段，对体能训练的全过程实施最佳调控，传统和现代训练方法相结合，更加注重实效性和发挥个人特点，发展了许多新的训练方法。每年的体能教练培训和国际交流都带来大量的体能训练信息。

（三）核心力量训练不断被重视

核心力量存在于所有运动项目中，所有运动中的动作都是以中心肌群为核心的运动链，强有力的核心肌群对运动中的身体姿势、运动技能和专项技术动作起着稳定和支持作用。任何竞技项目的技术动作都不是依靠某单一肌群就能完成的，必须动员许多肌肉群协调做功。核心肌群在此过程中担负着稳定重心、环节发力、传导力量等作用，同时也是整体发力的主要环节，对上下肢体的协同工作及整合用力起着承上启下的枢纽作用。现代对运动员的体能训练更加强调的是系统整体性，任何一个动作都不是孤立的，因此对核心力量训练地位的重视程度不断提高。

（四）训练、管理、恢复一体化

借鉴男子体能训练的经验应用到女子体能训练中会获得明显的提高效果，这一方式目前受到各国的广泛重视，在对女子运动员的体能选才、运动素质的训练以及与体能密切相关的意志品质与有关心理能力方面等均有涉猎，称为女子训练的"男性化"。现代体能训练更加重视训练过程中的科学管理，重视每个阶段每位运动员的训练状况，注重个性化的体能训练，有针对性地进行科学有效的管理，进而提高体能训练的效率。对运动员的训练恢复也是高度重视，采用多种科学的手段加速运动员从训练中恢复到最佳状态。训练恢复是消除疲劳的最佳手段，也是提高运动员体能状态的最佳手段，因此采取科学有效的手段对运动员进行训练恢复，构建高效能的恢复训练体系尤显重要。

第七章 高校大学生体能训练理论与实践

第一节 我国大学生体能训练的研究基础

一、理论基础

体能训练学是研究和揭示体能训练的一般规律和基本方法的一门综合性技术理论学科。它是一门正在形成中的新学科，具有开拓性、创造性、研究新对象、发现新规律和为人们认识体能训练提供新知识的特点。它拥有一个完整的技术理论体系，论述了体能训练的完整过程，研究了体能训练的一般规律、原则、方法。体能训练学的主要内容包括发展身体形态、身体机能和各种运动素质的动作技术；各种运动素质与成绩之间的关系；运动素质各个系统、要素与运动成绩之间的内在联系；运动素质发展的敏感期；各运动项目运动员的体能训练；运动素质的转移等重要问题。通过以上对该门学科的认识，本书的理论基础如下：

（一）运动训练学专业理论基础

运动训练中的体能发展水平是由身体形态、身体机能及运动素质的发展状况所决定的。身体形态是指机体内外部的形状。身体机能是指机体各器官系统的功能。运动素质是指机体在活动时所表现出来的各种基本运动能力，通常包括力量、耐力、速度、柔韧和灵敏等。

构成体能的身体形态、身体机能、运动素质三个因素都有各自相对独立的作用，又有着密切联系，彼此制约、相互影响。其中，每一个因素的水平，都会影响体能整体水平。三个构成因素之中，运动素质是体能的外在表现，所以在运动训练中多以发展各种运动素质为身体训练的基本内容。本书主要从以下训练学专业理论进行阐述：

1. 身体形态及其训练

（1）身体形态及其结构

身体形态是指人体外部与内部的形态特征。反映外部形态特征的指标有高度（身高、坐高、足弓高等）、长度（腿长、臂长、手长、头长、颈长、足长）、围度（胸围、臂围、腿围、腰围、臀围等）、宽度（肩宽、髋宽）和充实度（体重、皮质厚度等）。

反映内部形态的指标有心脏纵横径、肌肉的形状与横断面等。

（2）身体形态在运动员体能中的重要意义

身体形态在运动员体能中的重要意义在于以下几点：

1）一定的身体形态在一定程度上反映着相应的生长发育水平、机能水平和竞技能力水平。

2）不同项目对身体形态的要求是不同的。

3）不同的身体形态在一定程度上影响着运动素质的发展。

（3）不同项群运动员的形态特征

1）体能主导类速度性项群。此项群在身体形态上表现出的共同特征是：体形均匀、身体健壮、肌肉丰满、膝踝关节围度较小、盆骨宽度适中、臀部肌肉向上紧缩、足弓明显、跟腱细长且清晰。

2）体能主导类耐力性项群。此项群运动员身体形态的特点是：体重较轻、脂肪较少、身高中等、腿较长。

3）体能主导类力量性项群。此项群的跳跃、投掷、举重等项目运动员在身体形态上的表现各有不同。跳跃项目要求身材修长、下肢占身高比重大、小腿相对较长、踝围相对较小、跟腱较长。投掷类项目运动员身材表现出大型化趋势，指间距一般可超过身高5~15厘米，肌肉发达。世界优秀男子铅球运动员的克托莱指数在 610~640 之间，铁饼运动员略低一些，标枪运动员更低。对运动的肩带和躯干集群的要求很高，躯干呈桶形，手长也是投掷运动员的重要特征。举重运动员的体形特征是身材较矮、四肢发达有力、肩宽、手指长等。

4）技能主导类表现难美性项群。此项群运动员的体形特征：身材匀称、五官端正、女子颈部略长、锁骨和肩胛骨较平、四肢较长、手臂较直，小腿长于大腿、膝关节平直、踝关节略细、跟腱细长清晰、手脚大、盆骨狭窄、臀部肌肉向上紧缩、肌肉成条形。

5）技能主导类表现准确性项群。此项群对运动员体形要求为：身体正常而匀称，中胚型居多。射击和射箭运动员在体形上没有明显的要求，但不同单项对运动员要求有所不同。如步枪运动员要求臂长一点儿，臂展等于或者略超过身高。手枪运动员要求臂短一些，手长指大。射箭运动员臂展比身高略长，同时要求手大指长，以利于开弓时的直线运动。

6）技能主导类格斗对抗性项群。此项群要求运动员有较高的身高和较长的四肢，身高和体重保持恰当的比例。身高和四肢较长的击剑运动员可获得有利于接触目标的优越条件。摔跤和拳击运动员要求四肢较长、肌肉发达有力。

7）技能主导类同场对抗性项群。此项群运动员身体形态特征可概括为：身材高大、胸廓大、手大、脚大；腿长、小腿长、手臂长；臀部小、踝围小。

8）技能主导类隔网对抗性项群。此项群各项目运动员体形有所不同。排球运动员身材高、四肢较长而坐高相对较短、皮质层薄、体脂肪量小、去脂体重及体质密度大，臂长、上臂围松紧差大、手较宽，骨盆相对较窄，小腿长、踝围细、跟腱长、足宽而不长。乒乓球运动员体形要求身材匀称、手臂略长、体重适中、腰短、足弓深等。

（4）身体形态训练的基本要求

1）根据不同生长发育阶段的形态特征安排身体形态训练。人体在不同年龄阶段的生长发育有不同的特征，一般是先长高度，后长宽度、围度和充实度。心脏发育过程中先加大心脏容量、后增厚心壁肌肉，与其相应的竞技能力的敏感发展期亦有不同，身体形态训练应与之相适应，而不可颠倒。

2）根据不同专项特点安排身体形态训练。由于各个专项竞技能力的主导因素不同，而这些专项竞技能力又都对特定的身体形态具有一定的依赖性，因而必须根据专项的需要及其对竞技能力的需求特点，安排相应的练习方法与手段。

3）身体形态训练应注意遗传因素的影响。在身体形态的各项指标中，有的指标遗传度很高，如高度、长度和宽度指标；有些指标遗传度则较小，如体重、充实度。因此，在选才时，应重视高度、长度和宽度等形态指标，而与肌肉相关的体重等充实度指标，则应更多地依靠后天的训练加以改善和提高。

4）采用多种方法手段改善身体形态。影响身体形态的因素很多，如饮食、气候等都会影响外部形态，因而外部形态的训练不要只从训练的角度进行，要注意与其他手段和方法的运用，尤其要注意饮食和营养的控制。

2. 力量素质及其训练基础

（1）力量素质的定义及分类

力量素质是指人体神经肌肉系统在工作时克服或对抗阻力的能力。肌肉工作时以收缩产生的拉力克服阻力。肌肉工作所克服的阻力包括外部阻力和内部阻力。外部阻力，如物体重量、摩擦力以及空气的阻力等；内部阻力，如肌肉的黏滞性、各肌肉间的对抗力、主要来源于运动器官（如骨骼、肌肉、关节囊、韧带、腱膜、筋膜）等组织的阻力。

按照力量素质与运动专项的关系，可分为一般力量与专项力量；按照力量素质与运动员体重的关系，可分为绝对力量和相对力量；按照完成不同体育活动所需要的力量素质的不同特点，可分为最大力量、快速力量和力量耐力。

最大力量就是指肌肉通过最大随意收缩克服阻力时所表现出来的最高力值。

相对力量是指运动员单位体重所具有的最大力值。相对力量对体操、跳高等项目是十分重要的，因为这些项目要求运动员具有较大的克服自身体重的能力：一方面要求运动员具有较大的最大力量；另一方面还要求运动员体重不能过大，即要求运动员具有良好的相对力量。

快速力量是指肌肉快速发挥力量的能力，是力量与速度的有机结合。

爆发力是快速力量的一种表现形式，是指张力已经开始增加的肌肉以最快的速度克服阻力的能力。

力量耐力是指肌肉长时间克服阻力的能力。

（2）各种力量素质的评定及训练负荷量度的确定

1）最大力量的评定及训练负荷量度的确定

①最大力量的评定。运动员最大力量，既可在完成比赛动作的过程中测定，又可在完成与比赛动作接近的动作中测定；既可在静态条件下测定，又可在动态条件下测定。肌肉的动态评定和静态评定都有不足之处。用完成最大负重量的动力性练习评定运动员最大力量的不足之处在于，随着肌肉工作时关节弯曲角度的变化，肌肉工作的力量也处于不停的变化之中。因此，评定结果并不十分准确。而采用静力状态的手段评定运动员的最大力量，对周期性运动项目意义不大，肌肉在静力状态下测出的最大力量即使很高，也不意味着运动员比赛时肌肉在动力状态下也具有相当高的水平，况且用静力练习只能评定在某一静止姿势的力量，并不能代表整个运动过程的力量。评定运动员最大力量较为理想的方法是，测定肌肉等练习时的最大力量值。这种方法的优点在于，器械以各种不同速度运动时都可以表现出最大力量。

评定运动员最大力量时要注意：根据专项特点制定不同的评定标准，测定工作肌群的最大力量时还要重视对对抗肌群最大力量的评定。在评定伸肌最大力量时还要重视对屈肌最大力量的评定。既要重视对局部主要运动环节的最大力量的评定，又要重视对整体最大用力效果的评定，后者对运动成绩有更大的影响。

对少年及一般运动员力量评定可采用握力、背肌力、屈臂悬垂、引体向上、双杠臂屈伸及俯卧撑等指标。

②最大力量负荷量度的确定。负荷强度：负荷强度的确定，应有利于改善运动员肌肉收缩时内协调的能力，即提高神经系统的指挥能力；有利于增大运动员肌肉的体积。发展运动员最大力量的训练强度一般可控制在 75% 左右。在此要说明两点。

第一，力量训练必须有一个准备性的渐进过程，如对少儿训练，先是从 40% 左右的负荷强度开始，然后再逐渐加大负荷强度。

第二，每周应穿插一些更大强度，如 90%~95% 的负荷强度的训练。

负荷数量（次数与组数）：练习的重复次数与负荷的强度有很大关系，通常以 50% 的负荷强度做 20 次为宜，每减少 5% 的强度，重复次数可增加两次；每增加 5% 的强度，重复次数则要减少两次。用 25% 的负荷强度训练时，开始可连续重复做 8 次，随着运动员力量的增长，练习可达到的重复次数也必定能增加，当增加到 12 次后，应及时提高负荷的强度。

组间间歇时间：间歇时间的长短取决于练习的持续时间和负荷强度的大小，持续时间越长，负荷强度越大，间歇时间就应越长。此外，间歇时间的长短与参与工作的肌肉数量有关，局部肌肉参与工作，间歇时间可短些；参与工作的肌肉越多，间歇时间也应越长。

2）快速力量的评定及训练负荷量度的确定

①快速力量的评定。快速力量的大小，通常可采用动力曲线描记图分析评定。例如，下肢蹬地力量或上肢击打力量的动力曲线描记图。通过计算快速力量指数也可评定快速力量。

$$快速力量指数=力量的极值/达到力量极值的时间$$

在周期性运动项目中，也可以通过各种形式的速度综合测定来评定快速力量。如周期性运动项目的出发和加速段的时间（游泳：从发令到 10 米的时间；田径短跑：从发令到 30 米的时间；自行车：从发令到 50 米的时间）。

②快速力量负荷量度的确定。负荷强度：发展快速力量的负荷强度的变化区间很大，从 30%~100% 都可。很多情况下，采用不负重的练习方法，如各种单、双脚跳，台阶跳，蛙跳，跳深等下肢练习。这些超等长的练习，由于动作速度快，其实际负荷强度是相当大的。也可以体重为依据确定负荷强度，半蹲练习为体重的 50%；深蹲练习为体重的 30%~40%。

负荷数量：发展快速力量负荷的次数和组数的确定，应以不降低练习的速度为原则。

负荷数量与负荷强度关系密切，负荷重量大，则重复次数少；负荷重量小，则重复次数多，一般每组练习重复次数为 1~5 次。练习的组数应以不降低每次练习的速度及不减少重复次数为原则，组数也不宜安排过多。由于此类练习对中枢神经系统兴奋性要求很高，因此练习持续时间一般不宜过长，通常在 15~20 分钟之间。

间歇时间：发展快速力量练习的间歇时间，一方面要保证运动员完全恢复；另一方面又要避免运动员兴奋性明显降低，同时要考虑到运动员的恢复能力，一般安排 1~3 分钟为宜。休息时应采用积极性的休息手段，一方面促进恢复，另一方面保持神经系统良好的兴奋状态。

3）爆发力的评定及训练负荷量度的确定

①爆发力的评定。前面所介绍的评定快速力量的方法都可用来评定爆发力。但运动员在做爆发力练习时，所用的力量是不遗余力的，所用的时间是最短的，所以评定爆发力多以爆发力指数为指标。

爆发力指数=最大的力量/用力时间

②爆发力负荷量度的确定。负荷强度：发展爆发力训练的负荷强度依需要而定。有时以 30% 的强度负重练习；有时不负重，仅克服自身体重练习。

负荷数量：在安排重复次数与组数时，注意应以不降低速度为原则，同时要求中枢神经系统保持良好的兴奋状态。应注意并不是练习重复次数与组数越多越好。

重复次数与负荷强度关系密切。负荷重量大，强度高，重复次数就要少；负荷重量小，强度低，重复次数相对就多些，一般以 1~5 次为好。

组数不宜过多，以不减少每组重复次数、不降低每次练习速度为原则。发展爆发力训练，应用极限或接近极限的速度来完成每一次的重复练习。

间歇时间：间歇时间应以保证运动员工作能力完全恢复为原则，但也不宜过长，否则会使中枢神经系统的兴奋性明显下降，不利于下一组的训练。具体的间歇时间与工作量大小、运动员恢复能力有关，一般来说，可安排 1~3 分钟或 3~5 分钟。

间歇时可做一些放松的小强度练习，以利于强化恢复过程，使必要的休息时间缩短。

4）相对力量的评定及训练负荷量度的确定

①相对力量的评定。相对力量是指运动员每千克体重所具有的最大力量。所以，其评定可在对最大力量测定的基础上进行，用运动员体重去除最大力量便可以计算出该运动员的相对力量。

②相对力量的负荷量度确定。发展相对力量多采用提高肌肉内协调能力的方法。这样

做既可使运动员的最大力量得到提高，同时又能限制运动员体重的增加，从而发展运动员的相对力量。

负荷强度：发展相对力量要求动作快，所以不管负荷重量大小，实际负荷强度都是大的。只有这样才能动员更多的运动单位参与工作，也可使肌纤维工作同步化的程度得到提高，从而提高肌肉内协调的功能，使相对力量得到发展。

负荷数量：发展相对力量由于负荷强度高，总负荷量则小，因而产生的超量恢复就少，使运动员的体重得到控制。

5）力量耐力的评定及训练负荷量度的确定

①力量耐力的评定。对力量耐力的评定多采用多次重复完成比赛模仿动作的方法，根据运动员重复的次数进行评定。这种方法要求测试动作的运动形式和神经肌肉工作方式的特点都与比赛动作接近。如自行车运动员在功率自行车附加阻力的脚踏上蹬踏；划船运动员在专门的力量练习器上划桨；田径运动员在活动跑台上走、跑等。也有人提出用力量耐力指数来评定运动员的力量耐力，力量耐力指数等于练习器械的阻力（kg）乘以动作的次数。

力量耐力指数=练习阻力×重复次数

②力量耐力符合量度的确定。负荷强度：发展肌肉的力量耐力，一般采用25%~40%的负荷强度。

负荷数量：发展肌肉耐力练习的重复次数最为重要，一般要求多次重复，甚至达到极限。具体次数因负荷强度不同而异。重复组数视运动员而定，一般组数不宜太多。企图用组数去弥补练习的重复次数不足，是不会收到良好训练效果的。

间歇时间：组间间歇时间可以从30秒到90秒或更多，这取决于练习的持续时间和参加工作肌肉的多少。假如练习时间较短（如20~60秒），并且完成几组练习之后，需要达到疲劳积累的目的，那就应在工作能力尚未完全恢复时，即进行下一组的训练。若用心率控制间歇时间，可在心率恢复到110~120次/分时，进行下一组练习。假如练习持续时间比较长（2~10分钟），间歇时间亦可加长，在机体基本恢复后进行下一组练习。

3. 速度素质及其训练基础

（1）速度素质的定义及分类

速度素质是指人体快速运动的能力，包括人体快速完成动作的能力和对外界信号刺激快速反应的能力，以及快速位移的能力。

速度素质包括反应速度、动作速度和移动速度。反应速度是指人体对各种信号刺激（声、光、触等）快速应答的能力。动作速度是指人体或人体某一部分快速完成某一个动作的能力。动作速度是技术动作不可缺少的要素，表现为人体完成某一技术动作时的挥摆速度、击打速度、蹬伸速度和踢踹速度等。此外，还包含在连续完成单个动作时在单位时间里重复次数的多少（动作频率）。

移动速度是指人体在特定方向上位移的速度。以单位时间内机体移动的距离为评定指标。从运动学上讲，是距离（s）与通过该距离所用的时间（t）之比。在体育运动中，常常是以人体通过固定距离所用的时间来表示，如男子 100 米跑 10 秒、100 米自由泳游 50 秒等。

（2）速度素质的评定及负荷量度确定

1）反应速度

①反应速度评定。测定反应时，即根据运动员对信号刺激做出反应所需的时间来评定运动员反应速度的快慢。运动员对不同种类信号的反应时间是不同的。因此，往往根据不同项目的不同特点测定运动员对特定信号的反应速度。如短跑、游泳等竞速项目，运动员主要接受听觉信号而开始竞技，而乒乓球选手则主要接受视觉信号而做出技战术反应。

对反应时的评定，可以通过实验室的精密仪器测量进行，也可以用简易的方法进行。

②反应速度训练中应该注意的问题。

a. 反应速度由神经反射通路的传导速度所决定，基本属于纯生理过程，不受其他因素影响。纯生理过程的提高是相当困难的，很大程度上取决于遗传因素，通过训练可使运动员潜在的反应速度能力表现出来并稳定下来。

b. 要求运动员注意力集中。在训练中，运动员注意力集中与不集中大不一样，运动员注意力集中，可使神经系统处于适宜的兴奋状态，使肌肉处于紧张待发状态，此时，肌肉的反应速度比处于松弛状态时可提高 60% 左右。当然，这种紧张待发状态必须有时间的限制，一般来说，适宜时间为 1.5 秒左右，最多不能超过 8 秒。把注意力集中在完成的动作上效果更好，可缩短潜伏时间。因此，短跑运动员在"预备"起跑时，要紧紧地压住起跑器，把思想集中于准备迅速迈出第一步。

c. 反应速度的提高在很大程度上取决于运动员对信号应答反应的动作熟练程度上。动作熟练，信号一出现，就会立刻做出反应动作。在进行反应速度的训练时，还要经常改变刺激因素的强度和信号发出的时间。

2）动作速度

①动作速度的评定。因为动作速度寓于某一个技术动作之中，如抓举的动作速度、跳

跃起跳的动作速度、游泳转身的动作速度等，所以动作速度的测量是与技术参数测定联系在一起的，如测出手速度、起跳速度、角速度、加速度等。此外，通过连续多次完成同一动作，亦可求出平均的动作速度。

②动作速度训练中应该注意的问题。

a. 提高动作速度应与掌握和保持正确的技术动作紧密地结合在一起。

b. 专门性的动作速度训练与专项比赛动作要求相一致，如在短距离跑训练中所采用的专门性练习、小步跑、高抬腿跑等，游泳运动员专门转身等练习时，都应对动作速度提出严格的要求。

c. 在使用反复做某一个规定动作（如两腿快速交替练习）为手段发展运动员的动作速度时，应合理地变换练习的速度。将最高速度与变换速度的练习结合起来，把相对固定（有规格的）的速度练习与变化（无规格的）的速度练习结合起来，并且要避免动作速度稳定在同一个水平上，力争让运动员超过平时的最高速度。

d. 动作速度训练中，练习的持续时间一般不宜过长。这是因为动作速度训练强度较大，运动员的兴奋性要高，一般不应超过 20 秒。

e. 练习与练习之间的间歇是由练习的强度决定的，练习强度大，需要的间歇时间就应长些。但也不要忘记，间歇时间过长会使运动员神经兴奋性下降，不利于用"剩余兴奋"去指挥后面的练习，因此间歇练习也不宜过长，如持续时间 5 秒、强度达到 95% 以上的练习，间歇时间以 30~90 秒为宜。

3）移动速度

①移动速度的评定。测定移动速度的手段常常用短距离跑。要求如下：

a. 距离不要过长，可用 30~60 米的距离。

b. 最好不从起跑计时，而测定运动员全速跑通过某段距离的能力。

c. 在运动员不疲劳、神经兴奋性高的状态下测验。

d. 可测定 2~3 次，取最佳成绩。

以下两个指标对运动员快速移动能力有着重要影响：一是最大步频；二是快速跑中的支撑时间。测定单脚撑地时间可采用触点跑道和波动描记器记录。优秀运动员单脚撑地时间为 0.08~0.13 秒，普通人为 0.14~0.15 秒。

②移动速度负荷量度确定。提高移动速度有两个基本途径：一是力量训练，使运动员力量增长，进而提高速度；二是反复进行专项练习。无论通过哪个途径提高移动速度，训练中都必须重视确定适宜的训练负荷。

a.赛跑运动员进行快速力量训练时，不同练习内容对练习的组数及每组重复次数有不同的要求。

b.超等长力量练习，如用最大速度做垂直跳 30 秒、单足跳 30~50 米、立定跳远、三级跳远、三级跳箱练习（用单足跳上、跳下）、单足跳下台阶、跳深练习等。

c.在训练实践中，运动员力量得到提高，并不意味着移动速度马上可以提高。有时当力量训练负荷减少以后，移动速度才有提高，这种现象叫"延迟性转化"。

4. 耐力素质及其训练基础

（1）耐力素质的定义及分类

耐力素质是指有机体坚持长时间运动的能力。许多项目的运动竞赛都要持续较长或很长的时间。运动员要在竞赛全过程保持特定的运动强度或动作质量，就必须具备良好的耐力素质，就必须具备能与在持续运动过程中不断积累和加深的疲劳做斗争的能力。

疲劳是一种生理现象，是有机体自我保护的反映。训练会导致机体疲劳，疲劳的产生则限制着有机体继续承受训练负荷。对体能主导类耐力性项目来说，耐力素质的发展水平对运动员的专项竞技水平起着主导作用；对其他项目来说，良好的耐力素质则有助于运动员更好地克服在训练和比赛中出现的疲劳，承受更大的训练负荷，提高训练效果，并在比赛中取得更好的成绩。

按人体的生理系统分类，耐力素质可分为肌肉耐力和心血管耐力。肌肉耐力也称为力量耐力，心血管耐力又分为有氧耐力和无氧耐力。有氧耐力是指机体在氧气供应比较充足的情况下，能坚持长时间工作的能力。有氧耐力训练的目的在于提高运动员机体吸收、输送和利用氧气的能力，促进有机体的新陈代谢。

无氧耐力也叫速度耐力，是指机体以无氧代谢为主要供能形式，坚持较长时间工作的能力。无氧耐力又分为磷酸原供能无氧耐力和糖酵解供能无氧耐力。

在无氧代谢供能的肌肉活动中，磷酸肌酸分解供能，不产生乳酸，叫磷酸原代谢供能。机体处在这种状态下，坚持较长时间工作的能力，称为磷酸原代谢供能的无氧耐力。

在无氧代谢的肌肉活动中，糖的酵解供能，产生乳酸。机体处在这种状态下，坚持长时间工作的能力，称为糖酵解代谢供能的无氧耐力。

依耐力素质对专项的影响，耐力素质又可分为一般耐力和专项耐力。一般耐力是指对提高专项运动成绩起间接作用的基础性耐力；专项耐力是指与提高专项运动成绩有直接关系的耐力，具体地讲是指持续完成专项动作或接近比赛动作的耐力。

（2）耐力素质的评定及负荷量度的确定

1）有氧耐力的评定及负荷量度的确定

①有氧耐力的评定。评定有氧耐力的方法很多，经常采用的方法是定距离的计时位移运动，如 1500~10000 米跑、400~3000 米游泳、100~200 公里自行车骑行及 5000~10000 米划船等，还有定时计距离的 12 分钟跑等。

②有氧耐力负荷量度的确定。以持续训练法为例。

负荷强度：采用持续训练法发展有氧耐力的训练强度相对较小，心率可控制在 145~170 次／分之间。这个训练强度对提高运动员心脏功能尤为有效，对改进肌肉的供血能力、改进肌肉的直接吸收氧的能力也有特殊意义。有氧耐力训练的适宜心率可通过公式计算，如下：

$$安静心率+（最大心率－安静心率）\times 60\%－70\%$$

据研究，心率控制在这个水平线上，机体的吸氧量可达到最大值的 80% 左右，输出量增加，促进骨骼肌、心肌中的毛细血管增生。假如超过这个界限，如 170 次／分以上，机体就要产生氧债，使训练效应发生变化。假如低于这个界限，如 140 次／分以下，输出量达不到较大值，同时吸进的氧气也少，则会影响训练的效果。

负荷数量：负荷数量取决于运动员的训练水平，训练水平高的运动员可承受大负荷量，如持续跑可坚持两个小时；训练水平低的运动员只能承受较小的负荷量。但一般来讲，发展运动员有氧耐力训练时间不能少于 20 分钟。

2）糖酵解无氧代谢供能的无氧耐力的评定与训练负荷量度的确定

①评定方法。评定糖无氧代谢供能的无氧耐力可采用持续 1 分钟的练习作为评定指标，如 400 米跑。

②负荷量度确定。负荷强度：提高糖酵解无氧代谢供能的无氧耐力训练的强度为 80%~90%，以使运动员机体处于糖酵解供能状态，其强度为 80%~90%。发展糖酵解无氧代谢供能的无氧耐力训练，一次练习的持续时间介于 1~2 分钟之间。若以跑为训练手段时，其距离应控制在 300~800 米之间，一般以 400 米为宜。若以游泳为训练手段时，其游程可控制在 100~200 米之间。

重复练习的次数与组数：每组练习的重复次数不必过多，如 3~4 次，以保持必要的训练强度。练习的重复组数应视运动员训练水平而定，一般来讲，训练水平低的新手重复组数少，如 2~3 组；对训练有素的运动员可安排 3~5 组。确定练习重复组数的基本原则是：使运动员在最后一组也基本能保持所规定的负荷强度，而不应下降得过多。

间歇时间：发展糖酵解无氧代谢供能的无氧耐力的间歇时间安排有两种做法。一种是次间间歇时间以恒定不变的方式安排，如每次练习之间休息 4 分钟等；另一种是采取逐渐缩短时间的方式安排，如第一、二次之间间歇 6~5 分钟，第二、三次之间间歇 5~4 分钟，第三、四次之间间歇 4~3 分钟，这样做有利于使体内乳酸堆积，达到较高值。间歇时间的确定又受负荷距离及强度的影响，距离长、强度大，间歇时间就长；距离短、强度小，间歇时间就短。组间的间歇时间一般要长于组内间歇时间，以利于恢复。

5. 柔韧素质及其训练基础

（1）柔韧素质的定义及分类

柔韧素质是指人体关节在不同方向上的运动能力以及肌肉、韧带等软组织的伸展能力。

柔韧素质通过关节运动的幅度，也就是按一定的运动轴产生转动的活动范围而表现出来。

柔韧素质分为一般柔韧素质和专门柔韧素质。一般柔韧素质是指机体中最主要的那些关节活动的幅度，如肩、膝、髋等关节活动的幅度，这对任何运动项目都是必要的。

专门柔韧素质是指专项运动所需要的特殊柔韧性，专门的柔韧素质是掌握专项运动技术必不可少的重要条件。

（2）柔韧素质的评定及负荷量度的确定

1）柔韧素质的评定。测量与评定柔韧素质带有局部性的特点，其测量方法和手段均涉及身体有关部位完成动作时活动的幅度。评定柔韧素质通常采用的方法是用直尺、皮尺、量角器等工具直接测量关节活动的最大幅度。柔韧性测量的指标是角度和距离。例如，测量肩关节活动幅度时，可采用手持木棒转肩测量，测出两大拇指的间距，间距越小，肩关节活动幅度越大，柔韧性越好。

2）柔韧素质训练负荷量度的确定。负荷强度：柔韧素质训练在多数情况下是采用自身用力的拉伸法，自身用力的大小应依运动员自我感觉来安排。如肌肉酸痛时可以减轻一点用力；肌肉胀痛时可以坚持一下；当肌肉感到麻时，则应停止训练。

进行柔韧性训练有时也采用负重练习，负重量不能超过被拉长肌肉力量的 50%，对高级运动员的负重量可以略多一些。一般来讲，长期中等强度拉力练习的效果优于短期大强度练习的作用。

练习的数量：为保持关节运动的最大幅度，应根据关节的不同特点，确定适宜的练习次数。

运动员的年龄与性别不同，练习的次数也应有所区别。少年运动员（12~14 岁）练习的重复次数，应为成年运动员的 30%~40%，女子应比男子少 10%~15%。

每组持续练习的时间为 6~12 秒，摆动动作可稍长一些。在做静力性练习时，当关节角度伸展到最大限度时，可停留固定 30 秒钟左右的时间。

应根据保证运动员在完全恢复的条件下完成下一个练习，来确定练习的间歇时间。休息时间、练习的性质与动作持续时间有密切关系。例如，多次完成提高脊柱活动的躯干弯曲动作，比完成 15 秒踝关节的强制伸展练习，休息时间要长得多。

间歇时应安排肌肉放松练习或进行按摩等。

6.灵敏素质及其训练基础

（1）灵敏素质的定义及其分类

灵敏素质是指在各种突然变换的条件下，运动员能够迅速、准确、协调地改变身体运动的空间位置和运动方向，以适应变化着的外环境的能力。

衡量灵敏素质的标志是运动员在各种复杂变换的条件下能够迅速、准确、协调地做出应答动作。这就要求运动员必须具有良好的判断能力及反应速度，要求运动员随机完成的应答动作在空间、时间以及用力特征上相互吻合，组配协调。

灵敏素质可分为一般灵敏素质和专门灵敏素质两类。一般灵敏素质是指在完成各种复杂动作时所表现出来的适应变化着的外环境的能力。专门灵敏素质是指根据各专项所需要的，与专项技术有密切关系的，以及适应变化着的外环境的能力。

（2）灵敏素质的评定及负荷量度的确定

1）灵敏素质的评定。评定灵敏素质的方法很多，如立卧撑测试、象限跳测验、滑步倒跑测验、十字变向跑及综合性障碍等。

2）训练负荷量度的确定。发展灵敏素质主要采用变换训练法。训练强度一般较大，速度较快。练习次数不宜过多，训练时间不宜过长，因为机体疲劳，力量会下降、速度会变慢、反应会变迟钝，不利于灵敏素质的发展。每次练习之间应有足够的休息时间，以保障氧气的补充和肌肉中高能物质的再合成；但休息时间过长，又会使神经系统的兴奋性下降。一般来讲，练习时间与休息时间可为 1：3。

（二）心理学专业理论基础

心理学作为一门研究情感、需要、个性、体验的科学，与具有知、情、意、行高度合一特性的体育活动，有着内在的联系。《体育与健康课程标准（2011）》提出了"身体健康、心理健康和社会适应"的三维健康观，重视"心理健康"是学校体育的教育任务之一。

因此，在进行体育学习和身体素质促进过程当中，一定要充分考虑不同学段学生的心理特征与身体素质锻炼的心理因素，了解有利于学生心理健康的锻炼方式、激发和提高学生的运动兴趣、培养与发展学生的思维与创造等体育能力，以使本研究设计的体能促进实践方案的内容能够有效地促进学生的心理健康。

1. 心理健康及其标准

心理健康的含义是"强调个体内部的协调及其对外界环境的适应，它是指在智力正常的基础上所形成的良好的个性心理特质和稳定的情绪表现，是一种能够有效处理内外关系的良好心态"。国际心理卫生学会确立的心理健康标准是"身体、智力、情绪反应协调，能较好地适应环境，在人际关系中彼此谦让，有幸福感，在工作和职业中能充分发挥自己的能力，过有效率的生活"。

2. 不同阶段学生的心理特征与身体素质锻炼的心理因素

（1）小学生阶段

1）心理特征

①认知能力。感知觉的充分发展；注意力范围有限且欠稳定；记忆力逐步提高；以形象思维为主；具有丰富的想象力。

②个性特点。情绪稳定而单一；意志品质不够坚韧；自我意识明晰但独立性差；社会认知得到发展。

③社会社交。随着儿童独立性与批判性的增长，儿童逐渐摆脱对父母、老师的依赖，更加关注与同伴的交往。因此，他们要面临这样三种关系：亲子关系、同伴关系和师生关系。

2）锻炼时的注意事项。进行柔韧和灵敏素质练习时，注意选择难度适中、简单具体、生动有趣、形式多样的练习内容和手段。

3）影响身体素质的心理因素。速度素质与个体做出应答的反应时间、感知的准确性、注意力等心理品质有关；力量素质与个体的高度集中的注意力、良好的情绪控制能力和坚忍的意志品质有关；耐力素质与个体坚忍的意志品质、明确的心理定向、意识与注意的控制能力以及自我命令与激发等心理品质有关；柔韧素质与个体的毅力与耐心等心理品质有关；灵敏素质与个体反应客体的准确性、观察力、运动表象、运动记忆能力、应变能力、协调性、适应性等心理品质有关。

（2）中学生阶段

1）心理特征

①认知能力。观察能力的提高；思维能力的发展；情绪控制能力的提高。

②自我意识。成人感的产生；体力见长，争强好胜；自我调控的自觉性、独立性和相对薄弱性；自我体验的敏感性、丰富性和矛盾性。

③需要与兴趣。社会性需要不断加强；独立性需要日益强烈；友谊需要发展迅速；间接兴趣不断发展；中心兴趣逐步形成。

④心理矛盾激化。独立性与依赖性的矛盾；自尊心与自卑感的矛盾；封闭性与开放性的矛盾；勇敢与怯懦的矛盾。

2）锻炼时注意事项。进行速度、力量、平衡性练习时，注意发展学生的探究式、自助式学习能力，注重发挥学生的主体作用。

3）影响身体素质的心理因素。速度素质与个体做出应答的反应时间、感知的准确性、注意力等心理品质有关；力量素质与个体的高度集中的注意力、良好的情绪控制能力和坚忍的意志品质有关；耐力素质与个体坚忍的意志品质、明确的心理定向、意识与注意的控制能力以及自我命令与激发等心理品质有关；柔韧素质与个体的毅力与耐心等心理品质有关；灵敏素质与个体反应客体的准确性、观察力、运动表象、运动记忆能力的好坏、应变能力、协调性、适应性等心理品质有关。

（3）高中生、大学生阶段

1）心理特征。

①自我意识。自我明显分化，以自我为中心考虑问题；十分注意自己的形象；更经常地指向自己的内心世界，关注自己的个性品质；客观、全面、独立地对自己的内心世界和个性品质进行批判；容易自卑，关注自己在别人心目中的地位。

②思维。认知能力得到快速发展，接近成人水平，表现在抽象逻辑思维能力已经属于理论型、形式逻辑思维能力得到稳定发展、辩证思维能力的提高也十分显著。

③情感与情绪。情感体验强烈，两极突出；情感、情绪的时间延续性更长，情感具有掩饰性、闭锁性和曲折性；情感和情绪的内容丰富而深刻。

④人生观与价值观。家庭生活、社会生活和政治生活中的地位对其人生观、价值观的形成有着重要的影响。

2）锻炼时注意事项。进行以身体素质为基础的技能学习时，注意学生体育能力的培养，为终身体育奠定基础。

3）影响身体素质的心理因素。速度素质与个体做出应答的反应时间、感知的准确性、注意力等心理品质有关；力量素质与个体的高度集中的注意力、良好的情绪控制能力和坚忍的意志品质有关；耐力素质与个体坚忍的意志品质、明确的心理定向、意识与注意的控制能力以及自我命令与激发等心理品质有关；柔韧素质与个体的毅力与耐心等心理品质有关；灵敏素质与个体反应客体的准确性、观察力、运动表象、运动记忆能力的好坏、应变能力、协调性、适应性等心理品质有关。

3. 培养和激发学生的运动兴趣和动机

运动兴趣是人们积极地认识、探究或参与体育运动的一种心理倾向，是获得体育与健康知识和技能，促进身心健康的重要动力。运动兴趣和人的运动需要有着密切的联系，其发生是以一定的运动需要为基础的。运动动机是指由运动目标引发的、推动学生参与体育学习和身体锻炼活动的内部心理动因。多项研究表明，影响学生运动兴趣水平和运动动机的主要因素有运动需要的满足、现有的运动技能水平、运动内容的新奇性和适合性、成功体验的获得和融洽的师生关系。苏霍姆林斯基说过："世界上没有才能的人是没有的，问题在于教育者要去发现每一位学生的禀赋、兴趣、爱好和特长，为他们的表现和发展提供充分的条件和正确的引导。"因此，在体育教学实践中，不管采用什么样的教学方法，只要学生通过体育学习能获得启迪、受到教益、学到真本领，就能极大地增强学生的运动兴趣和动机。由此，本书提出了以下培养和激发学生运动兴趣和动机的思路。

（1）加强学生对体能基础作用的认识，了解体能促进对人体结构和功能的影响，从而产生相应的运动需要感。

（2）选择有吸引力的练习内容（如软梯、灵敏训练圈、小栏架、瑞士球练习等），以增强体育学习内容的诱惑力。

（3）给学生一定的选择空间，在理解动作原理的基础上，培养他们自主学习和探究学习的能力。

（4）采用新颖有趣的教学内容、生动活泼的教学方法和灵活多变的课堂组织形式，创造和谐的课堂学习气氛，满足学生的"好玩心"和"好奇心"，从而激发学生的运动兴趣和动机。

（5）尽量创设问题情境，使学生的运动兴趣和动机始终处于被激发的状态。

二、理念基础

理念是观念，是思想，但又不同于一般的观念和思想，它更多地表现为那种"纯粹理性概念"的观念和思想，所以更具有理性色彩，因而更加深刻。而理论是对规律性的认识，是系统化的知识。根据现代体能训练和美国 SPARK 课程在我国的发展情况，本书认为，对它们在实践中一些观点的概括，还是用"理念"来表述比较确切。

（一）现代体能训练理念对体能理论与实践的启示

训练理念是训练主体对运动训练及其过程进行思维的概念或观念的形成物。训练理念不是训练实践或训练现实，但源于对训练实践的思考，是对训练实践的自觉反映。它具有引进新科学知识的敏感性、多学科运用的广泛结合性、对训练实践的直接指导性等特点。现代体能训练是"运动训练过程中以多学科知识为基础，运用先进科学的训练方法与手段，发展运动员的身体形态、机体机能和运动素质的训练"。它的主要内容包括功能解剖学、体能训练理念、体能训练方法、体能恢复训练、康复体能训练、体能训练计划、体能诊断方法等，且它们之间构成了一个相互关联、互为基础的理论与方法系统。需要特别指出的是现代体能训练理念和方法在深入探讨专项技术和体能特点的基础上，调整训练理念，采用现代多元化的训练手段和方法，有针对性地进行科学训练。本书通过对参加培训获得的资料和从数据库查阅的资料进行分析，认为它的创新理念可以概括为三种：功能性训练理念、核心区训练理念和平衡训练理念。

（二）应采用功能性训练理念指导体能促进实践

近几年来，随着我国体能训练专家和学者对现代体能训练的理性认识，"功能性训练"这个曾经应用于康复领域的词语，逐步向竞技体育渗透，并且已成为非常时髦的训练术语。美国国家运动医学会认为功能性训练包括那些涉及运动链中每一个关节和在不同平面的加速、减速及稳定性训练动作。美国运动委员会指出，功能性训练是训练动作的活动，包括核心区训练、平衡性训练、稳定性训练和动态运动训练。我国学者刘爱杰等认为，功能性训练是一种为提高专项运动能力，通过加强核心力量并能使神经肌肉系统更有效率的训练方法。功能性训练的目的在于训练动作姿势，而不是单一的关节、单块的肌肉；功能性训练还被认为是一种训练"动作"的精确性和控制力的活动，它强调的不是肌肉力量的过分发展，而是强调多关节肌群的平衡、协调和稳定性。功能性动作又被定义为"是我们的身体被设计成的，每天生活当中应该做的动作"。基于这一定义，人体的各种复杂动作，包括竞技动作都被认为是人体功能性动作的组合，而且这些功能性活动包括以下几种重要的动作：涉及核心部位灵活性和稳定性的蹲、踏、弓箭步、伸、抬腿，以及另外两种要求躯干稳定和旋转的动作（俯卧撑和躯干旋转稳定动作）。功能性训练是一个宽泛的概念，它可以进一步分为功能性力量训练、功能性速度训练、功能性耐力训练等，是一个从全局的角度寻找个体薄弱点的范畴。它的多数训练方法的创编和训练器材的研发都是以训练部位的运动形式、主要结构、结构特点和运动时的作用肌为依据研发的。功能性体能训练的基本关注点是：核心区的训练，强调运动员身体躯干核心部位的平衡、稳定和控制；完整运动链的训练，强调全身动作的整体化和控制下的动态平衡性；多维度运动形式的训练，强调动作设计符合日常生活和竞技运动需要，在两个或三个生理解剖面上完成。

通过对功能性训练的阐述，本书认为，在学生体能促进过程中，可以借鉴和渗透功能性训练理念。首先，教师在设计练习动作时，在低年级阶段，选用的动作应尽量符合日常生活动作，选用的器材应能实现锻炼部位的运动形式，这样便于学生掌握正确的动作姿势，从而形成正确的动作模式，为高年级阶段进行多维的、复杂的动作练习奠定基础。其次，在练习过程中，特别是对低年级阶段学生，要强调动作的质量，不要过多关注动作的数量，到较高年级阶段，可以对动作的质量和数量同时要求。最后，教师要注意对学生稳定性、平衡性的发展。在具体的练习过程中，教师还要注意学生整体运动链的练习，重视运动链中薄弱环节的锻炼，从而实现有针对性地全面促进，达到高效发展学生体能的目的。

（三）运用功能性动作训练理念帮助学生形成正确的动作模式

功能性动作训练体系是摒弃传统上狭隘的"学科"观点看待体能训练的弊端，将生物、医学领域和运动训练紧密联系起来，旨在测试、诊断、纠正和优化人体基本动作模式，并用"功能动作筛查"的理念和方法，为训练领域提供了一个训练人体动作体系的评估底线和检查系统。

动作是我们生存、交流、娱乐和成长的方式。各种动作方式是运动和稳定的身体环节协调、和谐地工作而产生的有目的的结合。动作模式识别是动作过程和动作评价的核心。我们每天都在与动作打交道，我们每个人都需要理解人体动作的基本规则或原理，原理总是优先于方法，用于指导实践。体育教师担负着育人的教学任务，从功能性动作训练的角度来说，应当完成教会学生正确动作模式的任务。要教会学生正确的动作模式，我们首先应学会如何理解功能动作。对于这一问题，本书认为可以这样来解释：当婴儿来到这个世界时，具有不接受任何限制的灵活性，而且能够自然地执行滚动、爬动、爬行、跪行和行走这样一个动作过程，在这个过程中，前一个动作模式可以作为下一个动作模式的"垫脚石"，如在正常情况下这个过程应当是一个完美的动作过程。当任何一个动作模式出现功能不良时，教师就要具备筛查、评价和纠正的能力，通过最佳努力，就可以重新复制这条"黄金标准"。

应如何把这些理念应用到学生体能促进当中？本书认为，这一实践过程主要由体育教师来执行。首先，教师应当重视功能性动作训练理念在教学当中的应用，要有帮助学生形成正确动作模式的教学责任感。其次，教师应完善自己的专业知识结构，转变教学理念，顺应时代潮流，积极地学习和接受新知识、新方法和新理念，让学生接受科学的、前沿的理论指导下的体育教育，这样才能真正培养出社会需要的人才。最后，教师要把功能性动作训练理念与具体的动作练习结合起来，在理念的指导下制定相应的教学指导和组织方法，用于指导学生的实践练习，从而保证学生能够真正受到科学的教学指导，快速形成正确的动作技能。

（四）应重视学生核心区力量的发展

核心区力量训练是指针对身体核心区肌群及其深层小肌肉进行的力量、稳定、平衡等能力的训练。关于核心区稳定性的定义，到目前为止尚不存在一个被公认的定义。

陈小平认为，核心区稳定性是指在运动中控制骨盆和躯干部位肌肉的稳定姿态，为上下肢运动创造支点，并协调上下肢的发力，使力量的产生、传递和控制达到最佳化。

从以上概念界定可以看出，它们的共同点在于都是功能性训练的一个分支。区别在于核心区力量是一种与上下肢力量并列的、以人体解剖部位为分类标准的力量能力。它是人体运动的一个重要"发力源"，是其他运动能力（如速度、协调等素质）的基础，对运动中的基本动作、身体姿势和技术动作起稳定与支持作用，稳定是核心区力量训练前期的主要目的。而核心区稳定性是人体核心区力量训练的一个结果，核心区稳定性训练主要关注的是稳定肌的训练，它是一个动态的过程。因此，在运用这两种训练方法时，一定要加以区分，否则会导致促进效果的偏移。

核心区力量存在于所有运动项目中，所有体育动作都是以中心肌群为核心的运动链。人体核心区能力的增强，可以让身体各环节形成有效的动力链，协调一致地发挥作用。其中，起"发力源"作用的主要是核心区的大肌肉群，起稳定作用的主要是神经和核心区的深层小肌肉群，起平衡作用的是神经和肌肉的共同作用效果。从生理学角度分析，青少年正处于生长发育的关键时期，这一时期的体能基础如何直接影响其一生的体能水平。因此，在青少年体能训练的过程当中，为了真正实现学生"全面的"身体发展，既要发展他们的核心区力量，还要发展他们的核心区稳定性，同时也不能忽视身体其他部位的平衡发展。值得提醒的是，在具体实践操作过程中，一定要清楚促进的目的，只有这样才能有针对性地选择正确的促进方法和手段。

（五）应采用平衡发展的理念指导学生体能促进方法的设计

平衡是一种非常普遍的现象，大到宇宙，小到身边的各种事物，从宏观到微观随处可见。为能完成一个全过程，任何一个事物的发展必然要维持运动中的平衡状态。从运动系统角度分析，人体是一个开放的、非平衡的系统，一个系统往往又是更大系统的组成要素，它本身也有更深层次的子系统，要实现这个系统内部各要素之间的平衡，就要对造成不平衡的因素进行干预，这样才能达到体能系统的动态平衡，才能促进个体的良性发展。

现代体能训练理念特别强调体能的平衡发展，主要包括结构与机能的平衡、基础体能与专项体能的平衡、整体与部分的平衡、整体稳定与局部稳定的平衡、各供能系统之间的平衡、肢体与核心区的平衡、上肢与下肢的平衡、屈肌与伸肌的平衡、大肌群与小肌群的平衡、人体左右的平衡等，本书认为，以上这些平衡发展内容的提出，是修改以往教材中类似"推铅球"内容的最好理论依据。当前我国的基础教育特别重视学生素质教育的全面发展，各学科之间的平衡发展是实现全面发展的前提。体育教育作为学校教育的一部分也不例外，依次层层推进。体能促进作为体育教学任务的一部分，也应注重学生各项健康体能的全面与平衡发展。因此，在青少年体能训练方法的设计过程中，要以平衡发展理念为指导思想，关注学生身体机能的平衡发展，使学生通过体能促进，达到"肢体与核心区的平衡、上肢与下肢的平衡、屈肌与伸肌的平衡、大肌群与小肌群的平衡、人体左右的平衡等"，从而使体能的各个要素在动态环境下平衡发展。

第二节　我国大学生体能训练的理论研究

运动训练原则是运动训练客观规律的反映，是运动训练实践经验的总结和概括，因此是进行运动训练必须遵循的。

随着训练实践的不断丰富和深化、经验的不断积累，训练原则也不断充实和科学化。根据我国运动训练的实践和理论以及苏联、德国等国的运动训练理论对训练原则的论述，本章将阐述自觉积极性原则、直观性原则、一般训练和专项训练相结合的原则、不间断性原则、周期性原则、合理安排运动负荷原则、区别对待原则、有效控制原则和动机激励训练原则。

这些原则不是孤立的，它们之间是紧密联系、互为作用的。这些原则也不是僵死不变的教条，需要结合专项训练的特点，理解其精神实质，在运动训练实践中灵活运用。

一、自觉积极性原则

自觉积极性原则，是指在运动训练过程中要教育运动员深刻认识训练的目的，刻苦地、创造性地进行训练，努力完成训练任务。

自觉积极性原则强调了在运动训练过程中教练员要把教育运动员深刻认识训练的目的放在重要的位置；强调了运动员的刻苦训练不是被迫的，而是在对训练目的有明确认识基础上的自觉行动；强调了训练不但要刻苦，而且要独立思考，有创造性，才能顺利地完成训练的各种任务。

（一）理论依据

在运动训练中提出自觉积极性原则，是根据"运动训练过程基本上是个人的训练过程"和"在运动训练中有机体要不断承担运动负荷，直至承担最大运动负荷的能力"这两个特点，以及"外因是变化的条件，内因是变化的根据，外因通过内因而起作用"的唯物辩证法而提出来的。在整个过程中，要想调动运动员的积极主动性，创造性地执行训练计划，克服精神和身体两方面的因素，尽快地适应不断提高的运动负荷，达到训练的要求，必须先调动其自觉性。自觉是积极的前提条件，有了自觉性，才有积极的能动性。也就是说，在教练员指导的这个外因条件下，通过运动员自觉积极的训练这个内因，才能保质保量地完成各项训练任务。任何一个有成就的运动员无不具有自觉、刻苦和创造性。

（二）基本要求

在运动训练过程中，教练员贯彻自觉积极性原则体现在很多方面，最主要的要求如下：

1. 形成正确认识，具有自觉态度

通过启发教育和采取各种有效措施，逐步让运动员形成对训练的目的和任务的正确认识，具有针对训练的自觉态度。运动员，特别是青少年儿童运动员参加运动训练，有各种不同的目的，从心理学的角度来说，就是有各种不同的动机。最常见的就是从个人的兴趣和爱好出发参加训练，他们对训练的目的和任务认识不足，没有稳定的、长期为之奋斗的正确目标，一旦在训练中遇到困难，这种暂时的自觉积极性就会逐步消失。所以，教练员要把训练目的和任务的教育，贯穿在整个训练过程中，把运动员参加训练的各种动机引导到正确的轨道上来，使之成为内心的自觉要求。

2. 了解任务及其意义和作用

根据运动员的具体情况，使他们了解需要完成的具体任务对达到长远目标的意义和所起的作用。对优秀运动员，教练员应与他们一起确定训练目标和任务（包括长期的和近期的），使之明确达到这个目标和完成这个任务，需要多长时间，花费多大努力，以树立起坚强的信念，激发自觉积极性。

对青少年儿童运动员，教练员一开始就应通过各种方式，有的放矢地培育、启发他们的自觉积极性。

3. 目标一定要切合实际

在训练过程中，指标要求定得过高过难或过低过易，都会在一定程度上影响运动员的自觉积极性。如运动员一旦达标和完成教练员制定的各方面要求，就应立即提出新的目标和要求，使之不断努力，从而始终保持训练的强烈愿望。

4. 培养对训练的兴趣

培养运动员对训练的兴趣，是激发运动员自觉积极地、持续地参加运动训练的一个重要因素。

要引起运动员对训练作业的兴趣，很大程度上取决于教练员对训练课的内容、方法的选择是否有吸引力。如果长年累月都是单调枯燥的老一套，那么就难以调动运动员的自觉积极性。所以，教练员应该采取各种有效措施变换训练的方式方法，多借鉴其他项目的训练来调动运动员的训练兴趣，这样才能保证训练的正常进行。

5. 了解成果，并自我评价

使运动员经常了解训练成果，并培养运动员进行自我分析和评价的习惯与能力。

训练的成绩是教练员和运动员共同取得的，只有当运动员充分了解自己的训练成果时，才能进一步调动自觉积极性。通过定期或不定期的成绩考核，要使运动员看到他们经过艰苦训练所取得的成绩，增强信心，从而激励他们不断奋进。即使成绩不理想，也应从中总结经验，找出差距，加以克服。

当运动员养成对训练的成果和存在的问题进行自我分析和评价的习惯后，就能主动地、创造性地训练，独立思考，独立解决训练中存在的问题。教练员可有意让运动员个人、小组进行口头分析总结、书面总结或专题小结；也可在训练课中要求运动员对具体的练习进行分析，提出问题，找出原因及其克服的方法；还可以对训练中某一方面的问题、某一练习的技术或战术进行集体讨论，出主意、想办法，以提高分析和评价练习的能力。

总之，自觉积极性原则，关键是教练员在训练过程中要发挥主导作用，有计划、有措施，并逐步与运动员的独立创造才能结合起来，使他们的自觉程度日益提高。在教练员发挥主导作用的同时，应注意运动员的主体作用，因为运动员训练是由教练员与运动员双方因素组成的，所以在运动训练过程中一定要相互尊重、相互信任，以不断提高运动成绩。

二、直观性原则

运动训练过程中的直观性原则，是指运用各种手段，通过运动员的各种感觉器官（视觉器官、听觉器官、前庭分析器、肌肉感受器等），使运动员建立对练习的表象获得感性认识，帮助运动员正确思维，掌握和提高运动知识、技术和战术。在这里，"直观"这个词已大大超过了它的字面含义——"看"或者"观察"的意思了，它有更为广泛的含义，包括看、听、触觉等。它要求通过各种感觉器官参与直观活动，也就是说综合地运用各种感觉器官，建立起对练习的表象，这些感觉的具体形象越丰富，就越能较快地掌握和提高运动技术和战术，发挥各个运动器官的作用。

贯彻直观性原则是使运动员获得知识掌握练习必不可少的感性认识阶段，这在青少年儿童的训练中尤为重要。在这个前提下，运动员才能逐步建立起对练习的清晰概念。

直观性原则的直接目的是促使运动员掌握运动的知识、技术和战术，同时也能培养运动员的观察能力和思维能力。

（一）理论根据

在运动训练过程中运动员的认识过程脱离不了人对事物认识过程的规律，直观性原则就是根据"从生动的直观到抽象的思维、从感性的认识到理性的认识"而确定的。运动员在学习和掌握练习的时候，首先是用听觉和视觉接受外部信息（用耳听生动形象的语言，用眼睛看图片、电视、录像、电影、示范等）；其次是用触觉、运动觉、平衡觉通过教练员的各种助力或阻力和本体感觉传递内部信息，获得动作表象，建立正确的概念；再通过反复练习，直到学会动作。所以说，具体形象的直观教学，是运动员形成抽象思维，掌握正确动作和清晰概念的不可缺少的一个阶段。

（二）基本要求

1. 根据具体条件广泛采用多种直观手段

一个运动员综合利用感觉器官的能力越强，就能越快地感受和掌握动作。但各种感觉器官所起的作用在训练的不同阶段是不同的，如技术训练，在开始学习动作阶段，听觉和视觉的作用就较大；而在巩固提高（练习）阶段，则触觉、运动觉、平衡觉的作用较大。因此，在初学阶段，要充分利用各种听、视觉的直观手段；在实际练习阶段，就要更多地运用肌肉本体感觉等直观手段；当运动员已经基本掌握动作，进入改进、巩固和提高阶段时，可较多地运用各种及时传递信息的手段，如动作的幅度、速度、方向等不符合要求时，可利用各种手段传递信息，以引起运动员的注意，使之改正。

无论在哪一阶段，都要尽可能地采用多种手段，以提高运动员各种感受器官的机能水平和综合分析能力，提高运动员对练习的兴趣，尽快地掌握动作。

2. 要明确各种直观手段的目的和要求

在教练员做示范或运动员看挂图时，都应明确看什么？怎么看？解决什么问题？不能为直观而直观。对高水平的运动员，在运用直观手段时，要注意发展运动员抽象思维的能力。一些没有经验的教练员在训练实践中往往喜欢多做示范，但由于缺乏明确的目的要求，故费时不少，且效果不大。

3. 运用直观手段要考虑运动员的特点和水平

在运用生动形象的语言作为直观手段时，要特别注意运动员的运动经验和接受能力。语言表达中必须包括有关的运动概念和术语，否则就不可能正确表达动作的形象或要点，而运动员的运动经验与其所掌握的有关概念的多少有关。概念掌握得越丰富，就可越多地通过语言唤起对动作的表象，以利于建立起新动作的正确概念。所以，对不同年龄、不同性别和不同水平的运动员，采用语言这种直观手段的比重及语言的深度各不相同。如对年龄小、运动经验不多、水平低的运动员应注意运用直接的感官手段（如示范、幻灯、挂图、电视录像、电影等），而语言中出现的概念和术语应是他们所懂得和理解的。

4. 通过直观感觉启发运动员的积极思维

各种直观手段的采用，一般只能建立起对动作的表象，而要形成对动作的正确概念，达到理性的认识，掌握动作，就必须通过积极的思维。因为"感觉到了的东西我们不能立刻理解它，只有理解了的东西才能深刻地感觉它"，而理解的过程也就是思维的过程。所以，在运用各种直观手段时，教练员要善于启发运动员的积极思维，了解运动员在直观过程中的思维活动，通过分析、比较、提问等形式，加深对动作的理解，从而经过反复练习，掌握动作，提高质量。

此外，感觉过程中的积极思维，还有助于发展运动员的智力，提高他们分析问题和解决问题的能力。

5. 要十分注意运用直观手段的时机和方法

如运用挂图这个直观手段纠正运动员的错误动作，应在运动员知道自己的错误后再采用，使之直接观察正确的做法，进行正误对比，改正的效果就比较好。有条件的可利用录像，将运动员自己的动作录下来，然后再放出来进行观察和分析，效果更好。

三、一般训练和专项训练相结合的原则

一般训练是指根据未来专项运动的需要，在运动训练中以多种身体练习的方法和手段，提高运动员各器官系统的机能，全面发展运动素质，改进体形，掌握一些非专项的运动技术和理论知识。

专项训练是指在运动训练中以专项运动本身的动作，以及与专项运动技术结构相似的练习进行训练，提高运动员专项运动所需要的身体功能与素质，掌握专项运动的技术、战术和理论知识及专项运动所需要的心理品质，以保证专项运动成绩不断提高。

一般训练的主要目的是根据专项运动需要，为最大限度地提高运动员专项运动的素质、技术、战术，创造优异成绩，打好各方面的基础；只有进行专项训练，才能保证专项运动所需要的身体机能和专项运动素质的发展，从而掌握专项运动的技术和战术。如果离开了专项训练只搞一般训练，就不可能提高运动技术水平，创造优异成绩。

但专项训练对身体局部负荷较大，久而久之易使运动员的身体局部肢体和相应的中枢神经系统疲劳，易产生枯燥和厌倦练习情绪，同时还会造成损伤。为了避免此现象的发生，就要通过一般训练进行调节。

总之，一般训练和专项训练是对立的统一，在运动训练中必须使两者有机地结合起来。否则会导致运动训练效果的减弱，甚至失败。

（一）理论依据

1. 有机体是一个统一的整体

人体的各器官系统是相互紧密联系的。通过训练有机体各器官系统机能所产生的适应性变化，也总是相互联系的。运动员创造优异运动成绩依赖于身体机能的全面改善和提高，但任何一种专项运动训练对运动员各器官系统机能的影响都有一定的局限性；而进行一般训练，采取多种多样的训练内容和手段，就可以弥补专项训练的不足。

2. 根据运动技能转移的规律

运动技能是在中枢神经系统的统一支配下，建立的一种暂时性的神经联系。这种暂时性神经联系，建立得越多，就越巩固（运动员掌握的技术、技能和知识越多，越巩固）。在建立新的暂时性神经联系时，学习掌握新的动作也就较快、较容易。

3. 根据运动素质转移的规律

各运动素质的发展是相互影响、互为促进的。在发展力量素质的同时，对速度素质的发展也有影响。一般耐力发展缓慢，专项耐力的发展也不会快。

（二）基本要求

1. 目的明确

选择一般训练的手段和方法，必须有明确的目的。

2. 适应专项需要

一般训练要适应专项的需要，反映专项化的特点，并且要有重点。如果发展速度力量素质，就应选用动作快、负荷量小或中等、重复次数较少的练习。要发展一般耐力，就应选用动作简单、重复次数多、时间长的练习，如球类、体操、跳水等项目；就应多选择发展灵活性、协调性、柔韧性等方面的内容。

3. 合理安排两者比重

根据实际情况，合理安排两者的比重。

不论是多年训练、全年训练还是一次训练课，不论是优秀运动员还是一般水平的运动员，都要根据项目的特点，根据不同的训练阶段和训练任务而合理安排。一次训练课，可单独安排，也可穿插安排，还可采用循环练习。

4. 要防止几种错误的观点

（1）认为一般身体训练可有可无。

（2）认为一般身体训练枯燥无味，不愿采用。

（3）为了保持运动员的体力，减少或不采用一般身体训练。

四、不间断性原则

不间断性原则是指从初期训练到出现优异运动成绩，以及保持和提高，直至运动寿命终结，都应不间断地进行训练。

这里所指的不间断地进行训练，是在训练的全过程中，训练内容的选择安排、运动负荷的安排，以及方法手段的采用，都应根据其内在联系，循序渐进地提高，并不间断地进行。

（一）理论依据

（1）运动员有机体在解剖形态、生理、生化等方面产生一系列适应性的变化及其积累，必须通过系统地、不间断的训练才能获得。否则，运动训练对运动员有机体所产生的适应性良好变化，不但不能积累，而且会逐渐消退。

（2）各运动项目的知识、技术、战术都有其本身内在的联系和系统性，要根据这一内在联系性不断地进行强化，才能巩固和提高。

（3）运动员在初学技术和战术时，尚未形成动力定型，如中断训练和练习，就会使已学的技战术消退或消失（大脑皮质暂时性神经联系中断）。

（二）基本要求

（1）坚持多年、全年系统训练，保证运动员有机体所产生的一系列适应性良好变化能够获得长期的积累。要使训练的时期与时期之间、阶段与阶段之间、课与课之间紧密衔接，成为一个系统的训练整体。

（2）在选择和安排内容时，要做到由浅入深、由易到难、由简到繁、由已知到未知，体现知识、技术、战术的系统性。

（3）各级业余训练和专业训练的环节之间要做到层层衔接。中小学代表队、业余体校、重点体校、专业队，每一个训练的组织形式之间，以及训练大纲的制订、训练的实施和比赛的安排等，都应有机地联系起来，以保持训练的不间断性。

（4）在训练过程中要注意防止伤害事故的发生。运动员的伤病会影响本人训练的连续性，事故的发生会影响集体的训练效果。

五、周期性原则

周期性原则是指整个训练过程循环往复周期性地进行。每一个循环往复（周期）并不是简单的重复，后一个周期是在前一个周期的基础上进行的，从而不断地提高训练水平，创造优异成绩。每一个训练周期的任务、内容、负荷、手段和方法，都是不一样的，而最主要的差别是任务、内容和负荷。

以周期的形式安排训练的原因如下：

（1）人体不是机器，在训练中不可能始终按最大能力进行活动，而是一段机能水平高、一段机能水平低。机能水平低的一段时间是为更高机能水平的活动服务的，这样一高一低的交替就形成了一个周期。

（2）运动竞赛有年度性和季节性，运动员必须在一定时间内参加比赛，在此之前的准备和在此之后的休息也是有周期的。

（3）运动员在良好的竞技状态下进行比赛，才能创造出优异成绩。而竞技状态也是变化的，有一个形成、保持和暂时下降的过程，整个过程也是一个周期。

（一）理论依据

周期性原则主要依据的是竞技状态的客观规律。竞技状态是指运动员达到优异运动成绩所处的最适宜的准备状态。

1. 良好竞技状态的三个特征

（1）运动员有机体各器官系统的机能大大提高，能最大限度地适应大强度和极限强度的训练和比赛，恢复过程较快，并且在训练和比赛中，运动员有机体机能出现节省化。

（2）素质和专项运动技术有很大的提高，而且两者紧密地结合起来，身体素质通过专项技术最大限度地发挥出来。中枢神经系统调节各个器官的能力达到了最高水平。这时动作表现更加准确、熟练和协调。

（3）运动员情绪高涨，精力旺盛，自我感觉良好，渴望参加比赛。在训练和比赛中斗志昂扬、不畏艰险，具有充分的信心，敢于拼搏。运动员特殊的运动感受能力提高，如游泳、跳水运动员的水感，球类运动员的球感都很好。

总之，运动员的比赛成绩是衡量竞技状态的重要标志。

2. 竞技状态发展的过程

竞技状态通过训练才能发展，经过三个阶段。

（1）获得阶段。

①有机体机能不断提高；

②运动素质得到全面发展；

③专项运动技术、战术的形成；

④心理因素初步稳定。

此阶段各个条件相互之间的联系不够紧密，没有构成统一的整体，还不能在比赛中以优异的成绩表现出来。像修房子的备料阶段一样，料备齐了，不等于就修好了房子。

（2）竞技状态的形成阶段。在第一个阶段的基础上，使以上各个因素有机地结合起来，构成了统一的整体，具备了专项化的特点，竞技状态基本上形成了。

（3）相对稳定阶段。竞技状态的所有特征都在本阶段表现了出来，并且进一步巩固、提高。但它是相对稳定的状态，不是在此阶段的任何时刻都能够创造出优异成绩，还有可能在短时间内出现下降。经过合理调整，竞技状态不仅能恢复到原有水平，而且还有可能超过原有水平。

（4）暂时消失的阶段。上述各阶段不像原来那样联系紧密，呈一种正常的、暂时性的下降。因为人体有自我保护的生物本能（保护性抑制状态），它不可能使竞技状态一直处于巅峰状态，而是一高一低地出现，以此保持机体的健康。人体机能的发展和事物的发展一样，总是螺旋式地上升，在旧的基础上有新的发展和提高。从竞技状态发展的三个阶段可以看出，竞技状态的形成必须经过一定时间科学而严格的训练，已形成的竞技状态相对稳定在一个时期后就出现暂时消失。因此，这就需要对训练进行一段时间的调整，并经过一段时间的再训练，才能在原有的基础上形成更高的竞技状态。

相对稳定和暂时消失形成了一个周期性的循环。根据这个规律将训练分成周期，并在一个大周期中又按竞技状态的三个发展阶段划分成三个时期：

准备期：保证竞技状态的获得；

竞赛期：保持和发展竞技状态；

过渡期（休整期）：对竞技状态的暂时消退进行调整。

所以，在一定意义上可以说，运动训练过程就是控制竞技状态发展的过程。

3.影响竞技状态的因素

（1）重大比赛的日程。国内外重大比赛都有预定的日程，要保证在重大比赛中创造优异成绩，训练周期就要根据预定的竞赛日程划分，使运动员在预定的竞赛日程里形成和保持良好的竞技状态，以取得优异成绩。但由于具体情况有差别，要做到每一次都达到最佳竞技状态是很不容易的，必须通过不断实践，积累资料，总结经验，进行科学研究，才能逐步掌握其中的规律。

（2）季节气候。有机体各器官系统机能变化在一定程度上受季节气候条件的影响，加之训练对象的水平及项目的特点不同，周期的划分要受其限制。但有时也不一定，其原因如下：

①运动员的最佳成绩可能在任何一个时期出现，并不是固定在某一个季节和时期。

②生活在不同地区、不同国家的运动员所处的自然环境不尽相同，但都要集中在一个地点同时比赛，不可能都表现出好成绩。

③随着现代体育设施的发展，季节气候的影响不太大，如冰上运动在夏天也可进行训练和比赛，游泳在冬天也可进行训练和比赛。

（二）周期的分类

（1）多年周期：一般是根据大型比赛的日程而安排的，如奥运会、亚运会、全国运动会是每 4 年举行一次，故多年周期一般是 4~8 年。

（2）大周期：以全年或半年为时间界限（也可一年半），是常用的一种周期。

（3）中周期：是一个训练阶段。一般以 1 个月或 3 个月为时间界限。

（4）小周期：以一个星期为时间界限（国外有 10 天为一个时间界限的小周期）。

全年或半年训练的大周期由准备期、竞赛期和过渡期三个相互紧密衔接的时期所组成，构成了一个封闭性的周期。

（三）基本要求

（1）要根据对象和专项的特点，以及参加比赛的要求，全面科学地确定全年训练中周期的安排。如田径中的中长跑和田赛项目，以及游泳、滑冰等项目，由于竞技状态的获得相对需较长的训练时间，故大多采用单周期；而球类项目，全年比赛较多且比赛的期限又较长，因此安排双周期较多。

（2）每一个周期结束后都要认真总结经验，以便在上一个周期的基础上，根据多年训练的目标和运动员身体、技术、战术、心理等方面存在的问题，提出新的改进办法和措施。

（3）各个周期中各时期都应有明确的任务，并根据训练任务确定以下内容：①训练内容；②各项内容的比赛；③训练的负荷；④选择训练手段和方法。

（4）应该以重大比赛日程安排训练周期，尤其是青少年儿童的业余训练更不能围绕小型比赛转，影响多年系统的训练。有些比赛也可参加，但不一定都要出成绩，比赛要为训练服务。

（5）青少年儿童的业余训练要按学制来划分，其准备期要长一些，竞赛期要短一些，休息期要结合放假。

六、合理安排运动员负荷原则

运动负荷是指运动员有机体在训练中所承受的生理负荷（又称运动刺激），包括负荷量（训练中可供统计的总量）和负荷强度（运动员做练习时的紧张程度和对机体影响的大小程度）两个方面。

负荷量与负荷强度关系密切，相辅相成。影响负荷量的主要因素是练习的次数、时间、距离、负重总量等；影响负荷强度的主要因素是练习密度，完成每个练习在训练过程中所占的百分比。它反映了练习的紧张程度和对有机体机能影响的大小，而且影响负荷量的各种因素也能影响负荷强度，影响负荷强度的各种因素同时也能影响负荷量，所以负荷量和负荷强度是相互联系不可分割的矛盾着的两个方面，是对立的统一。一定的负荷量就具有一定的负荷强度，而负荷强度对有机体的影响起着更为重要的作用。

有机体能承担较大的强度，就能承担较小强度的较大量；同样，有机体能承担较大的强度，就能承担较小量的较大强度。随着量的增加，强度也可增加，而强度增加了，又对量的增加提出了相应的要求。总之，两者相辅相成、互相促进、不断提高，共同构成运动负荷逐步增加的趋势。

（一）理论依据

1. 根据有机体"超量恢复"的规律

超量恢复是指运动员在训练中有机体被消耗的物质，在运动后不仅能恢复到原来水平，而且在一段时间内甚至出现超过原来水平的现象（超量恢复保持一段时间后又回到原来水平）。在运动结束之后，人体的各种机能活动已处于一个很高的水平，必须经过一段时间之后才能逐渐恢复到运动前状态。这一段机能变化叫恢复过程。

但是，各种机能并不是在运动结束之后才开始恢复的。实际上是机体在运动时，随着能量物质分解后的再合成就开始了恢复。因此，各组织细胞中的消耗（分解）超过了恢复（再合成），能量物质不能完全消除。只有在运动后，强度的消耗停止，此时合成过程超过了分解过程，人体才能彻底得到恢复。

没有消耗，也就没有恢复。消耗和恢复过程有三个阶段。

（1）运动时的消耗阶段。这一阶段，消耗过程占优势，恢复过程也在进行，由于运动时间长，强度大于恢复，使能量物质减少，各器官系统工作能力下降。

（2）运动后的恢复阶段。运动停止后，消耗过程减弱，恢复过程明显占优势。此时，能量物质和各器官系统的工作能力逐渐恢复到原来水平。

（3）超量恢复阶段。在恢复到原来水平的基础上，在一段时间内出现超过原来水平的情况，此时进行下一次练习效果最好。

总之，在一定范围内，训练负荷量越大，消耗过程越剧烈，超量恢复就越明显。如训练负荷大，会使恢复过程延长。如果长期这样训练，使疲劳积累，即会产生过度疲劳。需要指出的是，初次参加运动的训练者，负荷量只能达到本人最大负荷的70%，负荷强度采用所能承受的极限强度的 30% 为宜。在对青少年的训练中，由于他们身体发育尚未完善，因此负荷不宜太大，要防止过度训练和运动损伤。

不同的能量物质出现恢复的时间有早有晚。如磷酸肌酸在跑 100 米后，超量恢复在 2~5 分钟。在进行短时间的大强度训练后，肌糖原约在 15 分钟后出现超量恢复。跑一次马拉松后，脂肪成分在 3 天后才能恢复，蛋白质的超量恢复时间更晚。游泳运动员在大负荷训练后，1~3 天内身体机能明显下降，3~5 天恢复到原来水平，5~8 天后才出现超量恢复。

总之，有机体在承担一定负荷后，就产生疲劳—恢复—超量恢复的过程。要达到超量恢复的目的，就要使有机体在承担一定的负荷后，安排一定时间的休息，使负荷与休息合理地交替进行。

2. 根据机体机能"节省化"的规律

机体机能"节省化"的规律，是指在一定的负荷之下，使身体变化逐步适应、紧张程度减弱、能量消耗下降、反应减弱的现象。

3. 根据机体适应的非同时性规律

有机体承担负荷后，就会产生反应，这种反应有一段时间的逐步适应过程，即形态的适应、生化的适应、机能的适应。但这三方面不可能同时适应，总是有先有后，只有这三方面都适应了，才能再加大负荷。

（二）基本要求

1. 训练负荷的安排要因人因项因时而异

训练负荷的大小都是相对的，"最大限度""极限负荷"没有一个固定的负荷量和负荷强度，它要根据具体情况，从实际出发，合理安排。要知道，训练负荷是手段而不是目的，不能盲目追求大负荷，更不能有越大越好的错误观点。

基层队的运动员，由于生活环境等条件不同，更要从实际出发。没有训练的运动员如果最大运动能力为 100%，在训练时最多只能表现出最大运动能力的 70%。假定训练目标要达到最大运动能力的 90%，开始训练应采用最大运动能力 30% 的强度为负荷，如低于 30% 则不能引起超量恢复，因此是无效训练。若负荷过高，由于精神因素等方面作用达到 100%，这样可能会产生严重的后果，甚至危及生命。

训练 4~6 周后，如仍用 30% 的强度为负荷，会由于机体对这个负荷已经适应了，故产生了机能节省化现象，就不能引起机能的进一步提高。为此，必须增加负荷，新的负荷一般比原来负荷增加 10% 以上，为最大运动能力的 40% ~45%。经过几周训练再进行测试，以确定下一次的负荷。这样经过几年训练，就有可能达到最大运动能力的90%。

2. 训练负荷要逐步加大，掌握好训练节奏

运动负荷的增加要由小到大、循序渐进地提高，形成一个加大—运动—适应—再适应的过程。在具体安排时，要掌握好训练的节奏，大、中、小相结合，并有适当休息。科研成果表明，在一次大负荷训练后，一般要经过48小时才能恢复到正常水平。故在一次大负荷训练后，必须安排中小负荷训练或者休息。

几种增加负荷的形式如下：

（1）直线上升式。这种形式是训练负荷一周比一周加大，呈一种直线上升的形状，但上升幅度不大，通常用于准备期以加量为主的第一阶段，适应于训练水平较低的运动员。

（2）台阶式。这种形式是根据运动员的训练水平及项目的需要，有计划地逐步加大负荷量，加到一定程度后，保持一段时间以待巩固和适应，然后再加大，再保持适应，这样逐步上升。此方法较为稳妥，负荷既能顺利增加，又不易出现过度疲劳，适应于训练水平较高者。通常用于准备期以增加强度为主，同时开始减量的第二阶段。

（3）波浪形式。训练负荷基本上是一升一降，呈波浪的形式。这种形式是当增加负荷量时，负荷强度适当降低；当增加负荷强度时，负荷量适当降低或保持在一定水平上。这种形式也可以将负荷强度提高到极限，并且能较协调地解决负荷量与负荷强度同时增大的矛盾，是教练员采用较多而且效果较好的形式。此形式很有节奏，符合机体适应性变化的规律。

（4）阶段调整加量法（实际是台阶式的另一种形式）。这种形式是根据运动员的训练水平，有计划地将训练负荷加大到一定程度后，又稍有下降，借以恢复和调整。此后，根据计划和需要，再开始下一周期的上升，这种形式的增加负荷不易引起过度疲劳，很适合青少年儿童和训练水平较低的运动员。

（5）跳跃式。这种形式负荷的起伏较大，体现了有节奏提高的要求。

在训练实践中，也有对初学者训练半年后就采用跳跃式的方法安排负荷。即采用一个较大的负荷进行冲击，较强地破坏机体的动态平衡，然后降低负荷，再逐渐增加，并达到跳跃式的另一个新水平。

跳跃式的方法有几种，以200米为例。

原负荷是200米×10；强度28秒；间歇4分钟。

①增加负荷量，强度和间歇不变。

由原负荷至200米×13；强度28秒；间歇4分钟。

②提高强度，量和间歇不变。

由原负荷至 200 米 ×10；强度 27 秒；间歇 4 分钟。

③量和强度同时提高，间歇不变。

由原负荷至 200 米 ×12；强度 27 秒；间歇 4 分钟。

④量和强度不变，缩短间歇时间。

由原负荷至 200 米 ×10；强度 28 秒；间歇 3 分钟。

总之，要掌握好训练节奏，就要做到以下几点：

①负荷量有大有小。

②负荷强度有高有低。

③专项训练和一般训练的比重有多有少。

④机体承受负荷的部位有上有下。

⑤训练时间有长有短。

3. 要合理安排负荷量和负荷强度

在训练中一般是先上负荷量，在量积累的基础上，逐渐加负荷强度。在加强度时，负荷量又适当降低。当运动员机体产生节省化现象后，再加负荷量，负荷强度又适当降低，这样逐步升级，不断提高训练水平。如果负荷量和负荷强度一直同时增加，不但整个运动负荷加不上去，而且容易产生过度训练。总之，在一个训练周期中，负荷量和负荷强度的安排要呈现出波浪形的起伏状态。

4. 训练负荷的安排要考虑项目特点

（1）从项目特点考虑。短跑的训练强度较大、时间短、量小，而中长跑则相反；体操的时间长、量大；球类中的个人项目与集体项目等技术性较强的则量相应较大，时间较长。待技术掌握后，再加大强度。

（2）从季节时间考虑。

①离比赛时间越远，越偏重于加大负荷量；离比赛时间越近，越要提高负荷强度。

②冬训负荷强度相对较低，负荷量较大；而夏训负荷强度较大，负荷量相对减少。

（3）从素质训练上考虑。

①进行速度或爆发力练习时，着重要求负荷强度，负荷量则相对减少。

②进行耐力或力量训练时，负荷量相应加大，负荷强度则明显降低。

（4）从训练的各个时期上考虑。

①在准备期的训练中，以具有一定强度的量为主，着重要求平均强度。

②在竞赛期的训练中，以具有一定量的强度为主，突出强度。

另外，掌握负荷强度，还要处理好平均强度和最高强度的关系。既要注意一次或几次训练课中某项练习的平均强度，又要注意其中一次或几次用最大或接近最大用力完成的最高强度。较高的平均强度是提高最高强度的有力保证，一般在冬训中往往偏重于提高训练的平均强度，而在夏训中往往要集中力量提高最高强度。提高负荷强度时要注意以下几点：

①在技术训练中，用比赛的形式进行训练。

②在速度训练中，缩短跑的时间。主要是增加大强度训练的比例或采用测验要减少跑的组数和数量，增加跑的强度或减少跑的时间。

③在弹跳力训练中，要使完成的数量固定，不断提高强度的要求。如固定跳远的距离，逐渐减少助跑距离，或固定助跑距离而增加远度。

④在力量训练中，要不断增加重量，而不是强调增加次数。

5. 科学地安排负荷与休息

要使每次课的安排都能在运动员机体的机能得到恢复和提高的基础上进行。训练课之间的间歇不能过长，也不能过短。如时间过短疲劳就会逐渐积累，直至过度疲劳；时间过长会使运动员机体产生运动性变化，掌握技术、战术产生的良好的反应就会消失。

训练实践证明，有的训练课是在上次训练课运动员机体没完全恢复的情况下进行的。如高水平优秀运动员的训练，每天都有训练课，有的每天2次，而运动员的机能和运动成绩也提高了。这种情况并不能否定上述原理，而只是几次训练课的疲劳积累后的间歇时间，仍能使运动员产生"超量恢复"，并不是始终要在运动员疲劳未消除的情况下进行训练。

怎样才能掌握好训练课之间的间歇，使之在"超量恢复"时进行下一次训练，必须根据具体情况，不断总结经验和进行科学研究加以解决（在间歇训练法中将介绍部分项目的间歇时间）。

6. 要对运动员进行运动生理和有关训练负荷知识的教育

对运动员需进行运动生理和训练负荷知识的教育。如通过测定脉搏、血压、呼吸、血红蛋白、红细胞、原蛋白等内容的教育，使运动员懂得自我控制和调整训练负荷的方法，与教练员紧密配合，有助于科学合理地安排训练负荷。

训练过程中，最简单、最常用的内容是测定脉搏和血压。让运动员在训练中了解自己的脉搏（基础脉搏）和血压，运动后再进行测定，以了解和掌握对训练的反应情况。随时与教练员联系，以便及时调整安排训练工作。这里介绍几种实用的方法。

运动后恢复期脉搏的测定：

①小负荷：课后 5~10 分基本恢复。

②中负荷：课后 5~10 分的脉搏比运动时快 2~5 次 /10 秒。

③大负荷：课后 5~10 分的脉搏比运动时快 6~9 次 /10 秒。

七、区别对待原则

区别对待原则，是指在运动训练过程中，要根据训练对象的特征、运动专项和训练条件，科学地确定训练目标、内容、方法、手段和运动负荷等。

（一）区别对待要考虑的三个方面

在运动训练中，之所以要区别对待，是由于运动训练基本上是一个个人的训练过程，运动员各方面的情况均有差别，而且在发展过程中总是不平衡的。根据概念可从三个方面考虑。

1. 在训练对象方面

（1）生物学特征：应考虑不同的形态、性别、发育、年龄等状况。

（2）心理学特征：应考虑不同的气质、性格、动机等。

（3）训练学特征：应考虑训练年限的多少、训练水平的高低、技术特点、负荷特点和恢复的快慢。

（4）社会学特征：应考虑家庭情况、生活习惯、社会背景和文化水平等。

这四个方面的情况不同，应区别对待。

2. 在运动专项方面

（1）年龄因素。有的项目可以在相对较年轻的时候取得较好的成绩，如跳水、游泳、体操等项目；有些项目通常需要相对年龄较大的时候取得较好的成绩，如田径（特别是投掷）、球类、射击等项目。

（2）考虑专项成绩的发展规律。有的项目，运动员难以保持较长的运动寿命，如短跑、跳远等；有的项目，运动员比较容易保持较长的运动寿命，如铁饼、铅球、竞走和球类项目。要根据这个规律考虑各项目的主导因素进行训练。如田径项目需要爆发力和耐力，球类项目则需要快速的应变能力等。

3. 在训练条件方面

要考虑所处的训练周期和阶段，此外，还要考虑场地、器材、教练、气候、同伴或对手信息等具体条件。

总之，以上各因素不同，就应考虑区别对待。

（二）基本要求

1. 要深入调查研究

教练员要深入调查研究，充分了解每个运动员的思想、生活、学习、健康状况及日常表现、爱好兴趣、个性特征、训练水平等方面的情况。

从运动员选才到培养，教练员要了解和分析研究他们生长发育过程中的特殊情况。如有的早熟，出成绩早而快，但不见得将来就一定能达到高水平；有的晚熟，出成绩晚而慢，但不见得将来达不到高的水平。女运动员月经期间对训练反应也不尽相同，所以要对她们密切关注，了解月经周期时间，在比赛中避开例假对运动成绩的影响。

2. 训练计划需切合实际

制订训练计划，应充分反映全队的特点和个人的特点，既有对全队的要求又有对个人的不同要求，还可制订个人专门的计划。这样，训练计划中规定的任务所要达到的指标、内容、方法和措施就能更加切合运动员的实际。

3. 要区别对待

区别对待应落实到训练的各个环节中去，做到一般要求和个别对待相结合。要注意男女的区别对待，因为女性心脏较小，心率较快，每搏输出的血量较少；肺活量和通气量较小；血红蛋白较少，携带氧的能力小；皮下储存脂肪的能力强，肌肉收缩力差。

区别对待要重视重点队员，但不能因此而偏袒他们，不能忽视非重点队员和一些在身体、技术、战术等方面较后进的队员，以免影响整个集体的团结。

八、有效控制原则

有效控制原则，是指以系统科学的理论与方法为依据、以最优化训练控制为目标、以立体化训练控制为基础、以信息化训练控制为条件、以模型化训练控制为基本方法，对运动训练全过程实施全方位的优化控制，以实现运动训练的科学化。

贯彻有效训练控制原则的训练学要点如下：

（一）确立最优化的训练控制目标，实施最佳化的训练控制

要做到最优化的训练控制目标，并实施最佳化的训练控制，应注意以下几点：

（1）在全面获取信息的基础上，根据自身的情况确立最适宜的训练目标。

（2）以定量化的科学训练为主，做到科学训练与经验训练相结合、定量训练控制与定性训练控制相结合。

（3）广泛采用现代科技的成果，在可能的条件下，尽可能提高训练方法、手段的现代化和科学化水平。

（4）重视各训练过程的反馈调控，及时调整训练中存在的偏差，以保证训练目标的最终实现。

（5）注意训练方法、手段和内容的最优选择。

（6）注意以省时、定时、低耗、高效为标准，根据实际条件，对教练员的训练工作做出科学、客观的评价。

（7）注意提高教练员和运动员实施科学化训练所需要的知识和智能，学习和掌握一些科学化训练的手段，为实施科学化、最佳化训练提供良好的条件。

（二）综合训练过程的各种因素，全方位地实施立体训练控制

要做到全方位地实施立体训练控制，应注意以下几点：

（1）在训练内容、方法、手段的选择和运动负荷与恢复等安排中一定要考虑它们之间的内在联系，全面地进行安排。

（2）将影响训练科学化的各种因素综合在一起进行整体的科学调控，而不要只注意运动场上的训练调控。

（3）实施立体化训练时，应注意按一定的程序：树立整体化的训练控制观念—分析影响训练的各种因素及其内在的纵向、横向联系—设计纵向系统化训练方案—设计横向综合训练方案—组织实施全方位立体训练—反馈调控。

（4）要从多年到每次训练课都使各种训练安排相互连贯地衔接起来，保持不间断的训练，以产生一系列稳定、良好的训练适应性的长期积累。

（5）在各训练过程中，必须以最合理的程序进行系统的安排。

（6）在训练管理体制上，注意使从学校课余运动队训练一直到优秀运动队训练形成一条龙的训练、竞赛体制。

（7）要注意加强恢复措施和医务监督，防止因过多地出现伤病而影响训练的系统性。

（三）高度重视训练信息的采集，建立科学的综合监测系统，实施信息化训练控制

要做到实施信息化训练控制，应注意以下几点：

（1）注意了解和掌握信息化训练控制的基本规律，将信息化控制贯穿于训练全过程，充分发挥信息的积极作用，搞好训练。

（2）要注意随时监测训练过程中的各种信息，扩大信息源，积累资料，以便更好地应用反馈原理对训练全过程实施"步步反馈调控"和"闭环式训练调控"。

（3）要处理好知识信息和经验信息的关系。扩大自身的信息储备，提高自身信息检索的能力，尤其要注意提高教练员和运动员的知识和智能结构。

（4）充分利用各种信息手段，提高信息传输的效果，尤其要注意提高信息的接受率和教练员使用现代信息手段的能力。

（5）训练中应注意吸取多学科人才的科学咨询，实现多学科人才的"智力协作"。

（6）在重大比赛前要重视情报信息的获取。

（7）注意提高教练员的科学研究能力，不断进行技战术和训练方法的创新。

（四）制订科学的训练计划，建立科学的训练控制模型，实施模型化训练控制

要做到实施模型化训练控制，应注意以下几点：

（1）重视为运动员建立各种科学的、定量化的、具有严格逻辑顺序性的训练控制模型，努力提高控制模型的质量。

（2）注意实施个体化训练，为每名运动员建立符合其个体特点的训练控制模型。

（3）注意克服训练中的盲目性、无计划性和随意性，严格地按照一定的训练模型进行训练。

（4）在全力保持训练计划相对稳定性的基础上，应根据训练情况的变化，灵活地调整训练计划中相应的控制模型。

九、动机激励训练原则

动机激励训练原则，是指在运动训练中通过各种方法和途径，激励运动员主动从事艰苦训练的动机和行为。也就是努力启发运动员的积极性、主动性，培养他们的独立思考能力、创造能力和自我调控的能力，促使他们以最大的动力高质量、高效率地完成训练任务。

贯彻动机激励训练原则的训练学要点如下：

（一）加强训练的目的性教育和正确价值观教育

通过各种教育学、心理学的手段，进行训练的目的性教育，逐步树立起自觉从事训练的态度和动机，没有目的和目的不明确地从事训练和比赛，是不可能产生自觉行为的。由于运动员年龄、知识、能力、人生观及所处的生活环境等方面的差异，他们参与训练的价值观和认识程度是不同的。要使运动员明白获得优秀运动成绩对国家、民族、家庭、个人的重要性，引导运动员从不同角度、不同层次认识参加运动训练获得优秀运动成绩的价值，并与目的性教育结合起来，贯穿于训练的全过程。

（二）满足运动员的合理要求

要关心运动员的生活，安排好他们的衣食住行，尊重他们，保证他们的安全，引导形成"自我实现"的更高层次目标，以使他们产生积极从事训练和比赛的动机。

（三）激发运动员参与训练和比赛的兴趣

运用各种符合不同年龄运动员个性心理特征的手段，激发运动员参加运动训练和竞赛的兴趣。青少年儿童运动员初期训练时应该以游戏和玩耍的形式进行全训练。过早地从事单一的专项训练会使青少年儿童运动员产生对训练的厌倦情绪。

（四）充分发挥运动员在训练工作中的主体作用

使运动员了解训练的目的、任务、要求与安排，并使运动员在一定程度上参与训练计划的制订和运动训练的组织，只有这样，才能使运动员的训练变被动为主动。同时，要注意有意识地培养运动员独立思考的能力，提高运动员在各种复杂的环境、社会条件下，较好地控制自己的思想、行为和动作技术的能力。例如，可采取在教练员直接和间接调控下的自主式训练和自由式训练，让运动员更多地参加自我训练调控，鼓励运动员的主动性、创造性的训练和比赛行为。

（五）注意教练员自身的榜样作用

教练员要特别注意自己的行为，要善于说服教育，并以自己的知识、能力和表率作用，以及通过有效的训练提高运动成绩，来争取运动员的信任和形成权威，并以此激发运动员的积极性。

（六）提高运动员的自我反馈能力

定期或不定期地进行成绩检查和考核，培养运动员进行自我分析与评价的习惯和能力。如让运动员互相观看、分析、评价同伴的技术动作，赛前组织运动员对战术的角色进行讨论，出主意、想办法。要求运动员记训练笔记和进行阶段训练小结，通过考核、评比，引入竞争机制，从而提高运动员参加训练的自觉性和积极性。

（七）注意掌握训练的尺度和方式

教练员要克服那种用简单、粗暴的态度和做法代替严格训练的倾向。所谓严格训练，是指训练中严格执行训练任务，在技术动作规格上一丝不苟，在思想教育上不放松，在生活上严格管理，在比赛中严格执行战术指令等。

（八）根据不同运动员的特点决定训练的方式

不同的对象要有不同的要求。青少年儿童时期着重于基本技能上的从难、从严要求，对体能和实战能力的要求相对可低些，而到成年时，则转向对体能和全面竞技能力的从难、从严训练，并要十分重视从实战出发进行训练。

（九）注意正确地运用动力

精神、物质和信息三种动力要互相补充，扬长补短，取得最佳的效果。在具体运用中，首先，要根据具体情况有所侧重；其次，要正确地认识和处理好个体动力和集体动力的关系，让个体动力在大方向基本一致的情况下得到充分发展，以求得比较大的集体动力的总量；最后，利用动力时要掌握好适宜的"刺激量"，过大没有必要，过小起不到作用，必须掌握好这个刺激量的"度"，并根据不同贡献大小，拉开档次，有所区别。

（十）要注意克服那种"以赛代练""以赛养练"的做法

从实战出发绝非单纯地大量参加比赛，比赛要讲节奏，要适量。"从实战出发"主要指从平时围绕比赛的需要进行训练，要全力发展比赛中最需要的竞技能力，要提高运动员对比赛中各种变化条件的训练适应性，要针对比赛中暴露出来的各种问题进行有针对性的训练，也包括参加一定数量的热身赛。

第三节　我国高校大学生体能训练的实践

一、体能训练的基本原理

通过体能训练，人体的机能和形态可以根据运动需要得到有效的提高和改善，这已是人所共知的事实。然而，训练何以提高机能？身体形态改善的机制何在？这些才是人们能够把握体能训练内在规律的关键问题。所谓训练的基本原理也就是指在训练过程中带有普遍意义的基本规律。一般情况下，有机体的生命活动处在一个相对稳定的状态，但当外部环境发生变化时，必然会影响到机体的稳定状态。此时，机体对稳定状态被打乱的应激反应是生物调节和适应。体能训练过程就是依据这一原理，通过有意识地施加科学的运动负荷刺激，使有机体对负荷产生应答后，出现一系列生理适应。在一定范围内，训练中施加的负荷越大，对机体的刺激越深，引起的消耗过程越激烈，机体所产生的相应变化也就越明显，人体机能和形态的适应性变化也就越快。因此，从这一生物学发展规律来看，体能训练的机制关键在于负荷、恢复及适应性，对这三个方面的全面认识也就构成了体能训练的基本原理。

（一）体能训练的适应原理

1.体能训练与适应

人体具有稳定性和适应性两大生物特征。所谓稳定性（稳态）是指对气温、湿度等外部环境的变化，以及体温、体液等内环境能够保持在一定范围内波动的生理机能。例如，人体在高温环境中是通过发汗散热来维持正常的体温，遇寒冷时是通过皮肤血管的收缩来防止体热散失。在运动训练中，由于代谢功能的增强，导致体内代谢产物增多，为维持体内环境的稳定，须排除代谢产物来保持内环境理化性质的平衡，运动后又将体内的变化复原等。机体内这种自我调节的过程都可看成是稳态的功能作用。除稳定性外，对于长时间经受外部环境变化和运动刺激，人体的形态和功能同样具有适应变化的能力。如生长在高寒地区的人耐寒、热带地区的人耐暑等，这些特殊的机能应变都被称为适应性。适应性和稳定性都是人体为维持生命而必不可少的应激反应。人体的适应性可分为暂时性适应和长久性适应两大类。当外界环境发生变化时，人体内的相对平衡会被暂时打破，这时机体通过一系列生理性调节，又会重新保持相对稳定，这种适应就是暂时性适应。如果暂时性适应长时间（几周、几月或多年）、周期性地反复进行，就会导致人体的形态和机能发生变化，这种变化即为长久性适应。高水平的体能是长期艰苦训练的结果，是机体对专项运动逐步建立运动适应的过程。这一过程是改造和建设训练者身体系统的过程，是使运动员各器官系统的形态和功能适应它所从事的训练项目的过程。训练者机体的这种适应能力越高，它的体能水平也越高。整个体能训练过程实质上就是追求人体训练适应的过程。所谓训练适应是反映训练者机体在长期训练和外界环境（指自然环境与训练、比赛环境等，如高原训练）刺激的作用下所产生的生物学方面的功能性"动态平衡"（能量补充与消耗的动态平衡）。体能训练的任务就是通过合理的训练负荷等手段，打破原有的生物适应与平衡，使机体在新的水平上产生新的生物适应与平衡。达到较高的适应水平所需要的时间取决于适应平衡建立的难度，难度越大，神经、肌肉和机能的适应所需要的时间也就越长。所以从这里看，无论是运动员还是一般普通人群的训练，都会以自身身体适应能力为基础。

2. 训练适应的发展阶段

训练适应主要是人体对运动刺激的一种生理适应过程。从运动生理学的角度看，训练适应的形成一般要经历以下几个阶段：

第一阶段：对运动员或一般人群的个体机体施加刺激阶段。这种刺激包括练习中、比赛中和生活中（饮食、作息制度、时差等）所受的各种刺激，机体每时每刻都在接受来自各方面的各种刺激。

第二阶段：对刺激产生直接的应答性反应阶段。机体在外部刺激的作用下，其机体内外感受器产生兴奋，将兴奋传输到各内脏机能器官和运动器官，使之尽快进入工作状态，对外来刺激做出运动必需的应答性反应。

第三阶段：对刺激产生局部或整体的适应阶段（暂时性适应）。机体器官和系统在接受刺激后，机能状况由开始的急剧上升逐渐趋于平衡。此时，机体的某项应答指标虽不再上升，但也能承受住外部刺激，则表示机体已对刺激产生了训练适应。

第四阶段：结构与机能改造阶段（长久适应形成阶段）。在全面增加和系统重复各种外部训练刺激的基础上，使各相应的机能系统和组织器官产生明显的结构和机能改造。在这个阶段可以看到运动器官和有关的机能系统的结构出现相应的完善和协调。

第五阶段：训练适应的衰竭阶段。当训练安排不合理时，如承受过度训练负荷或过大的比赛负荷，则长期训练适应的某些机能会出现衰竭的情况。通常，只要采用"维持性运动负荷"就可以保持已达到的训练适应水平。完全停止训练或急剧地长时间降低训练负荷都会引起训练适应的消退，各种已获得的运动机能能力和运动性适应结构就会慢慢消失。

产生训练适应所用的时间越短，其消退的速度越快。例如，在两个月紧张的力量训练后完全停止练习，经过两周后，力量素质就会明显下降，经过 2~3 个月后就会降低到原来水平。因此，在体能训练过程中，一方面要避免适应的消退和在适应过程中的重复出现，另一方面也要避免盲目地、长时间地、高强度地刺激来追求训练适应。

（二）训练负荷原理

训练负荷是身体训练最重要的控制与影响因素。体能训练的全过程就是通过对受训者施加运动负荷，引起机体的形态结构与机能产生生物适应而实现的。训练活动中如果机体没有承受一定的负荷刺激，便不可能产生新的适应现象。因此，了解和掌握负荷与刺激的基本原理是进行科学体能训练的关键。

运动负荷可分为负荷量和负荷强度两个方面。负荷强度是反映负荷对有机体的刺激深度，一般是由密度、难度、质量以及重量等因素构成的，这些因素分别适用于不同的运动专项和不同的练习。周期性运动项目的负荷强度多以练习中所完成的时间、高度、远度以及重量等来衡量；而非周期性运动项目中，动作难度和完成质量则是反映负荷强度的两个重要因素。

负荷强度可根据完成练习的努力程度、机能的紧张度和练习密度等客观标准区分为不同的强度区域，一般有小、轻、中、大、最大五级负荷强度。负荷强度的掌握是因人而异的，应根据不同训练对象来合理安排。实际运用中往往以本人最快速度、最大远度或高度以及最高负荷量的百分比值作为衡量强度大小的指标。

负荷强度与量是构成运动负荷的两大要素，两者之间相互依存，不可分割。任何量都包含着强度的因素，而任何强度又都是通过量才可反映出来。刺激量大而刺激强度不够，或者是刺激强度大而刺激量太小都同样不能使机体承受刺激或产生应激，一定刺激强度的负荷只有达到相应的刺激量时，机体才会产生新的适应现象。整个训练过程，实际就是通过调节、变动负荷量和负荷强度的各组成因素来合理安排运动负荷。

（三）物质与能量的消耗与恢复原理

在体能训练中，机体承受负荷需要消耗大量的能量，能量消耗以后必须得到迅速补充。没有消耗，机体得不到相应的刺激，也无从产生适应；没有很好的恢复，机体就无法再次承受更大的负荷。因此，训练与恢复是训练全过程中不可分割的两个环节。随着体育水平的不断提高，训练的量与强度日益加大，人们对恢复的重视已到了前所未有的高度。

1.运动中主要能源物质的消耗与供能

肌肉活动的直接能量来源是三磷酸酰苷，即 ATP。ATP 分解后的再合成依赖于磷酸肌酸（CP）分解。肌肉中 CP 的再合成则要靠三大能源物质的分解。人体短时间的极量运动主要由 ATP 和 CP 分解供能。一般情况下，持续时间在 10 秒以上到 3 分钟以内的运动以糖酵解供能为主；持续时间在 3 分钟以上的运动，其能量主要来自有氧氧化系统。

就人体糖、脂肪和蛋白质三大能源物质来讲，糖的利用率最快。一般运动开始时首先分解肌糖原，如 100 米跑在运动开始 3~5 秒，肌肉便开始通过糖酵解方式参与供能；持续 5~10 分钟后，血糖开始参与供能；随着运动时间继续延长，由于骨骼肌、大脑等组织大量氧化分解利用血糖，致使血糖水平降低时，肝糖原分解补充血糖。脂肪的分解对氧的供应有严格的要求，因而，在长时间运动中，当肌糖原大量消耗或接近耗竭且氧供应充足时才大量动用，通常在运动达 30 分钟左右时，其输出功率最大。蛋白质作为能源供能通常发生在持续 30 分钟以上的耐力项目。

2.运动中与运动后主要能源物质的恢复

机体的恢复过程可分为三个阶段，即运动中恢复阶段、运动后恢复到运动前水平阶段和运动后超量恢复阶段。运动时恢复是运动中随着能源物质的分解就开始再合成的过程。由于运动时的消耗大于同步恢复，能源物质的再合成往往跟不上实际的需要，所以人体机能还是呈下降趋势。运动停止后的消耗过程减弱，恢复大于消耗，因此能源物质和人体机能可逐步恢复到原有水平。运动后的恢复过程中，人体内被运动时消耗的能源物质在一段时间内，不仅能恢复到原有水平，而且还能超过原有水平，即进入超量恢复阶段。超量恢复的形成与运动负荷密切相关，在适当的运动负荷刺激下，有机体的消耗过程越激烈，超量恢复过程也越明显，如不及时给予新的负荷，超量恢复在保持一段时间后又会回到原有水平。超量恢复的客观存在为训练过程中如何提高机能、增进素质以及合理安排运动负荷提供了极为重要的生物学依据，这一规律和生物的应激性、适应性原理同等重要，是支撑体能训练的重要理论依据。

（四）体能训练的其他原理

陆一帆、方子龙、张亚东等学者研究体能训练的理论基础如下：

（1）体能训练的生理适应观。不同形式和方法的训练产生的生理适应性不同，训练研究者把机体对刺激的适应分为两种：全身性的适应和局部性的适应。通常，运动训练学把全身适应和局部适应定义为一般适应和特殊适应，而这些又被分为力量、耐力、速度的一般适应和特殊适应。体能训练的生理适应观包括：耐力训练的生理适应性，如长距离训练、间歇训练、重复训练、爆发训练；力量训练的生理适应性，如骨骼肌适应性、神经适应性；生物时间的应激性及其适应性，如适应模式、适应差异性、训练作用不适应。

（2）全面发展观。运动能量的综合补给，距离与机体的供能综合协调，姿势与机体的供能综合协调，技术与机体的生理能力的综合协调。

（3）阶段评价观。专项能力的评价、生理机能的评价。

（4）高技术辅助观。

其他学者认为，体能训练的基本问题是负荷与恢复，其原理如下：

（1）逐级适应原理。无数经验已经无可置疑地证明，训练负荷的过程不是笔直上升而是有升有降起伏变化的，其变化特点大致是这样的：初承负荷—不甚适应—继续负荷—逐渐适应—增大负荷—又不适应—循环推进，永无止境。对每一个人来说，负荷的极限是很快即可看到的，但对整个人类来说，只要进化不停步，人所承受的负荷量值就不会被发现终点，而在不断增大运动负荷与不断产生新质适应的过程中，体能训练水平就得到了提高。这是目前我们所能认识到的体能类项群训练水平提高的规律，对这一规律的表述，就是逐级适应原理。该原理包含着这样的认识：只要经过一个或速或缓的适应过程，人的训练负荷就可以无限增大，或者说，只要实现机能适应，那么训练负荷量值就有继续增大的可能。据此，我们可以有把握地提出规范体能训练的第一原则：极限负荷原则，即体能训练中增大负荷，再增大负荷直至最大负荷的基本要求。所谓极限负荷，当然是因人因时而异的，每一个运动员都有其不断变化着的负荷极限，我们讲"增大—再增大"即已认可极限负荷过程中的可变性。体能训练的成功奥秘，只在于准确把握运动员个体不同时期的负荷临界点，缺之毫厘和过之毫厘，其结果都可能是差之千里。而把握负荷临界点，"极限意识"是特别重要的。把握负荷临界点，决断勇气也是重要的。智慧来自勇气。不敢尝试极限负荷的训练，也就永远不会善于实施极限负荷的训练。为什么以往没有提出"极限负荷原则"？应该说不是缺乏经验和认识能力，而是缺乏勇气！极限负荷的基础是训练适应，训练适应是人体对运动负荷的平稳承受。这是一种活动或现象，它有一个过程，即由不平稳到较平稳，表明通过训练而使人体具备承受相应负荷的能力变化。训练适应的生理机制是应激。应激是指机体随时对刺激做出调整性反应。这些调整性反应最主要的是代偿性反应。代偿性反应的反复作用，导致机体对负荷刺激感应的升高，即机体对曾能引起强烈反应的刺激不再产生强烈反应时就进入了适应状态。显然，如果没有逐级适应的基础，也就没有极限负荷的可能。

（2）恢复有序原理。在正常情况下，负荷后的恢复是自然的和必然的现象；在训练情况下，恢复过程则需要人为安排。恢复机制并非在训练结束后才开始启动，训练负荷过程中，恢复是与损耗紧密交织进行的，只不过在不同阶段其优势状态各有不同，这是生理学常识。恢复与损耗都是一种状态，同时又都有一个过程，恢复过程呈现四个阶段，即"部分恢复""完全恢复""超量恢复"和"累积恢复"。所谓超量恢复，是在训练结束后的某一时段内能量补偿逾越原有水平的现象。所谓累积恢复，是指超量恢复效应维持一个时段之后并不完全退回到原初状态而会保留在一定的超水平上的现象。这是我们对体能训练恢复现象的规律性的认识，将这一规律性认识加以提炼，就是恢复有序原理。该原理明确了恢复过程的阶段特点，提示了在不同恢复阶段所应和所能施加负荷的基本量值标准，而训练负荷的量值安排又直接关系着训练水平的提高幅度。据此，我们提出规范体能训练的第二原则：据养定练原则，即体能训练中应依恢复结果而确立负荷指标的基本要求。提出这一原则，不是为了一般性地强调负荷与恢复互为前提和基础，而是意在突出强调"养"字当先。在极限负荷原则的前提下，一旦训练系统开始启动，就总是要依据"养"的结果来确立"练"的量值，而不是相反的以"练"的情况作为"养"的动因。在设计"养"的方案时，总是为了下一步的"练"，故而理当"养"字领先。这是正常的训练。而在非正常情况下，例如训练渐进线被迫中断了，又该怎么办？那当然要具体情况具体分析，但必须有信念在胸，就是不能轻易放弃已有成果。据养定练原则可赋予重养型运动员与重练型运动员大致相当的合法地位或存在价值。当训练渐进线被迫中断时，就应进入集中调养阶段，情况未必糟糕透顶；当远离负荷临界点时，则须将体能训练直线上扬，争分夺秒力求主动。在恢复过程的四个阶段中，完全恢复和超量恢复是人们最为关注的。人们创设出许多有效手段，意在尽快促成完全恢复。一般说来，恢复的手段有三类：第一类是力学手段，主要指放松活动。这些手段简单易学且无须高额投入，因而不会有人长期独享自用。第二类是化学手段，包括营养及药物。这里的科技含量较高，因而会不断地出现峰谷。第三类是哲学手段，包括精神激励、心智调控。

二、速度练习的实践方案

（一）简单反应速度的训练

简单反应就是用早已熟悉的动作去回答早已熟悉的、但突然出现的信号，例如，起跑时对鸣枪的反应。

1. 简单反应速度的训练原理

（1）简单反应速度存在着转移的现象，即人对一些情况反应较快，那他对另一些情况也会有较快的反应，各种各样的动作速度练习都可逐步提高简单反应速度。不过，这种转移是不可逆转的，即反应速度的练习并不影响动作速度。

（2）简单反应速度的提高在很大程度上取决于运动员对信号做出回答性反应动作的熟练程度。这是因为动作熟练后，一旦信号出现，中枢神经无须再花费较多时间去沟通与运动器官之间的反射联系。

（3）简单动作反应与心理训练因素有关，与运动员集中注意力的能力、辨别信号的能力、准确辨别细微时间间隙的感觉能力有关。训练中对运动员的这些能力都应进行训练，一方面从直接的身体训练中采用有效的手段，另一方面可把身体训练与心理训练结合起来。一般来说，视觉—动作反应的时间，非运动员平均为 0.25s（0.2~0.35s 之间）；而运动员较短，为 0.15~0.2s，部分运动员可达到 0.1~0.12s。听觉—动作反应时间较短，非运动员平均为 0.17~0.27s，多年训练的运动员为 0.10~0.15s，国际上优秀短跑运动员可达到 0.05~0.07s。如果说运动员未进行过简单动作反应速度的专门训练，那么对他们进行一般性的速度练习，如采用各种各样的游戏和球类活动，就可以发展简单动作反应速度，而且可达到良好的效果。

2. 在运动实践中，决定简单反应速度表现好坏的因素

在运动实践中，简单反应速度表现的好坏取决于下列因素：中枢神经系统的兴奋程度、集中注意力的能力、肌组织的准备状态、学习和掌握技术的能力、对特定反应和一般反应的区别能力、遗传因素（如肌肉组织中自肌纤维的比例）等。如果要把专项的简单动作反应速度提高到一定程度，就必须针对上述因素采用相应的、专门的方法和手段。

3. 常用的培养简单动作反应速度的方法

（1）完整练习法。完整练习法，即让运动员用早已掌握的、完整的、各种简单的动作或复杂的动作（或组合），尽可能快地对突然出现的信号或突然改变的环境反复做出反应。如反复完成蹲踞式起跑，根据教练员发出的信号改变动作方向，对对方的各种动作做出预定的反应动作等。这种训练对刚参加专项训练的人来说效果是明显的。再往后，如仍用这种方法来巩固和提高反应速度就较困难。

（2）分解法。由于简单动作反应是通过具体的、有目的的运动动作及其组合来实现的，因此可发挥分解法充分利用动作速度向简单动作反应速度转移的效果。分解法就是分解回答性动作，使之处于较容易完成的条件下，通过动作的分解来提高局部动作的完成速度，

从而提高反应速度。例如，田径运动员采用蹲踞式低姿起跑的反应时间较长的原因主要是运动员的手臂支撑着较大的重量，要较快地离开支撑点是困难的。因此，可用分解法将其分为两步进行，先单独练习对起跑信号的反应速度（如用高姿起跑或手扶其他物体），而后不用起跑信号单独练习第一个动作的速度。这样做最终可取得良好的效果。

（3）变换法。让运动员在变化的情况下去完成练习，即根据动作的强度和具有时间变化的信号刺激，明显改变练习的形式和环境来提高简单动作反应速度。应用变换法还可在接近比赛的条件下，结合专门的心理训练来做发展简单动作反应速度的练习。这样可使运动员逐渐适应多变的环境，消除妨碍实现简单动作反应的多余紧张，避免兴奋的不必要扩散。

（4）运动感觉法。运动感觉法是心理训练与身体训练相结合的一种方法。练习分三个阶段：第一阶段，运动员用最快的速度对信号做出反应，如做5m的起跑，每次练习后从教练员那儿获得该次反应练习的实际时间；第二阶段，运动员自我判断反应时间，并立刻与教练员的实测时间进行判别比较；第三阶段，当这些刺激比较能在大多数情况下吻合时，运动员就能准确确定反应时间的变化，按所要求的速度去完成练习，逐步自由地掌握反应速度，使反应速度得到提高。这种方法是基于这样的一个原理：辨别时间差的能力越强、越精细，如达到0.1s，那么运动员就可把这种准确差的感觉转移到反应速度上来。

提高简单反应速度的方法还有许多，如培养运动员把注意力放在将要进行的动作上，比运动员把注意点集中在信号上的反应速度要快一些。又如，由于反应动作的完成与动作开始前肌肉的紧张程度有关，肌肉紧张反应速度就快，因此更要做好完成动作的准备。如让运动员起跑前把脚贴紧起跑器，使小腿肌肉预先紧张起来，做好完成动作的准备。

（二）复杂反应速度的提高

1.复杂反应的含义

复杂动作反应是指对瞬间的变化做出相应动作的回答。在那些突然变换动作情况的项目中，如球类项目、一对一的对抗项目，对复杂动作反应速度有极高的要求。复杂动作反应在运动中大部分属于选择反应。选择反应包含两种反应：一种是对移动目标的反应，对移动目标的反应过程，主要是指对"运动客体"的变化做出反应；另一种是选择动作的反应，这主要是指根据对手动作变化做出相应动作的反应。严格来说，复杂动作反应的训练应属于专项训练的范畴，属于运动技术和战术训练的组成部分。特别是在球类运动和一对一的对抗项目里，由于复杂动作反应具有这种特点，因此，复杂动作反应就有很强的"专项"性。综上所述，复杂动作反应的提高，最主要、最有效的方法就是在训练中模拟整个比赛的情况，以及有系统地参加比赛。由于对方所产生的变化只有在比赛中才能充分地显露出来，而自己所选择的反应动作是否有效也只有在比赛中才能得到检验，所以比赛法是提高复杂动作反应的主要方法。

2. 培养复杂反应常用的和其他专门性的手段、方法

（1）对移动目标产生反应并做出选择，一般要经历四个阶段。一是对球类运动中的"运动客体"——球的反应，首先要看见球；二是判断球的速度和方向；三是选择自己动作的方案；四是实现这个方案。这四个阶段组成了反射的潜伏期。这四个阶段整个过程时间一般为 0.25~1s。实践证明，前两个阶段的时间大约要耗费整个反应时间的一半。而这个时间的主要部分又都用在第一阶段，用于第二个阶段的时间不多，约为 0.05s。因而，在培养运动员对运动客体的反应速度时，特别要注意缩短反应开始的这两个阶段的时间，可采用两种主要方法。

①培养在视野中预先"观察到"和"盯住"客体以及预计客体可能移动方向的本领，即要加强"预料"能力的培养。这种本领要在技术和战术动作的提高过程中以及通过专项训练练习来培养。

②在练习中有意识地引入、增加外部刺激因素。如可以在专项训练时增加球的数量，采用多球的游戏法，缩小练习的场地，安排一对二的训练等。还可采用带有程序设计装置的练习器和其他专门设备，如乒乓球、排球的多球训练。选择反应来自实用心理学，它取决于"必择其一"的背景所含的数量。如果在一对一项目中，运动员已判断出对手只能用一种方式进攻，那么选择反击方式的不准确性将非常小。如预测对手发生一定的困难，相应时间增加，选择回击的不准确性也就会增大。考虑到这些，在培养选择反应速度时，首先要努力教会运动员巧妙地利用对手可能做出动作的"潜伏信息"。这种潜伏信息可从观察对手的姿态、面部表情、准备动作、总体的风度等得来。实践证明，一旦能准确意识到对手可能采用的进攻方式，就能准确地选择相应的回答动作来缩短反应时间。

（2）为了提高选择反应时间，可以在专项训练练习中使需要选择的情况更复杂化。例如，让训练的同伴提供更多的需要做出反应的动作，并尽可能地使运动员掌握可供选择的、回答性动作的数量。要达到这一点，必须在提高复杂动作反应速度的同时，提高运动技术，增加掌握技术动作的总量，培养良好的协调能力，增加战术方案。另外，可以设计专门的练习装置和器材，如拳击、击剑的电子靶。

（三）动作速度的训练

动作速度训练的主要方法有重复法、比赛法和游戏法。

1.规定最高速度指标和变化练习程序的重复法

运用这种方法时要使运动员能在练习时最大限度地表现出动作速度，并能在专门化的条件下，通过练习程序的变换促使各种速度之间产生最大可能的转移，减少技术动作定型对速度提高的影响。练习程序的变换可采用下述措施。

（1）降低速度练习的外部条件，利用辅助的、能使动作产生加速度的力量。在负重练习中，减少重量能在普通的条件下促使动作速度不断提高，因为在同一练习中，如动作结构相同，速度转移是良好的。在克服自身体重的练习中，可采用助力来减轻运动员的体重。如在体操等项目中可由教练员、同伴使用保护带进行直接的体力上的帮助。在周期性项目的练习中，可采用专门的设备给予运动员向上的牵引力（如高架的牵引输送装置）。可限制自然环境的阻力，如自行车项目可由摩托车带着挡板领骑、顺风跑、顺水游泳、在海水池中游泳等。还可以利用帮助运动员把自身动作惯性转移到速度上去的外部条件，如下坡跑、下坡骑自行车等。也可在移动中引入可控制大小的外部力量，如牵引跑就可给运动员身体重量提供附加加速度。

（2）利用动作加速后的后效作用以及器械重量变化后的后效作用。实践和实验证明，在完成上一次动作的影响下或在上一次类似重量的负重动作影响下，可以使动作速度暂时得到提高。例如，在跳高前先负重跳，在推标准重量的铅球前先用加重的铅球推等。这是由于在第一次动作完成后，神经中枢剩余的兴奋在随后的动作过程中依然保持着运动指令，从而可以大大缩短动作进行的时间，提高加速度和工作的力量。但这种后效作用的产生取决于负重重量的大小和随后减轻的情况，练习重量的数量和采用标准的、加重的、减轻的重量练习交换的次序。又如，用增加重量的铅球练习后，再用标准重量的铅球推的次数，两者合理的比例大致为1：3~1：2。而在用标准重量铅球练习后，再推减轻重量的铅球的次数，两者为1：1。在同一次课内，把加重、标准、减轻重量的速度练习组合在一起时，正确的安排顺序为加重—标准—减轻。在短跑训练中，应该是上坡跑—水平跑道跑—下坡跑。这种由重到轻的安排趋向是由后效作用决定的。

（3）采用领跑和声响、灯光信号发出速度感觉指令。领跑的方法主要是努力建立达到必要动作速度的实物方向标，同时可以努力减少动作速度的障碍（空气的迎面阻力）。利用声响、灯光信号发出速度感觉指令可以提供必要的动作节奏或控制动作速度的变化。

（4）利用"疾跑"效果，把加速阶段引入主要动作练习。大多数速度练习都包含从静止到最大速度的"疾跑"阶段，如在短跑练习开始时的加速度，田径跳跃项目、技巧和体操支撑跳跃中的助跑，投掷中的预备动作等。"疾跑"是在练习的主要阶段提高速度的最重要前提。因此，在一定情况下要采用合理的辅助加速动作，并把它引入练习的最后阶段。例如，推铅球最后出手前附加转体；在体操支撑跳跃中，采用起跳后触悬挂物体来增加蹬地的动作加速度。

（5）缩小练习完成的空间、时间界限。运动活动中速度表现的平均水平主要是受专项活动持续时间的影响，因此在培养动作速度的过程中，可以限制练习的总时间及练习完成的空间条件，使动作能以最大速度完成，从而提高训练效果。例如，在周期性项目练习中，可以缩短练习距离，只安排近似于比赛距离的练习。在球类和一对一的对抗项目中，限制活动的时间、场地，从而使运动员能加速移动。

2. 比赛法

比赛法是进行速度训练经常使用的方法。由于速度练习时间短，经常使用比赛法是可能的。由于经常比赛训练，就使动员有机体表现出最大速度的可能性增加。

3. 游戏法

游戏法与比赛法的作用一样，可以激发运动员高涨的情绪。同时，由于在游戏过程中能引起各种动作变化，还可以防止因经常安排表现最大速度的练习而引起"速度障碍"的形成。

（四）在一堂训练课中和一周中速度训练的安排

要取得速度素质训练的良好效果，训练课中速度练习的位置及训练课在一周中的位置是很重要的。通常，在一堂训练课中，速度练习的量相对于其他练习来讲是不可能很大的，即使是从事速度性项目的运动员也是这样。其原因主要如下：

（1）速度练习具有极限的强度，并伴有很大的心理紧张。

（2）由于练习后身体产生疲劳，不光练习总强度降低，而且动作的结构和动力学特征，特别是组成专项动作的某部位的动作速度会下降，动作技术特征受破坏必然要影响训练效果。所以，高强度的速度练习在训练课中总量总是较少的。

速度训练在课中的安排应考虑安排的时机能保证速度训练练习取得良好的效果。要保证速度练习取得良好效果，必须具备两个必要的条件。

（1）中枢神经系统有相当高的兴奋性。只有中枢神经系统有了高度的兴奋状态，才能使兴奋与抑制有良好的转换过程。

（2）有机体磷酸肌酸能源物质有充足的供应。

从这两点考虑，速度练习一般都应当安排在课基本部分的前半部分。课中练习间歇时间的控制也应从上述两个基本条件考虑，既要使练习后神经系统的兴奋性不至于产生本质上的降低，又要使能量物质基本得到恢复。一般来说，次间间歇可安排 2~3min，组间间歇安排 7~10min，每组练习 4 次左右。距离短（工作时间短）、强度要求高的练习放在前面；距离较长，强度次之的练习放在后面。速度训练练习的持续时间最长不宜超过 22s。

一周中，训练速度的课宜安排在休息后的第一天，以及有氧性质负荷课的后一天。不宜安排在速度耐力课后面。具体安排及原因可参看小周期构成的有关问题。

三、力量练习的实践方案

（一）力量训练时安排不同重量负荷应注意的问题

1. 不同重量负荷先后次序安排所起的训练效果

从总体来看，要发展最大力量，负重的安排应遵循由重到轻的顺序。如训练课中既有次极限重量的练习，也有非极限重量而重复到极限次数的练习时，首先应完成次极限重量的练习。

2. 要保证在较好状态下完成本次练习的主要重量

例如，该次练习主要是发展肌肉的内协调能力，那么就应该安排能促使这一能力发展的重量作为主要负荷，而且须在有机体较好状态下来完成它。

3. 要把起总体作用的练习与起相对局部作用的专门性练习相结合

要把对大肌肉群的练习，即在总体作用中起主要作用的用力练习放在所有练习的前面，如加强腹肌和腰部肌肉的练习。这样可使大肌肉群在不太疲劳的情况下得到锻炼，效果较好。

同时，由于采用少量的起总体作用的练习后，中枢神经系统产生兴奋，再做专门性的练习将使兴奋更有选择地集中，有助于提高局部练习的效果。

4. 从事各种不同重量练习之后要有合理的间歇时间，以保证下一次练习的进行

当采用极限用力的 50% 以上负荷重量练习时，重复练习之间的休息间歇通常为 2~3.5min 以上，极限用力需 10~15min。在进行同等重量的多次练习时，可把多次练习分组进行，延长组间休息时间。在安排不同重量的练习时，可把较小重量穿插在大重量后进行，这样既利于恢复，又可保持神经系统的兴奋性。

5.在开始完成大重量的练习前，应当适当地安排几次略轻的重量做适应性练习

这样做，使有机体对大重量的练习有相应的适应过程，既可使神经系统处于良好的兴奋状态，又可防止伤害事故的发生。不过适应性练习只能使其起准备活动的作用，不宜引起有机体的疲劳。

6.采用两次重复法和重量波浪式交替法进行最大负荷练习

在采用最大负重的练习时，尽管多次练习之间的休息时间较长，但疲劳的产生相对来说还是较快的。这时为了增加负荷量，可采用两次重复法和重量波浪式交替法。两次重复法即把在训练课中所要完成的练习放在课的基本部分开始阶段和基本部分的结束阶段。这样既可使第一次练习时的效果有良好的保证，并通过两次练习之间安排的其他性质内容的练习得到调整、恢复，又不使其产生疲劳，使第二次练习亦可获得一定的效果。

重量波浪式交替法即在完成若干次主要重量的练习后，当开始出现疲劳时，便减轻10~15kg，做1~2组，然后又采用主要的重量。减轻重量的练习可作为一种积极性休息，同时又可改进动作技术。

（二）发展最大力量的负荷组成要求

1.肌肉工作的方式

肌肉工作的方式以克制性和退让性相结合的动力性工作方式为主，要严格规定这两者的时间比例。做克制性动作的时间约为做退让性动作时间的1/2。例如，举杠铃用1s，放下杠铃就要用2s。也就是说，完整完成一次举杠铃练习为3s，重复10次练习就需30s。

等动练习也是有效的手段，不过它们的量不应该超出发展最大力量的工作总量的20%~30%。在力量训练过程中，也可以采用静力性练习，但它们的数量不应该超出力量训练总量的10%。

2.阻力的大小

在发展最大力量时应当用相当大的负重量，即需要用该练习中所能达到的极限重量的70%~90%的重量。但同时应当考虑到，虽然这个重量可以促使肌肉内协调提高、肌肉体积增大，但对改善肌间协调的效果不大。所能达到的极限重量的40%~60%范围内的重量，以及接近于比赛用的重量可以用来改善肌间协调。因此，在不增加肌肉体积而发展最大力量时，负重大小的范围应较广泛，这样可以综合利用各部分重量来提高速度力量素质。

在发展最大力量时用最大负重量是不合理的，其原因如下：

（1）用在一次练习中只能重复1~2次的重量，练习的效果要比在一次练习中可重复8~12次的效果小。

（2）最大负重常常导致伤害。

3. 完成练习的速度

如果依靠改善肌肉内协调和肌间协调来提高力量，那么中等的动作速度最好。此时每个动作可为 1.5~2.5s。如用增加肌肉体积来提高最大力量水平，则动作速度应低些，每个动作可为 4~6s。同时，动作的克制性部分的时间应比退让性部分的时间少一半。

动作速度很高，效果却很小，其原因如下：

（1）最大力量或次最大力量只在动作的很少一部分时间内出现（在开始或结束），而在动作的其他阶段内，肌肉由于上一阶段所产生的惯性并没有获得应有的负荷。

（2）在高速度中要表现出最大力量，此时要让神经过程表现出最佳的协调性是比较困难的事。

（3）高速度的动作与高的伤害发生率联系在一起。

4. 完成一组练习的时间

力量练习中一组练习的重复次数是由所完成练习的附加重量起的作用决定的。如果练习的目的是要改善肌肉内协调，则其重复次数通常为 2~6 次。如果重量较小（为最大负重量的 30%~60%），并且是为了改善肌间协调，则重复次数可以达 15~20 次。

在采用专项训练练习时，通常练习在形式和动作的协调性结构上均接近于比赛练习，那么它们的持续时间在 5~30s 以内（上坡跑、拴住船艇划船、拖带制动装置游泳等）。

采用静力方式练习时，高级运动员一次练习的时间为 5~12s，青少年运动员为 5~8s。

依靠肌肉体积的增大来提高力量时，最好是采用 30~60s 重复 8~12 次的练习。也就是说，每个动作可用 4~6s。这样长的工作时间可以完成许多足够大的负重练习（最大重量的 80%~90%），不仅可以刺激最大力量的增长，而且可以使相当多的肌纤维参与工作。其原因是，在完成任何一个力量练习时，做第一次时参与工作的肌纤维数量最少，而在最后一次时先参与工作的肌纤维能力自然下降，原先未参与工作的那些肌纤维将会补偿它们。

5. 组间间歇的时间和性质

在不增大肌肉体积而发展最大力量时，组间间歇的时间必须保证下一次练习在工作能力已得到恢复的条件下进行。因而，间歇时间要根据练习的时间长短和采用的负重大小来决定。

工作时间越长或者负重量越大，那么间歇时间就越长。此外，参与工作的肌肉多少也影响间歇时间。起局部作用的练习之间的间歇时间自然要比在较大部位起作用的练习之间的间歇时间短，起总体作用的练习之间的间歇更长。由此可知，间歇时间的波动范围是很大的，从 20~30s 到 2~3min。

可根据心跳频率合理地确定间歇时间，因为心跳频率的恢复与工作能力的恢复大致是同时进行的。因此，心跳频率恢复到工作前的水平就是新练习的开始信号。组间间歇内应当做小强度的工作，放松练习、自我按摩。

依靠增大肌肉体积来发展最大力量的方法，其间歇相对不长。起局部作用的练习之间为 15~30s，起较大部位作用的练习之间为 20~45s，起总体作用的练习之间为 40~60s。

6. 在一次课中的重复数量

发展最大力量能力的练习的量变动范围很广。量的变动根据练习的性质和发展最大力量的方法而定。如果练习动员了大量的肌肉参与工作，则这种练习的数量不大，每一次课为 10~15 组。做这类有大量肌肉参与工作的练习，如不是让肌肉体积增大来发展最大力量的话，可做到 40~50min；而依靠肌肉体积增大来发展力量的话，则安排在 30min 以内。如果是陆上的局部性练习，它们的数量可达 20 组。

（三）发展提高速度力量应该注意的问题

（1）要尽最大可能提高肌肉的最大力量。

（2）要在已经获得的力量的基础上，在快速完成动作的过程中，培养表现这种力量的能力。但这种能力的培养，首先要掌握完整的技术动作，并反复练习到较熟练的地步，并以轻负荷开始逐步过渡到重负荷。在不同重量的负荷练习时都应有速度要求，并且练习中途不能停顿，动作幅度应尽可能达到最大，使之产生最大用力感和最大速度感。在不同结构动作的组合练习中，要强调衔接的协调、自然。

（3）速度力量练习与单纯发展力量的练习相结合。从理论上讲，不带任何负荷动作是发展动作速度的有效办法。但是，运动实践中速度力量一般表现在具有一定负荷的练习中，不用负荷或负荷很小进行快速动作练习对神经肌内系统的作用极其短暂，其训练效果适应不了运动实践中速度力量的要求。在单纯发展力量的练习中，由于负荷较重，动作速度又会产生暂时下降，而这种暂时下降又只有在负荷停止或大量减轻负荷 2~6 周后才会恢复。因此，在动作速度暂时下降时期，应采用一些非极限负荷或无负荷的速度练习，使速度和力量练习结合起来。

（4）速度力量训练的负荷量要适宜。由于速度力量训练的最终目的是要培养运动员快速完成动作的能力，而速度力量性项目的负荷并不太重（例如，男子铅球7.26kg，女子铅球4kg），因此，以负重训练发展速度力量时，要采用适宜的负荷重量，照顾发展力量和速度的需要，适应专项要求。

（5）学习动作时，对动作的速度要求应严格区别对待。对完不成动作速度要求的运动员，要逐步把他们的注意力从动作的空间特征转移到动作的时间特征上来。对难以掌握的、复杂的、速度要求高的动作，要严格按照循序渐进的原则进行。因为动作的空间特征是时间特征的基础，只有完成正确的动作，才能要求提高动作的速度。

（四）爆发力的练习

爆发力由两个有机组成部分确定，即速度与力量。

1.肌肉的工作方式

发展爆发力的肌肉主要工作方式是动力性的，尤其是克制性的动力工作方式。

2.阻力的大小

阻力指标的范围相当广。促使单块肌肉和肌肉群能力发展的一般性、辅助性训练练习的负重量可采用运动员所能达到的最大重量的70%~90%。在动作结构和肌肉工作方式接近于比赛动作的练习中，负重量可用最大重量的30%~50%。专项练习（比赛的动作、短段落、跳跃的比赛动作等）的阻力大小可用与比赛相等或者与之没有极大差异的阻力。如果运动员要发展力量部分，负重量可取上述指标的上限；而要促使速度部分提高，则取上述指标的下限。

3.完成练习的速度

发展爆发力的练习应当用极限或近极限（运动员可能达到的速度的90%以上）的速度。如果主要是提高力量部分，那么通常用近极限的速度；如果是发展速度部分，则用极限速度。

4.完成单个练习的时间

这个时间的标准就是应当保证运动员在完成练习时工作能力和速度不产生下降。因此，各种一般训练练习的重复次数为1~2次至5~6次。其变化是由负重大小、运动员的训练水平和技术水平，特别是练习的结构决定的。用专项力量训练手段组成的练习，其比赛动作为一次，负重加速或不负重加速5~10s。

5.组间间歇的时间和性质

休息间歇的长短应当保证运动员的工作能力得到充分恢复，非乳酸氧债消除。练习的间歇时间可从1~3min。这要根据参与工作的肌肉数量、运动员恢复过程的特点、训练水平和技术水平决定。

间歇中可安排低强度活动。这样可使恢复过程得到强化，保证下次练习处于最佳状态，并由此可缩短每次练习和每组练习之间休息间歇的时间（这样做可把时间缩短10%~15%）。

6.一堂课中练习的次数

通常在一堂课中练习的量不大。量要根据练习的性质、练习是对爆发力的哪一部分起作用来定。一堂课中发展爆发力的练习通常不超过20min。

对从事周期项目的高级运动员来说，实际上并不安排单一发展爆发力的课。爆发性练习只是作为各种综合课的组成部分来安排的，并且一般是在运动员的工作能力处于良好状态时进行。

（五）力量耐力训练

总的来说，在选择专项训练练习时应当考虑选择那些能建立符合比赛活动特点的必要条件的练习。为此，必须采用从外部形式到内部结构都与比赛练习相近似的练习。

1.肌肉工作的方式

肌肉工作的主要方式是克制性与退让性工作相结合的动力性工作方式。在相当大的范围内，还可以利用静力性的练习。它们可以在动作个别较慢的阶段对提高运动员的能力起作用。

2.阻力的大小

阻力的变化范围可以很大，尽管在完成个别练习时用力大小可达到极限用力的70%~80%，但进行负重练习时，大部分练习的负重范围主要还是采用最大负重的40%~60%。

在做专项训练练习时，所选阻力大小可用等于比赛性练习的阻力或用超过此阻力10%~30%的阻力。静力练习的用力大小可采用在每个具体练习中所能达到的力量的70%~100%。

3.完成练习的速度

完成各种专项训练练习的速度主要是使练习能保持比赛性练习的基本时间特征，因此速度通常接近于比赛性练习的速度。

在完成一般性和辅助性的负重练习时，动作的主要速度同样也应是比赛性练习的速度。不过也可以做较大的变动，可从中等速度到接近于比赛性练习的速度。

4.完成一组练习的时间

动力性练习通常要做多次，直到产生很大疲劳为止。做负重力量练习时，重复次数可从20~30次直至150次。这个指标的变动根据是运动员的训练水平、技术水平、专项以及所采用的练习的特点。静力性工作的一次练习时间可在 10~12s 或 20~30s 之间，这要根据运动员的训练水平和负重大小而定。

运用各种专项训练练习时，它们的练习时间在相当大的程度上是由所从事的专项的距离长度决定的。大多数练习的时间可从 30s~2min，个别情况可达到 5~10min。

5. 组间间歇的时间和性质

间歇时间可安排在 30~90s 之间，根据练习的时间和参与工作的肌肉多少而定。如果练习的时间相当短（20~60s），而又必须使疲劳积累，那么下一次练习可在工作能力没有完全恢复时就进行。间歇时间可根据心跳频率的恢复情况确定。当心跳频率恢复至 120~140 次 /min 就可开始下一次的练习。

如果练习时间较长（2~10min），并且希望每次练习都产生良好效果，那么间歇时间就应使工作能力充分恢复到工作前的水平，或接近于工作前水平。

6. 一次课中重复的次数

如果提高力量耐力只是课中的一个内容，那么重复次数通常不超过 10~12 次。如整堂课的内容全是提高力量耐力，那么重复次数就可很多，达 40~50 次。

四、耐力练习的实践方案

（一）一般耐力训练

一般耐力训练的任务是要在一般身体训练的过程中有计划地对影响耐力的各个因素进行训练，扩大有机体进行一般工作的机能，建立提高专项负荷的条件，并利用素质转移的效果为发展专项耐力打下基础。

一般耐力训练要与提高心血管、呼吸系统机能紧密联系。适宜强度而又能长时间连续工作的能力通常就是"有氧耐力的表现"。它与氧的吸入、输送、利用等有关。对一般耐力来说，有氧耐力培养的任务有两个：一是建立提高运动负荷的前提条件；二是产生耐力向专项练习转移的效果。人体的有氧能力是无氧能力的基础，高度无氧能力应建立在高度发展的有氧过程的基础上。因为高度的有氧能力不仅有助于更有效地进行氧化过程，最快地消除无氧过程中积累的乳酸，而且还能最有效地提高肌肉中糖原的贮藏量。而肌糖原贮藏量又与无氧能力直接有关。因此，即使是以练速度耐力为主的中距离跑运动员，虽然这项运动所负的氧债绝对值最大，也应该在发展有氧能力的基础上再过渡到无氧训练。当然，在具体安排中需要采取合适的比例。

对专项成绩在很大程度上取决于运动员的有氧耐力的项目来说，有氧耐力的训练已属于专项耐力的训练，更需要大力发展。相反，无氧耐力在此时亦作为它们一般耐力的一个相对重要的内容。无氧耐力的提高促使有氧耐力的提高。另外，对有氧耐力起主要作用的项目来说，它们在比赛过程中并非仅有单一的供能体系在工作，依然会有相当成分的无氧过程，所以对无氧耐力虽然不做主要训练，但从提高运动负荷强度来说也应进行必要的训练。

在进行一般耐力训练时，应当充分考虑到专项中各种影响耐力因素的比例、运动员的实际训练水平、不同阶段内负荷的内容和量等。

（二）耐力训练的主要手段及基本要求

1. 耐力训练的主要手段

（1）各种形式的长时间跑，如持续跑、变速跑、变换训练环境的越野跑、法特莱克跑、间歇跑。

（2）除跑以外的长时间活动及其他周期性运动，如游泳、滑冰、自行车、划船等。

（3）长时间重复做某一非周期性运动，如篮球训练中经常做的各种不规则滑动、跑的练习，排球训练中经常做的滚动救球练习等。

（4）多种长时间游戏及循环练习等。

2. 耐力训练的基本要求

（1）耐力训练应循序渐进。耐力训练应以一定的训练时间、距离和数量为起点，逐步加长时间和距离，再提高到接近"极限负荷"。

（2）耐力训练应注意呼吸。呼吸能力对耐力训练十分重要，呼吸的作用在于摄取发展耐力的必要氧气。机体摄取氧气是通过提高呼吸频率和加深呼吸深度实现的。在训练中，应培养运动员加深呼吸深度供氧的能力，并注意培养运动员用鼻呼吸的能力。同时，还应加强呼吸节奏与动作节奏协调一致的训练。呼吸节奏紊乱必定会导致节奏的破坏，使能量物质的消耗增加，不利于耐力水平的提高。

（3）无氧耐力训练应以有氧耐力为基础。无氧耐力的发展建立在有氧耐力提高的基础上。这是因为通过有氧耐力训练，运动员心腔增大，每搏输出量提高，从而为无氧耐力的发展打下坚实的基础。如一开始便是无氧耐力训练，那么心肌壁就会增厚，这样虽然心脏收缩能力强而有力，但每搏输出量难以提高，从而影响到全身血液的供给，对今后发展不利。所以，在发展无氧耐力之前或同时，应进行有氧耐力训练。在具体训练过程中，则应根据各方面的情况对两者的比例进行科学合理的安排。

（4）要加强意志品质培养。耐力训练不仅是身体方面的训练，也是意志品质的培养过程。因此，在耐力训练中除了应注意提高运动员的练习兴趣外，还应注意培养运动员艰苦耐劳、坚韧不拔的意志品质。

（5）对运动技术应严格要求，并适当控制体重。发展耐力素质应对技术提出严格要求，并对运动员体重进行适当控制。脂肪过多会增大肌肉内阻力，摄氧量的相对值也会随体重的增加而下降。体重过重，消耗的能量也必然增加，这都会影响耐力素质的发展。

（6）应兼顾女子生理特点。女子体脂为体重的20%~25%，男子为体重的10%~14%。脂肪不仅具有填充和固定内脏器官的作用，而且可以储备能量并在必要时供运动消耗。女子的皮下肌肉和一些内脏器官中的脂肪含量较多，并且具有动用体内储存脂肪作为能源的能力，因而进行长距离游泳和长跑等耐力项目的能力很强。由于女子机体能有效地利用储存的脂肪作为运动的能源，故有利于从事较长距离的耐力训练。应当注意的是，女子运动员在月经期间不宜从事大强度、长时间的耐力训练，应避免剧烈运动及其他外部刺激。

五、柔韧练习的实践方案

（一）发展柔韧素质的训练手段

发展柔韧素质的训练手段与方法很多，我国的武术、杂技、戏曲等在培养演员过程中就有许多行之有效的传统训练手段与方法，如搁腿、耗腿、弯腰、一字步等。发展柔韧素质的各种手段与方法分为两大类：主动性练习与被动性练习。这两类方法又都包含动力性练习和静力性练习。主动性练习即通过与某关节有关联的肌肉的收缩，增大关节的灵活性。被动性练习即是指主要依靠有机体某部位自身的重力或肌力作用促使关节灵活性增强。发展柔韧性的练习主要运用加大动作幅度，拉长肌肉、韧带的原理。

主动的动力性柔韧练习可根据其完成动作的特点分为单一的和多次的（如两次重复和多次重复的体前屈）练习形式、摆动的和固定的（如固定支撑点的拉肩）练习形式、负重的和不负重的练习形式等。

主动的静力性柔韧练习就是利用自身的重力或肌肉力量，在关节或动作处于最大幅度的情况下，保持静止姿势，尽量拉长肌肉或韧带的练习形式，如把杆拉腿、体前屈后保持静止等。

被动的动力性柔韧练习是指依靠教练员、同伴的帮助，逐渐地加大有机体某一部位的幅度。

被动的静力性练习即由外力来保持固定的姿势，如依靠同伴的力量保持体前屈的最大幅度。被动性柔韧练习对发展主动的柔韧性来说，其效果比主动性柔韧练习差一些，尤其是被动的静力柔韧练习更是这样。但它却可以达到更大的被动的柔韧性指标。而被动柔韧性的指标通常超过主动柔韧性指标。这一差别越大，潜在的可伸展性就越大，这将使主动动作幅度扩大的可能性也越大。在训练过程中，两者的内容安排应兼而有之，对于那些柔韧素质要求极高的运动项目，如体操等项目，被动柔韧性练习是不可缺少的。

（二）柔韧素质的基本要求

1. 一般来说，没有必要使柔韧性的发展水平达到最大限度

在运动中，虽然专项往往对柔韧性有较高的要求，但没有必要使柔韧水平达到最大限度，只要能保证顺利地完成必要的动作就可以了。当然，要保证顺利地完成必要的动作必须有一定的"柔韧性储备"，即所发展的柔韧性水平应该稍微超过完成动作时的最大限度。但是，超过关节的解剖结构限度的正常灵活性，也就是过分地发展柔韧会导致关节和韧带的变形，影响关节结构的牢固性。在某些部位，柔韧性的过分发展甚至会影响到运动员的体态。

2. 柔韧性的发展要兼顾相互有联系的部位

在有些动作中，柔韧性的表现不仅仅是在一个关节或一个身体部位，而是牵涉几个相互有联系的部位。例如，体操中的"桥"就是由肩、脊柱、髋等部位的关节所决定的，因此就应该对这几个部位进行发展。如果其中某一部位稍差，可以通过其他部位的有效发展得到补偿。这样做也可以使运动员身体各部位得到协调发展。

3. 柔韧性练习要经常进行，并要持之以恒

柔韧性发展较快，但是停止训练后，肌肉、肌腱、韧带已获得的伸展能力消退也快，因此柔韧性的训练要经常进行。如果训练的任务仅是为了保持已达到的柔韧性水平，那么每天的练习可以少安排一些。有些练习可在课后进行，也可安排在训练课的准备活动、基本部分的结束阶段，还可以在其他练习间的间歇，特别是力量练习和速度练习之间的间歇进行。这样既可以调节其他练习对身体产生的影响，同时又由于身体各部位已活动充分而获得良好的柔韧性训练效果。

4. 随着柔韧性水平的提高，练习应逐步加大幅度，但不能急于求成

由于肌肉、韧带等的伸长不是一朝一夕就能达到的，所以应逐步提高要求。直接拉

长肌肉时可能会出现疼痛现象，对此要进行具体分析，只能以原有水平作为衡量标准，不能盲目，不能急于求成。在同伴帮助下进行被动性练习时更应谨慎，以避免肌肉韧带拉伤。

5. 在柔韧性练习前应做好充分准备活动

肌肉伸展与肌肉的强度有关，通过准备活动提高肌肉的强度、降低肌肉内部的黏滞性有利于柔韧性的发展。

6. 柔韧性练习可结合发展其他素质的练习和协调性练习

运动器官的生长发育会影响各种素质之间的关系，因此柔韧性练习要与发展其他素质的练习、协调性练习结合在一起，使之相互促进，朝有利的方向发展。

7. 柔韧性要从小培养

我国武术界、杂技界在这方面有丰富的经验，从小发展的柔韧性，由于是在有机体自然生长发展的过程中实现的，因此能得到巩固和保持，不易消退。

8. 其他因素对柔韧性的影响

要注意外界温度对柔韧性的影响，以及一天中安排的时机和疲劳对柔韧性的影响，以取得柔韧性练习的最佳效果。

（三）柔韧素质常见的方法

柔韧素质训练的具体方法很多，但归纳起来不外乎两个方面：一是专项运动所必需的柔韧素质练习；二是一般性柔韧素质练习。专项柔韧素质训练的具体方法在此不做具体讨论。由于一般性柔韧素质训练的具体方法适用范围广，并且是各专项柔韧素质发展的基础，为此，从人体各关节部位出发，以动力性和静力性柔韧素质发展方法为指导，提出几种一般性柔韧素质训练的具体方法。

1. 颈部柔韧性练习

（1）静力性练习。可采用使头部尽可能地屈、伸、侧倒至最大限度，并维持一段时间的静止练习。

（2）动力性练习。使头部在尽可能大的活动范围内做绕环运动，或练习者双手托下颌，做使头向左、向右方向运动的练习。

2. 肩关节柔韧性练习

（1）静力性练习。可采用压肩（正、反、侧三个面）、控肩、搬肩练习。

（2）动力性练习。可采用握棍转肩，或借助橡皮条做拉肩、转肩及风火轮练习（通常称轮臂）。

3. 肘关节柔韧性练习

（1）静力性练习。可采用屈肘、反关节压肘至最大活动范围的一系列练习，并使之维持一段时间。

（2）动力性练习。最常用的方法是做肘绕环运动，即固定肩关节的活动，并使上臂保持在一个水平面上，然后以肘关节为轴做绕环练习。

4. 腕关节柔韧性练习

（1）静力性练习。可采用屈腕、伸腕至最大活动范围并维持一般时间的控腕练习。

（2）动力性练习。可采用腕绕环运动、抖腕运动等手段。

5. 腰部柔韧性练习

（1）静力性练习。主要方法有下腰、控腰两种。

（2）动力性练习。可采用腰绕环、甩腰等练习方法。

6. 髋关节柔韧性练习

（1）静力性练习。可采用耗腿、控腿、纵劈叉、横劈叉、抱腿前屈等练习。

（2）动力性练习。可采用搬腿、踢腿（正、侧面以及外摆、里合）、盘腿压膝等练习。

7. 膝关节柔韧性练习

（1）静力性练习。主要有压膝、屈膝两种练习。

（2）动力性练习。可采用膝绕环、快速地蹲立练习等。

8. 踝关节柔韧性练习

常用的方法是坐踝、绷脚面、勾脚尖及提踵练习等。

应当指出，发展柔韧素质必须坚持静力性练习同动力性练习相结合的原则，如果纯粹地采用静力性练习手段，其训练效果必定不佳。

参考文献

[1] 蔡晟 . 高职院校田径教学训练中体能训练的关键技巧 [J]. 冰雪体育创新研究，2022（6）：3.

[2] 高明骏 . 高职院校田径队体能训练问题的分析及对策研究 [J]. 文体用品与科技，2022（7）：16-18.

[3] 刘利华 . 试论田径体能训练的实施方法与提升策略 [J]. 课程教育研究，2022（3）：3.

[4] 李祥冲 . 田径体能训练的实施方法与提升策略 [J]. 文体用品与科技，2022（14）：176-178.

[5] 魏奎 . 田径中的投掷项目的体能训练方法研究 [J]. 拳击与格斗，2022（3）：85-87.

[6] 马骉，纪铭慧 . 探究高校田径中长跑运动训练的恢复方法 [J]. 中文科技期刊数据库（全文版）教育科学，2022（12）：3.

[7] 杨君丽 . 浅谈田径中长跑项目体能训练的重要性 [J]. 文体用品与科技，2022（8）：40-42.

[8] 包凯晨 . 田径跳跃类项目体能训练优化模式 [J]. 新体育运动与科技，2022（3）：3.

[9] 孔令泽 . 以体能训练为核心的田径训练策略分析 [J]. 田径，2022（10）：2.

[10] 邵长富 . 田径运动心理暗示法训练技巧 [J]. 新体育（下半月），2023（3）：3.

[11] 张玮，高楠 . 以体能训练为核心的高校田径训练方法分析 [J]. 文体用品与科技，2022（18）：115-117.

[12] 李建霞 . 高校体育田径教学中体能训练的重要性和价值研究 [J]. 拳击与格斗，2022（4）：3.

[13] 洪潇，李益 . 高校田径体能训练探析 [J]. 新体育运动与科技，2023（1）：3.

[14] 吴泉硕 . 田径训练中体能训练的关键技巧分析 [J]. 拳击与格斗，2022（7）：3.

[15] 茆成 . 高校田径教学中体能训练的重要性及对策 [J]. 运动 - 休闲：大众体育，2022（10）：68-70.

[16] 和琴语 . 试论高校田径教学中体能训练的重要性及价值 [J]. 拳击与格斗，2022

（16）：3.

[17] 周学希 . 高校田径教学中体能训练的重要性及对策 [J]. 田径，2022（5）：3.

[18] 邢海军 . 高校田径运动员体能训练的方法与提升策略探究 [J]. 当代体育科技，2022, 12（10）：3.

[19] 周学希 . 高校田径体能训练的实施方法及提升策略 [J]. 田径，2022（8）：3.

[20] 郑寅 . 高校田径体能训练的实施与提升路径探讨 [J]. 文体用品与科技，2023(1)：3.

[21] 贾佳 . 高校田径体能训练的优化与创新 [J]. 新体育运动与科技，2022（8）：35-37.

[22] 韩杰 . 高校田径径赛项目体能训练的教学优化对策分析 [J]. 田径，2022（8）：3.

[23] 梁爽 . 高校田径运动体能训练创新性发展路径研究 [J]. 当代体育科技，2023, 13（5）：4.

[24] 朱婷 . 浅谈青少年田径运动的体能训练 [J]. 文体用品与科技，2022（9）：3.